财税一体化实训教程

编 著 康世硕
副主编 陈小兰 赵玉红 李淑琴

吉林大学出版社

·长春·

图书在版编目（CIP）数据

财税一体化实训教程 / 康世硕编著.-- 长春：吉林大学出版社，2020.6
ISBN 978-7-5692-6731-0

Ⅰ.①财… Ⅱ.①康… Ⅲ.①财税－中国－教材 Ⅳ.①F812

中国版本图书馆 CIP 数据核字（2020）第 126062 号

书　　名	财税一体化实训教程
	CAISHUI YITIHUA SHIXUN JIAOCHENG
作　　者	康世硕　编著
策划编辑	黄国彬
责任编辑	张文涛
责任校对	张宏亮
装帧设计	赵俊红
出版发行	吉林大学出版社
社　　址	长春市人民大街 4059 号
邮政编码	130021
发行电话	0431-89580028/29/21
网　　址	http://www.jlup.com.cn
电子邮箱	jlup@mail.jlu.edu.cn
印　　刷	唐山新苑印务有限公司
开　　本	787×1092　1/16
印　　张	14.5
字　　数	290 千字
版　　次	2020 年 6 月第 1 版
印　　次	2024 年 6 月第 2 次印刷
书　　号	ISBN 978-7-5692-6731-0
定　　价	48.00 元

版权所有　翻印必究

前 言

会计是一个管理岗位,在日常的工作中还要与银行、税务局、市监局、海关、社保局等外部机构打交道,协同工作。所以,会计专业学生除了要了解自身的工作内容之外,还要了解和社会供应链中其他组织、个人的协同关系,这样才能更好地适应岗位工作的需要。

目前,会计专业普遍存在"实训难、实习难"的问题,原因有:一是会计工作保密性要求高,因为涉及很多企业的商业机密,真正顶岗实习困难大;二是毕业生多且集中,而会计岗位零星且分散;三是会计业务特别是涉税业务处理,时间性非常强,规定特别细,处罚越来越刚性,所以学生在顶岗实习过程中出现了"学生多岗位少、看得多做得少、简单操作多职业判断少、单一业务多全程参与少"等诸多问题,使学生实习、实训的效果大打折扣,实际操作及职业判断能力很难有效提高,对学生的就业方向也有影响。

针对上述问题,本书使用广州福思特科技有限公司开发的财税一体化实验教学软件,学生通过扮演不同部门、不同企业、不同岗位角色,体验企业筹建期、经营期业务的全流程操作,培养学生的财税职业能力和职业素养,提高学生的综合能力,满足社会对财会人才岗位的需求,缩短毕业生与企业用人需求的磨合期,学生一毕业就能就业。

为方便实训教学和学生学习,作者依据广州福思特科技有限公司开发的财税一体化实验教学软件编写了《财税一体化实训教程》教材,教材内容体现了职业特色,突出了实践实训,融入了财税一体化思维。

第一,岗位工作任务与会计行业政策同步升级,紧跟会计行业财税改革的新成果,结合增值税的税收改革新要求、"五证合一"以及企业财税一体化的改革新方向,合理设计与编排教材的核心内容。

第二,畅通企业财会工作业务链。按照企业会计业务处理的时间轴,教材分为上下两篇,上篇为企业筹建期,下篇为企业经营期。通过一系列相对独立、分层递进的实训训练,养成学习者会计专业的逻辑思维能力,提升其职业判断与分析能力,为学习者会计职业成长奠定扎实的基础。

第三,实训项目和任务与真实的企业日常业务事项高度一致,强调"教、学、做"一体化。通过实训任务,明确实训项目、业务要求,有效规划实训的相关准备工作。通过实训操作,再现企业会计工作业务全貌,全面地记录学习者的实训过程,加大对其职业分析与判断能力的培养。

第四,实训素材接轨企业财会实务工作。银行、市监局、税务局、海关原始凭证直接来源于实际工作并彩色扫描,高度仿真模拟;引入生产企业记账凭证、会计账簿、会计报表、纳税税申报等全真业务素材，创设会计职业工作场景，增强学生对会计职业的认知，提升学生的会计专业素养。

  本教材由长期从事财会教学与科研的骨干教师和企业实务专家共同编写，由兰州职业技术学院会计专业教授康世硕担任主编，拟定编写大纲，完成上篇实训项目1、实训项目2、实训项目3，下篇实训1至实训80的编写，以及全书内容修改、校正、总纂定稿；广州福思特科技有限公司董事长闫晓霞教授、李明峰副总经理给教材编写体例提供了宝贵的建议和意见；兰州职业技术学院陈小兰副教授承担上篇实训项目4、实训项目5，下篇实训81至实训160的编写工作；李淑琴讲师承担下篇实训161至实训182的编写工作。

  在编写过程，本书得到了广州福思特科技有限公司刘虎经理、王学珍经理、张争宽老师、张斌老师的大力支持，在此表示衷心的感谢！

  由于作者理论水平和实践经验有限，以及研究工作的局限性，书中难免有不妥和不完善之处，书中如存有不当之处，敬请老师和学生指正。

编 者

《财税一体化实训教程》说明

一、分组说明

以 60 个学生一个实训班为例，每 3 位同学组成一个模拟企业，以"广州市华美手表制造有限公司+企业办事员学号"作为企业名称，模拟创办企业。假如一个班不能完整凑成 3 人一组，多出同学自动归为最后一组。

1. 筹建期

筹建期每组 3 位同学，其中两人作为企业，另一位同学作为柜员，以一个班 60 位同学为例则有 20 位柜员，20 位柜员分别分配到工商、银行、人社局、国税、地税等各实体岗位中。假如一个班不能完整凑成 3 人一组，多出 1 位同学则作为企业办事员；多出 2 位同学则 1 位作为企业办事员、1 位作为柜员。

2. 经营期

经营期每组 3 位同学分别扮演出纳、会计、会计主管并由出纳兼任银行柜员进行实训，若分组时，出现多出学生可由溢余学生扮演银行柜员。

二、角色说明

财税一体化综合实训教学系统分为一人一岗或者一人多岗两种实训模式。学生可以不分岗位，直接通过切换角色的功能操作银行、国税局、地税局等岗位的相关业务，独自完成实训；学生也可以采取一人一岗的方式，按照如表 0-1 所示的角色安排分开实训，例如扮演企业办事员的学生完成操作后，由扮演银行柜员的学生切换角色进行后续相关操作。

本教学实施方案的实训模式为一人一岗。为了让每位同学都可以参与实训，个别角色可能"身兼数职"，在实训的时候会说明每个人扮演的具体角色身份，没有说明的按照表 0-1 所示的角色安排进行实训。

表 0-1　角色安排表

筹建期分组	小组角色	代号
A同学（柜员组）	工商、银行、商务局、人社局、国税、地税、海关工作人员其中一个（各组A同学按实际分配不同的柜员角色）	A
B同学	企业办事员	B
C同学	企业办事员	C
经营期分组	小组角色	代号
A同学	会计主管	A
B同学	企业会计	B
C同学	企业出纳（银行柜员）	C

实训业务办理时间为实训的模拟时间，办理业务的实际时间请参照业务办理流程图以及筹建期业务汇总。

本实训实践性强、操作性强，实训中要求学生综合多个领域的知识来完成整个实训，系统地、全面地熟悉和掌握现代商业环境中工商、税务、银行、社保、海关、企业财务岗位的工作。

三、实训账号说明

学生登录财税一体化系统平台，账号为学生学号，密码默认为123。

中国工商银行端：银行柜员账号：account，初始密码：888888。

银行审核员账号：8403****，密码：888888。

工商端：工商柜员账号：admin，初始密码：admin。

税务端：国税柜员账号：admin，初始密码：admin。

目　录

上篇　企业筹建期

模块 1　企业筹建期背景资料 3

模块 2　企业筹建期实训项目 5

项目 1　市场监督管理局业务 5
项目 2　企业业务 22
项目 3　银行业务 25
项目 4　税务业务 43
项目 5　社保业务 56
项目 6　海关业务 66

下篇　企业经营期业务实训

模块 3　企业经营期实训背景资料 81

模块 4　企业经营期实训项目 93

参考文献 224

上篇　企业筹建期

模块 4　企业经营期实训项目

点击图 4-70 中的"资料传出",弹出如图 4-73 所示窗口,输入维护口令(admin)后点击"确认"弹出图 4-74 所示页面,点击"确认"之后弹出提示如图 4-75 所示。

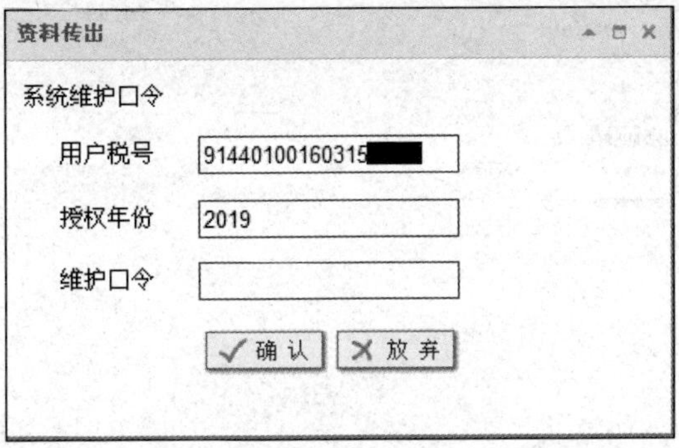

图 4-73　资料传出

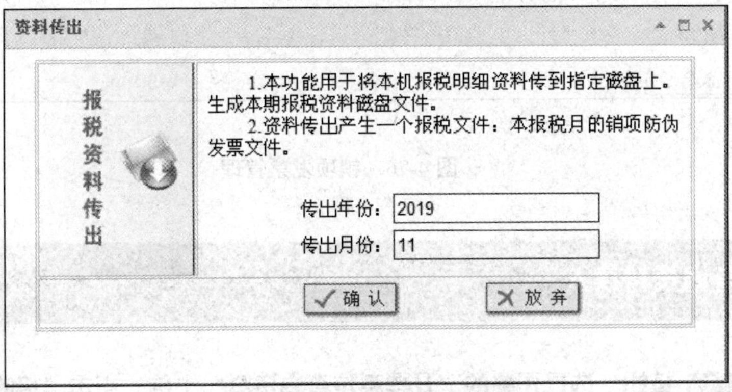

图 4-74　抄报税资料传出

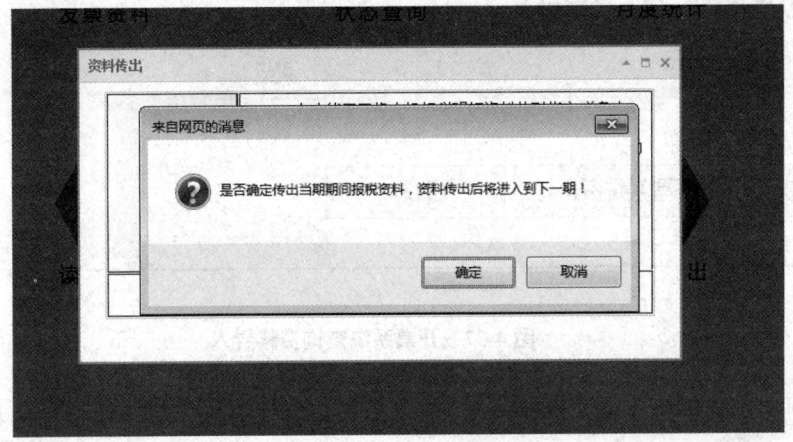

图 4-75　资料传出提示

点击"确定"后提示"抄税成功",弹出下载提示,将文件下载保存下来。

在"财税一体化综合实训实验室教学系统"首页,点击"电子申报管理系统",登录后,选择"销项发票管理",如图 4-76 所示。点击"开票系统查询资料读入",弹出如图 4-77 所示窗口,浏览上传刚才导出的文件即可。

-215-

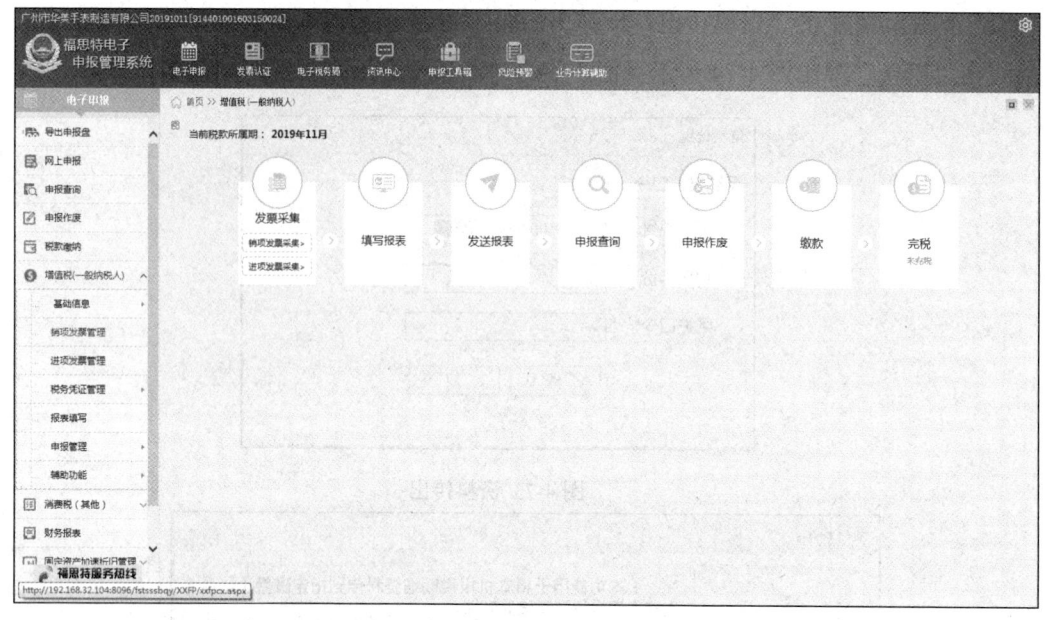

图 4-76 销项发票管理

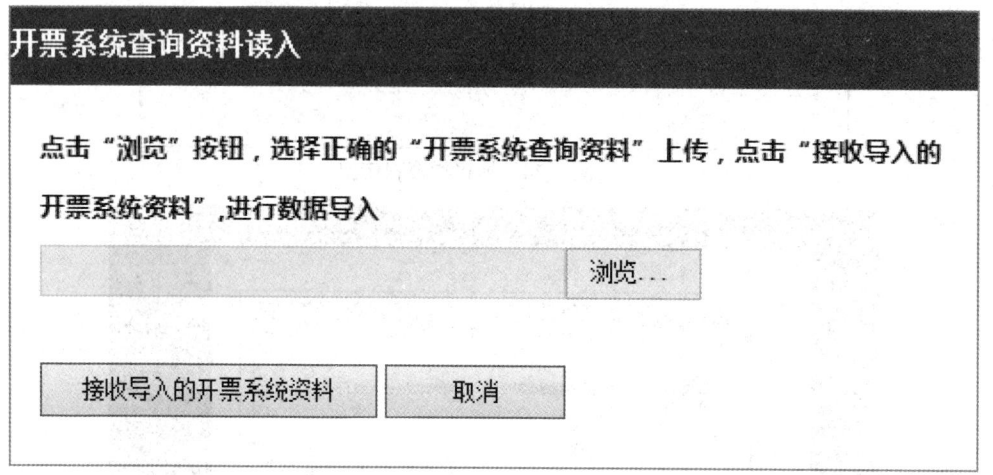

图 4-77 开票系统查询资料导入

登录电子申报管理系统,如图 4-78 所示,申报方式分为"导出申报盘"和"网上申报"。以下先描述申报方式为导出申报盘的情况。

模块 1　企业筹建期背景资料

一、企业筹建说明

2019 年 9 月，肖某某、刘某某、王某某三人讨论筹办一个高档手表制造和销售公司，经过讨论一致决定 10 月开始筹办企业，投资一千五百万元人民币注册有限责任公司，其中肖某某投资人民币七百五十万元，刘某某投资人民币三百七十五万元，王某某投资人民币三百七十五万元，委托肖某某（身份证号码 450312************，固定电话 020-8139****，手机 1375548****）去办理工商登记事宜。厂房建筑面积共 1 500 m^2。公司设总经理办公室、财务部、行政部、销售采购部、生产部五个部门，其中生产部设有电镀车间、加工车间和组装车间三个基本生产车间，主要从事华美系列手表的生产。

二、企业筹建业务实训业务汇总

1. 10 月 8 日，三个股东商议建立公司，起名并委托一个股东登录广州市市场监督管理局官网，进行名称自主申报事项。

2. 10 月 9 日，委托其中一个股东去租厂房，签订租用合同，个人预付款。

3. 10 月 10 日，去市场监督管理局办理企业设立的登记并在当天取得营业执照。

4. 10 月 10 日，请装修公司装修厂房并支付装修费，招聘会计、出纳和会计主管。

5. 10 月 11 日，去指定刻章公司刻章并取章。

6. 10 月 13 日，到银行申请办理开立银行基本账户。

7. 10 月 15 日，去商务部对外经贸局办理对外贸易经营者备案登记。

8. 10 月 18 日，办理一般纳税人资格登记及防伪税控认定申请。

9. 10 月 18 日，携带相关资料到银行办理委托缴税业务。

10. 10 月 18 日，携带相关资料到银行办理委托扣款业务（包括代扣水费、电费、话费）。

11. 10 月 18 日，开通企业网银业务。

财税一体化实训教程

12. 10月19日，到税务局找专员进行新开企业报到备案工作。

13. 10月20日，去海关办理进出口货物收发货人报关注册登记。

14. 10月23日，参保登记——人员参保确认（人力资源及社会保障局）。

15. 10月23日，参保登记——缴费登记与险种核定（税务局）。

16. 10月23日，参保登记——签约手续（开户银行）。

17. 10月25日，去海关办理报关专用章海关备案。

18. 10月25日，去海关办理报关员备案登记。

19. 10月26日，去海关办理电子口岸IC卡。

20. 10月28日，去海关领取电子口岸IC卡。

21. 11月01日，签订进口机芯的进口合同并收到对方公司发出的形式发票。

三、企业筹建业务实训说明

根据《中华人民共和国公司法》，公司不设董事会、监事会，由法人代表肖某某担任执行董事，股东王某某担任监事。

模块 2　企业筹建期实训项目

项目 1　市场监督管理局业务

实训目标

（1）能正确进行企业名称自主申报的相关工作。

（2）熟悉企业名称自主申报的办事流程及所需的资料。

（3）掌握公司设立登记的基本流程。

（4）能正确进行企业设立登记的相关工作。

任务 1　企业名称自主申报

实训任务单

一、实训项目

企业名称自主申报并打印《企业名称自主申报告知书》实训。

二、任务清单

10 月 8 日，三个股东商议建立公司，起名并委托一个股东登录广州市市场监督管理局官网，进行名称自主申报事项。

三、实训内容

（1）登录广州市工商行政管理局网站（红盾网），进行企业名称自主申报。

（2）确认申报并打印《企业名称自主申报告知书》。

四、实训业务流程

办理企业名称自主申报流程如图 2-1 所示。

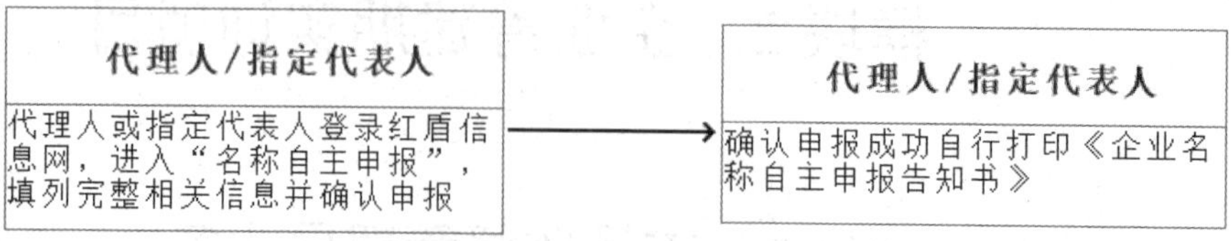

图 2-1 企业名称自主申报流程图

五、实训过程指导

三个股东商议建立公司，起名并委托一个股东去进行企业名称自主申报以及企业设立登记。本课时着重于企业名称自主申报的办理过程。A 同学扮演企业办事员肖某某。

第一步：登录广州市红盾网并选择名称申报事项，进行企业名称自主申报。

（1）登录系统企业端，进入如图 2-2 所示。

图 2-2 财税一体化综合实训实验室教学系统——登录页面

①登录系统后，填写账号、姓名和密码，进入如图 2-3 所示页面。

图 2-3 财税一体化综合实训实验室教学系统

模块 4 企业经营期实训项目

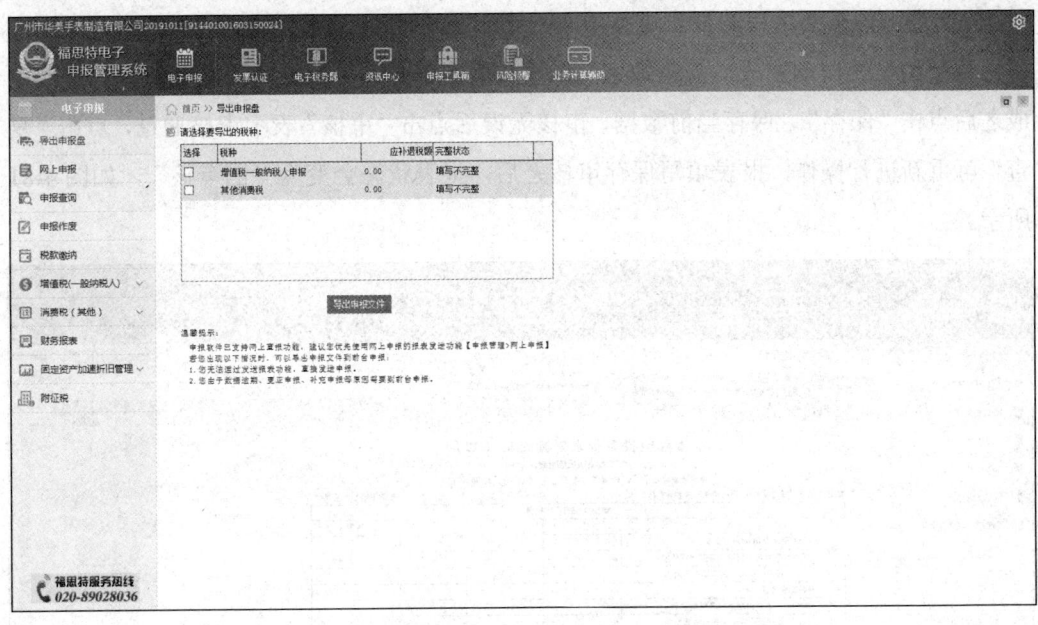

图 4-78 电子申报管理系统

在进项发票已录入并验证、销项发票已读入等基础工作已完成的前提下，点击"报表填写"弹出如图 4-79 所示页面，点击"一键生成"。

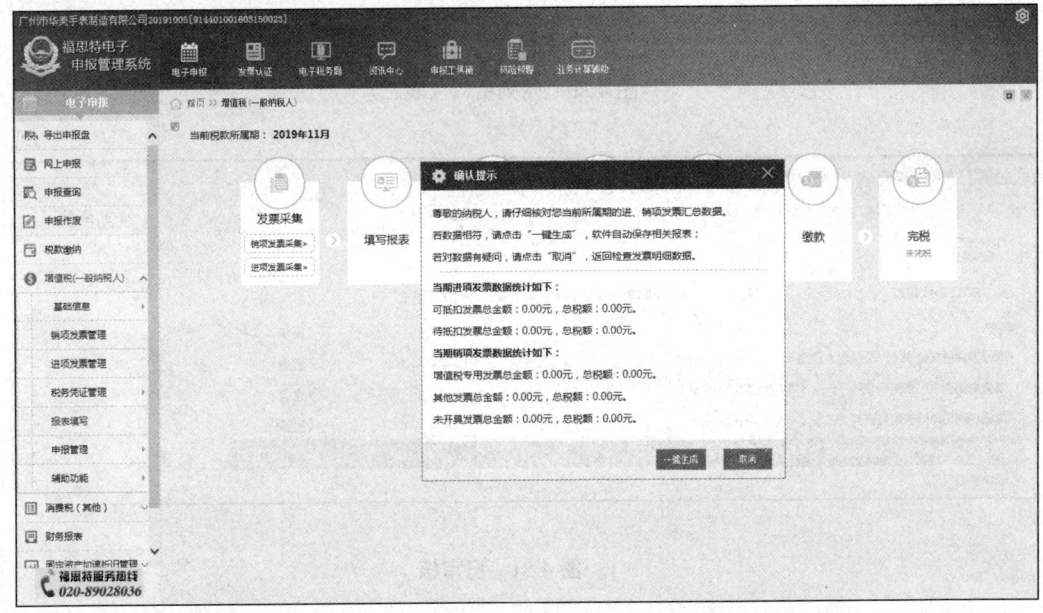

图 4-79 增值税一般纳税人申报

依次点击各需要填写的报表进行填写，比如图4-80所示附列资料（表二），页面中黑色数字由系统自动生成，蓝色数字（如箭头所指部分）可根据需要手动修改，修改完成之后点击"保存"，保存当前数据，审核无误后点击"审核"表示审核通过，点击"复查"可重新进行操作，报表填写保存审核之后，报表状态会变为"已审核"，如图4-81所示。

图4-80 附列资料（表二）

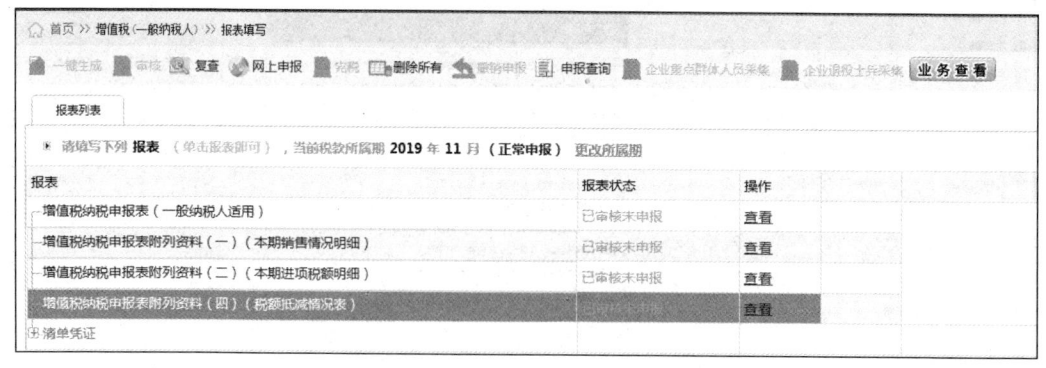

图4-81 已审核

点击"生成申报盘"，如图4-82所示，点击"导出"将数据导出保存到本地。

②点击"开始"按钮,进入如图2-4所示页面。

图2-4　财税一体化综合实训实验室教学系统——案例选择页面

③在图2-4中,选择【实训案例】进入实训案例选择界面,选择"广州市华美手表制造有限公司"案例,进入企业系统首页,如图2-5所示。

图2-5　财税一体化综合实训实验室教学系统——系统主页

④在图2-5中,点击左边的"筹办企业"按钮,进入如图2-6所示页面。

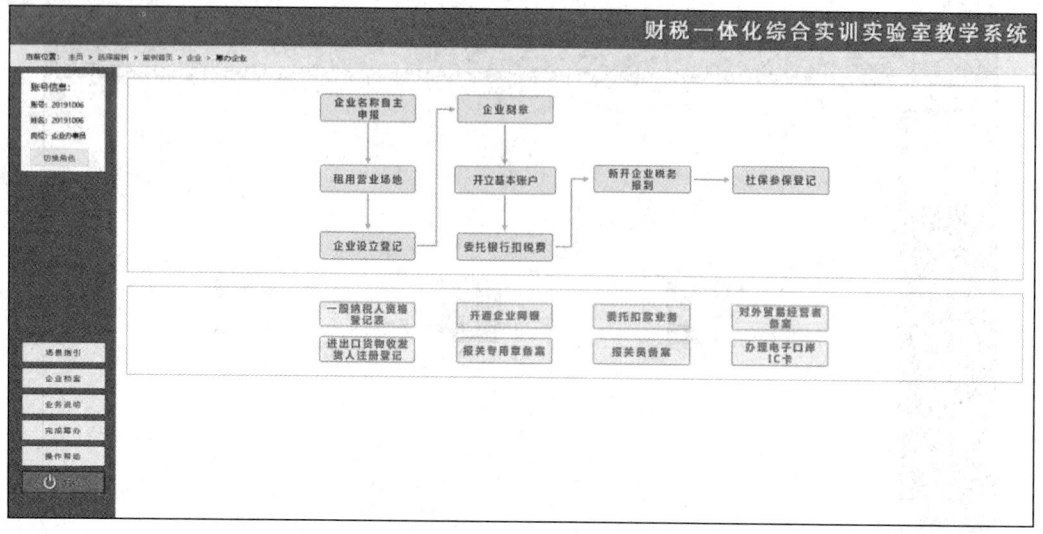

图 2-6　财税一体化综合实训实验室教学系统——筹办企业

⑤开始办理业务时，将鼠标移动至图 2-6 中的"企业名称自主申报"出现如图 2-7 所示的情况。

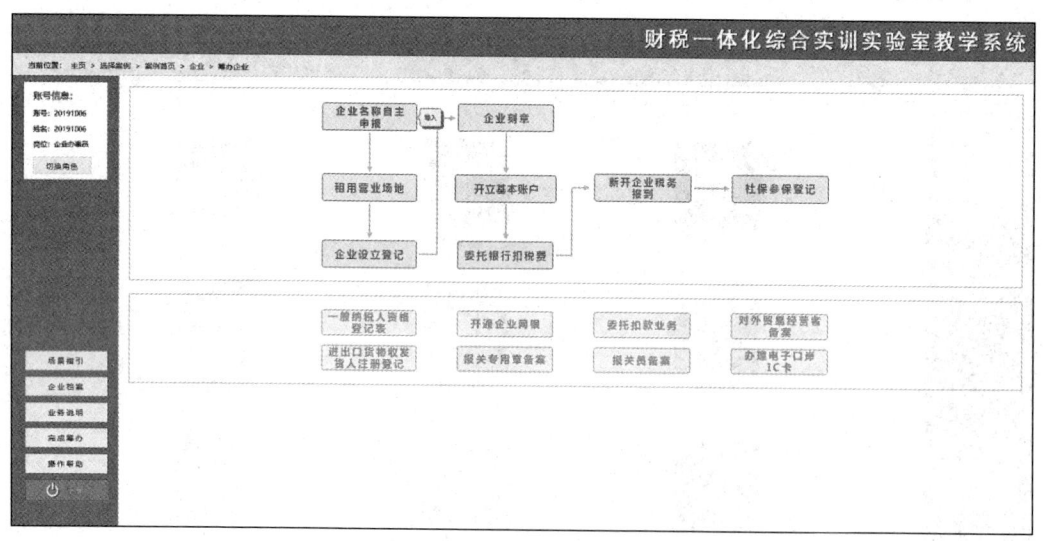

图 2-7　财税一体化综合实训实验室教学系统企业端——数据导入

在点击"企业名称自主申报"业务按钮后出现【导入】按钮，此时点击【导入】，则可以导入案例的全部筹建期数据，导入后学生可以直接完成企业筹办进入经营期。

学生已完成部分业务时，将鼠标移动至"企业名称自主申报"时，已完成的业务上会出现如图2-8所示的情况。

模块 2　企业筹建期实训项目

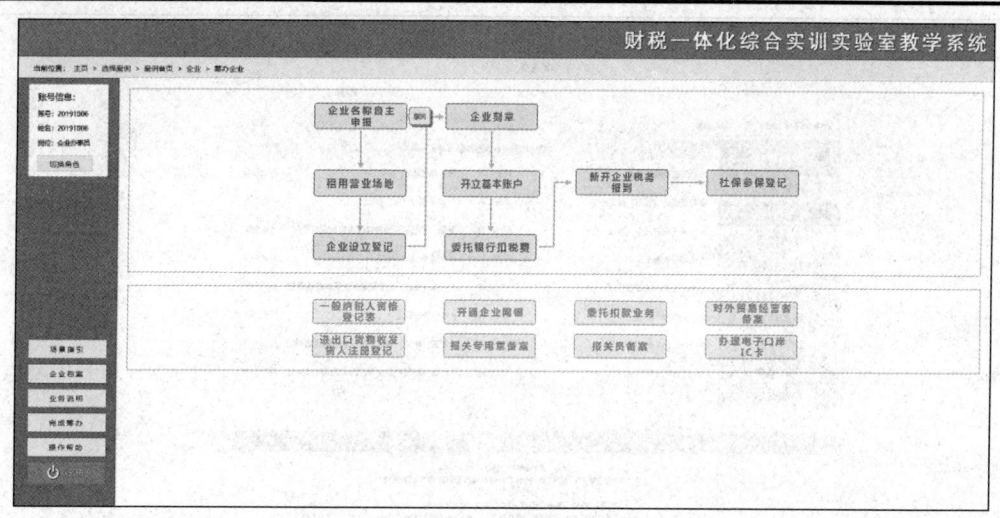

图 2-8　财税一体化综合实训实验室教学系统企业端——数据撤回

点击对应业务后的【撤回】，会撤回该步骤业务及其相关后置业务的所有操作。

注：【导入】及【撤回】操作可由老师在教务管理端的参数中打开或者关闭。点击左侧【场景指引】可观看相关业务办理的视频动画。

（2）登录"广州市市场监督管理局"，选择"名称自主申报"业务办理，如图 2-9 和图 2-10 所示。

注：登录默认账号和密码均为 admin。

图 2-9　财税一体化综合实训实验室教学系统企业端业务——登录广州市市场监督管理局（原市工商）

-9-

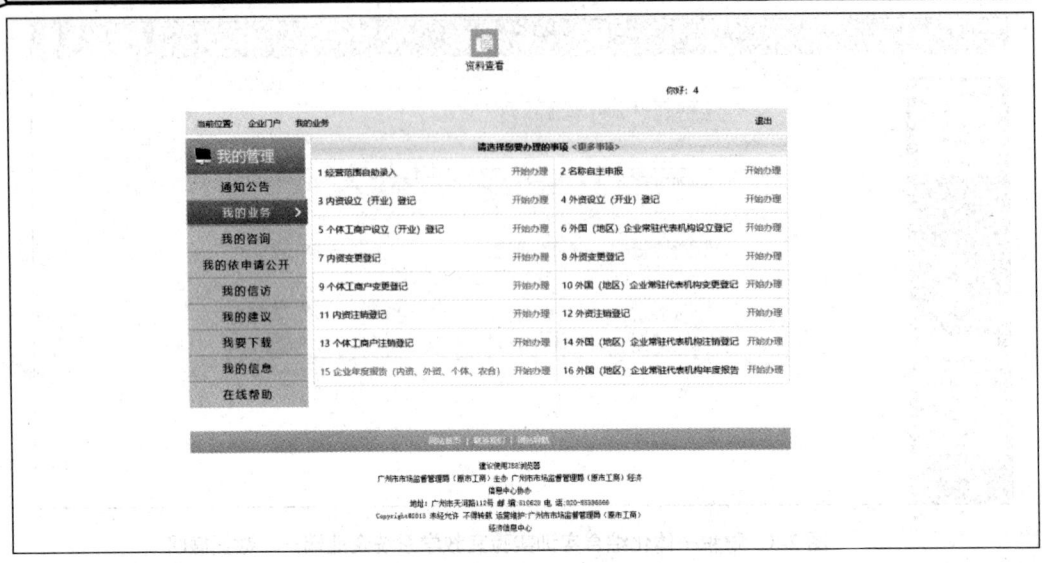

图 2-10　财税一体化综合实训实验室教学系统企业端业务——选择办理业务

（3）进入"企业名称自主申报"，选择申报事项以及填写名称信息、投资人信息、代理人信息等内容。如图 2-11 至图 2-18 所示。

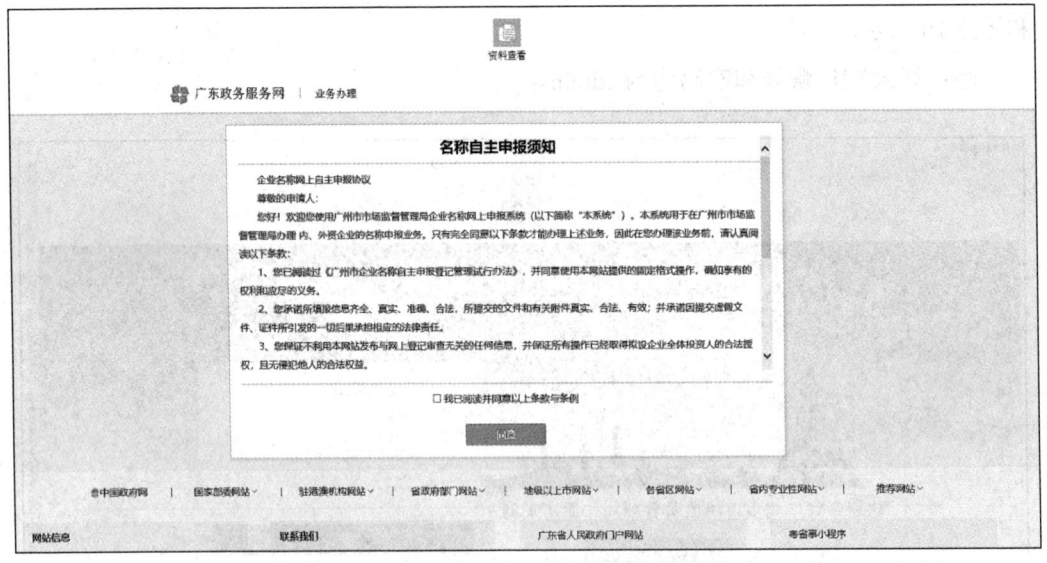

图 2-11　财税一体化综合实训实验室教学系统企业端业务——名称自主申报须知

模块 2 企业筹建期实训项目

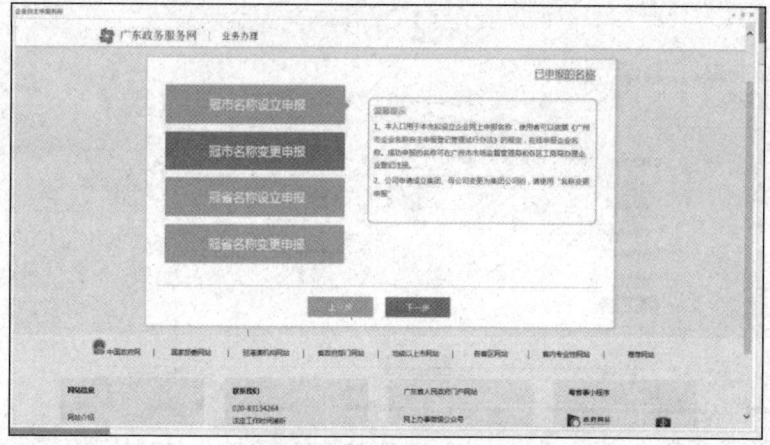

图 2-12 财税一体化综合实训实验室教学系统企业端业务——选择申报类型

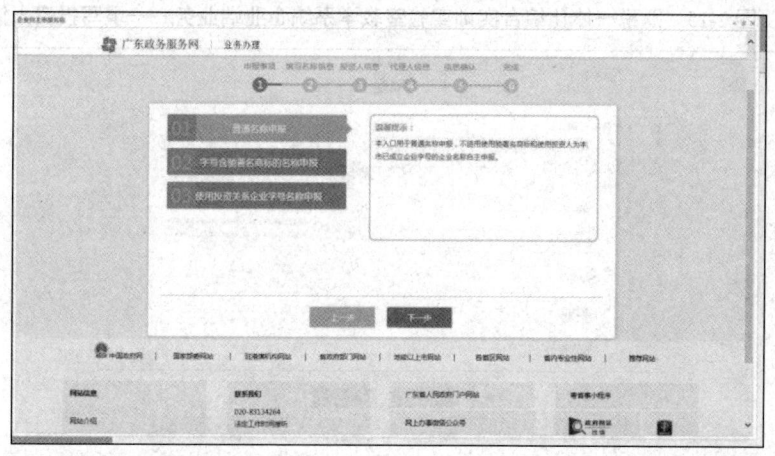

图 2-13 财税一体化综合实训实验室教学系统企业端业务——申报事项

点击"资料查看"按钮，根据资料说明填写名称信息、投资人信息、代理人信息等。

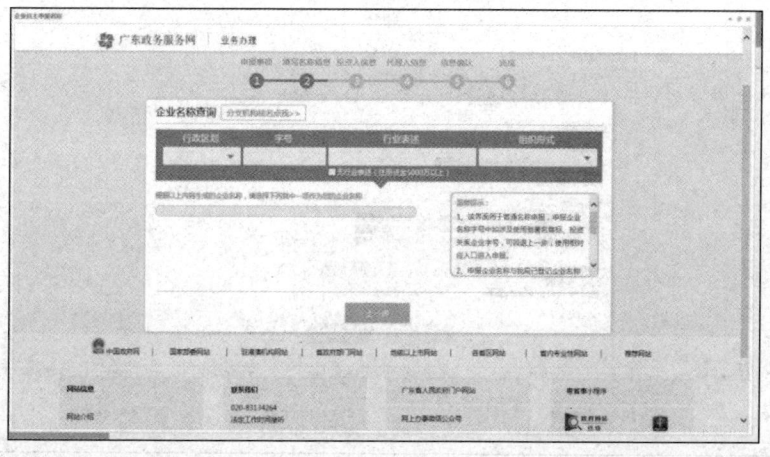

图 2-14 财税一体化综合实训实验室教学系统企业端业务——填写名称信息

-11-

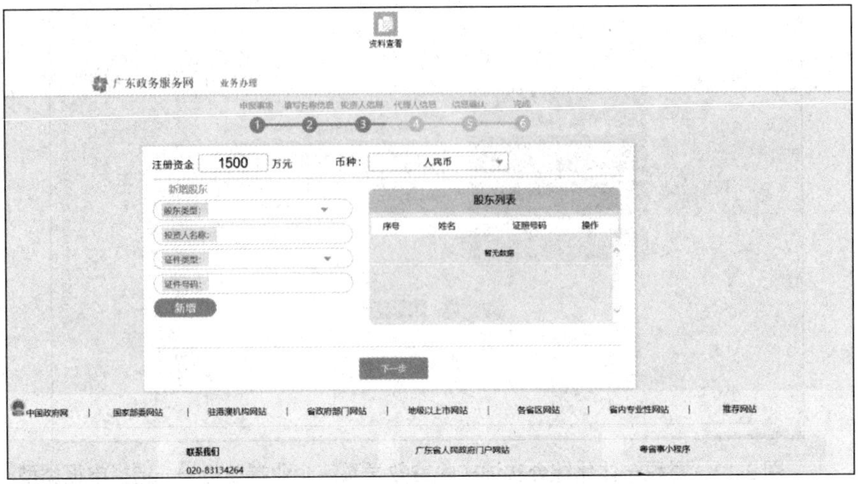

图 2-15　财税一体化综合实训实验室教学系统企业端业务——填写投资人信息

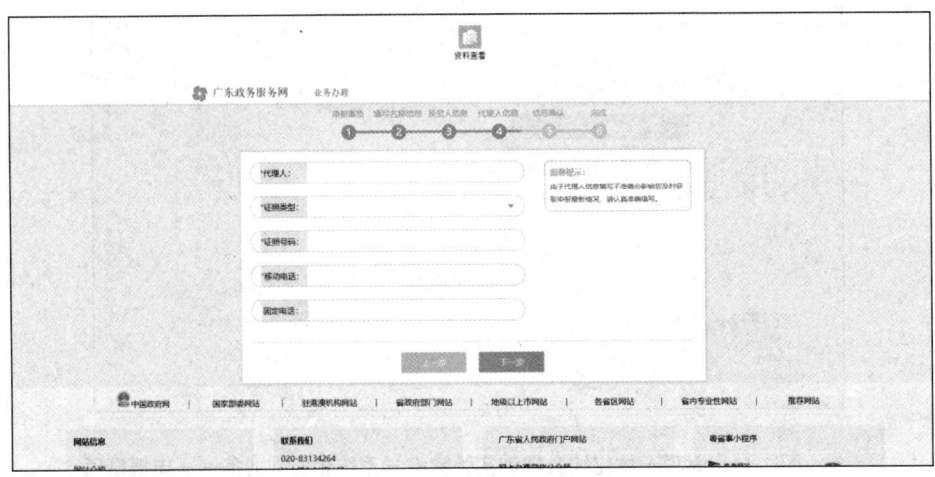

图 2-16　财税一体化综合实训实验室教学系统企业端业务——填写代理人信息

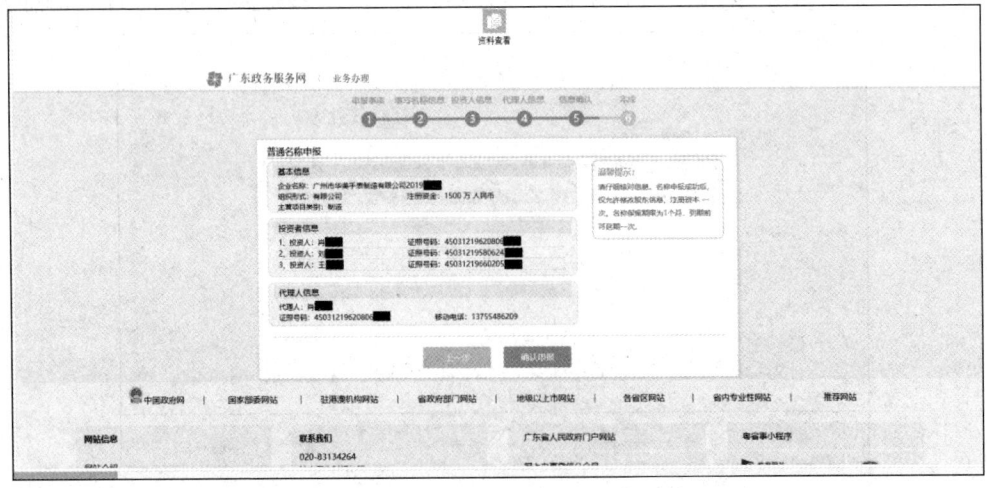

图 2-17　财税一体化综合实训实验室教学系统企业端业务——信息确认

模块 2　企业筹建期实训项目

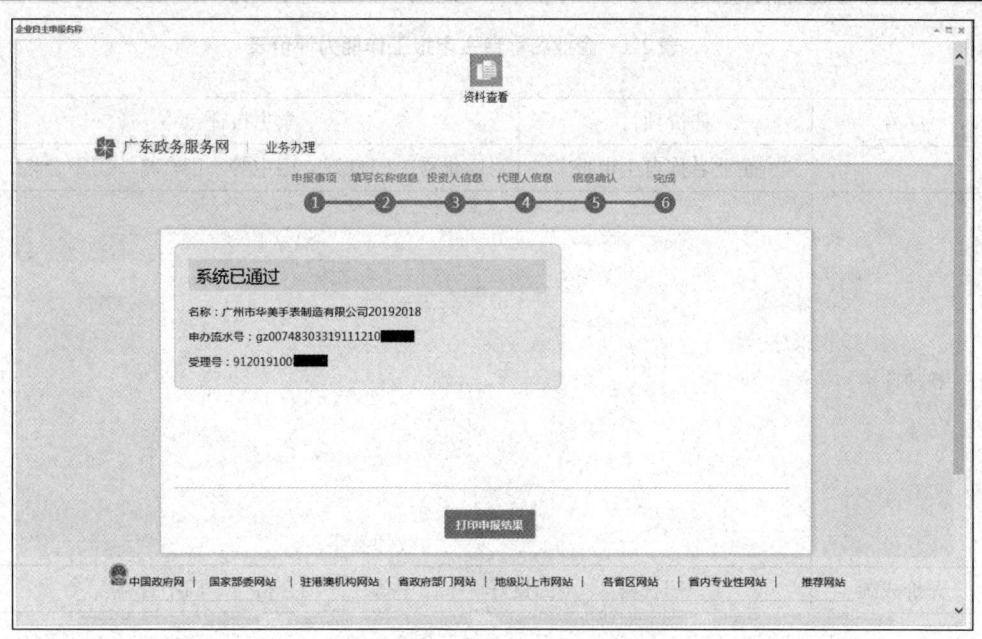

图 2-18　财税一体化综合实训实验室教学系统企业端业务——确认申报

第二步：打印申报结果《企业名称自主申报告知书》。

点击如图 2-18 所示的"打印申报结果"，打印《企业名称自主申报告知书》，如图 2-19 所示。

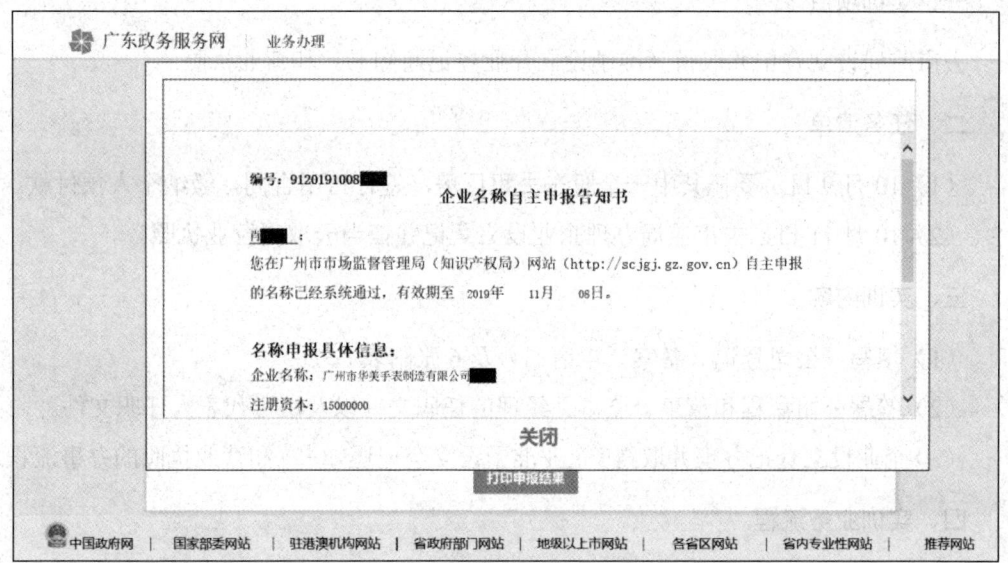

图 2-19　财税一体化综合实训实验室教学系统企业端业务——打印申报结果

六、实训结束并填写实训评价单

企业名称自主申报工作能力评价如表 2-1 所示。

-13-

表 2-1 企业名称自主申报工作能力评价表

序号	评价项目	学生自评
	企业名称自主申报	□优秀　□良好　□中等　□合格　□不合格
教师评语		教师签字
评价成绩	□优秀　　□良好　　□中等　　□合格　　□不合格	

任务 2　企业设立登记

实训任务单

一、实训项目

去市监局设立登记并取得《准予设立开业登记通知书》和营业执照

二、任务清单

（1）10 月 9 日，委托其中一个股东去租厂房，签订租用合同，缴纳个人预付款。

（2）10 月 11 日，去市监局办理企业设立登记并在当天取得营业执照。

三、实训内容

（1）填写《公司登记（备案）申请书》及 6 张附表。

（2）签署公司章程和董事、监事、经理的任职文件以及法定代表人任职文件。

（3）企业设立登记办理并取得《企业准予设立登记通知书》和营业执照的办事流程。

四、实训业务流程

办理设立登记流程如图 2-20 所示。

-14-

模块 2　企业筹建期实训项目

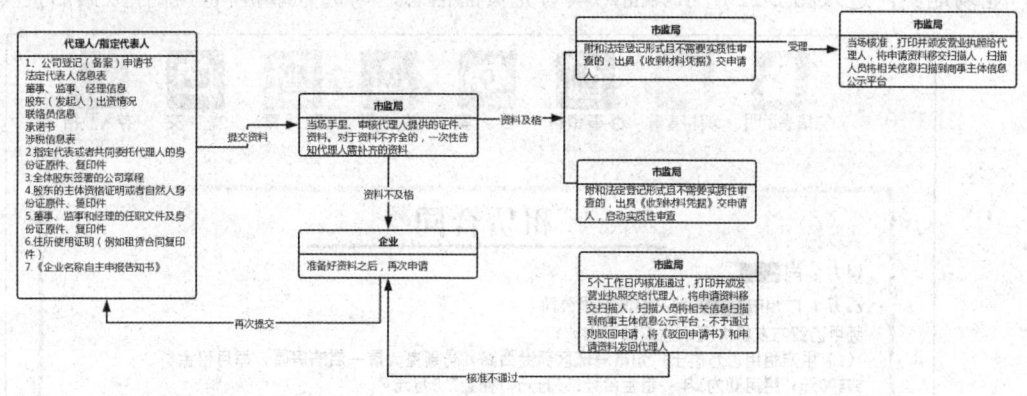

图 2-20　财税一体化综合实训实验室教学系统——办理企业设立登记流程图

五、实训过程指导

此业务由 A 同学扮演市监局工作人员，B 同学和 C 同学扮演企业办事员和肖某某。

第一步：租用营业场所并签订租赁合同。

①企业办事员界面，点击左侧"企业档案"，进入如图 2-21 所示的页面。

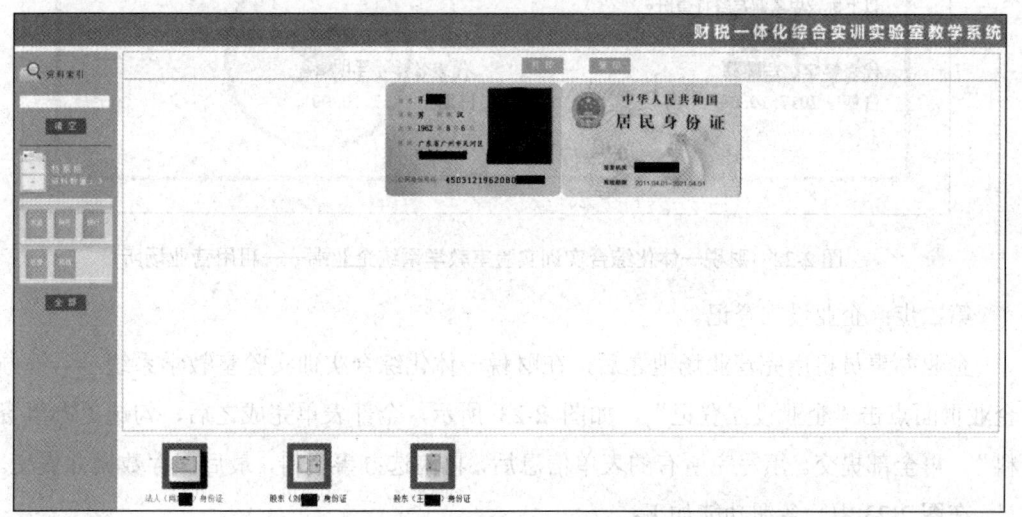

图 2-21　财税一体化综合实训实验室教学系统企业端——企业档案

②在图 2-21 中，选择办理本业务所需要的资料原件，点击"复印"，即可复制当前资料，档案库中多一张资料复印件。复印之后，实训表单填写界面中的"办事资料"才会提供资料复印件用以勾选。

后面需要用到复印件的实训，都需要在此生成资料复印件，不再一一赘述。

企业办事员在财税一体化综合实训实验室教学系统——筹办企业页面点击"租用营

-15-

业场地",进入图 2-22 所示页面。填写完页面信息,勾选办事资料,保存数据后提交。

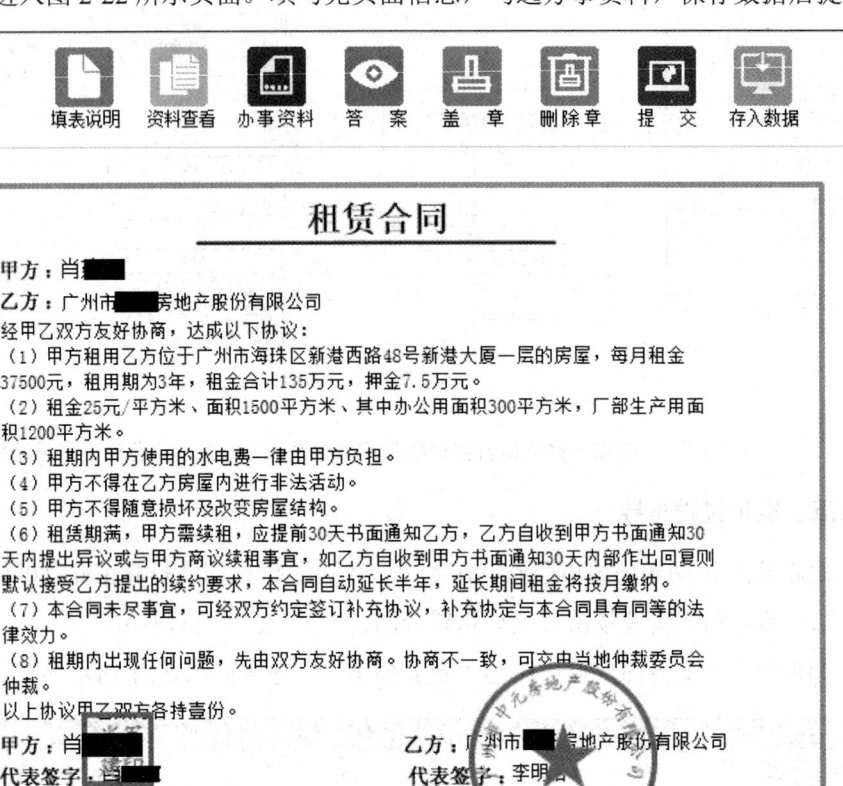

图 2-22 财税一体化综合实训实验室教学系统企业端——租用营业场所

第二步:企业设立登记。

企业办事员租用完营业场地之后,在财税一体化综合实训实验室教学系统——筹办企业页面点击"企业设立登记",如图 2-23 所示,全部表单完成之后,勾选"办事资料",再全部提交。填写完所有的表单信息后,再勾选办事资料,最后保存数据并提交。

在图 2-23 中,各钮功能如下:

① "填表说明"图标 ：查看本表的填表说明。

② "资料查看"图标 ：查看业务相关资料,同时可以看到办事需要携带的资料,资料齐全,就进入"办事资料",直接勾选办事资料,如果需要某些证件等资料的复印件,去"企业档案"模块,找到要复印的证件原件,点击复印生成复印件。

模块 2　企业筹建期实训项目

图 2-23　财税一体化综合实训实验室教学系统企业端——企业设立登记

③ "办事资料"图标：勾选本业务的办事资料，如果不勾选办事资料，表单填写好之后传递给下一个岗位，下一个岗位办事员看不到携带的资料，就无法办理相应的业务。本业务需要携带的资料是经办人的身份证原件及复印件，首先去复印身份证，然后在办事资料中勾选经办人的身份证、身份证复印件，如图 2-24 所示。

图 2-24　财税一体化综合实训实验室教学系统企业端——办事资料选择

④ "答案"图标：查看本表填写的正确答案。

⑤ "盖章"图标：选择印章，并加盖在指定位置，如图 2-25 所示。

-17-

图 2-25　财税一体化综合实训实验室教学系统企业端——盖章

⑥"删除章"图标：删除页面上已有的印章。

⑦"粘贴证件"图标：选择需要粘贴在表单上面的证件，本业务的经办人为法定代表人，需要粘贴法定代表人的身份证复印件，双击法定代表人身份证复印件，即自动粘贴到经办人身份证粘贴处，如图 2-26 所示。

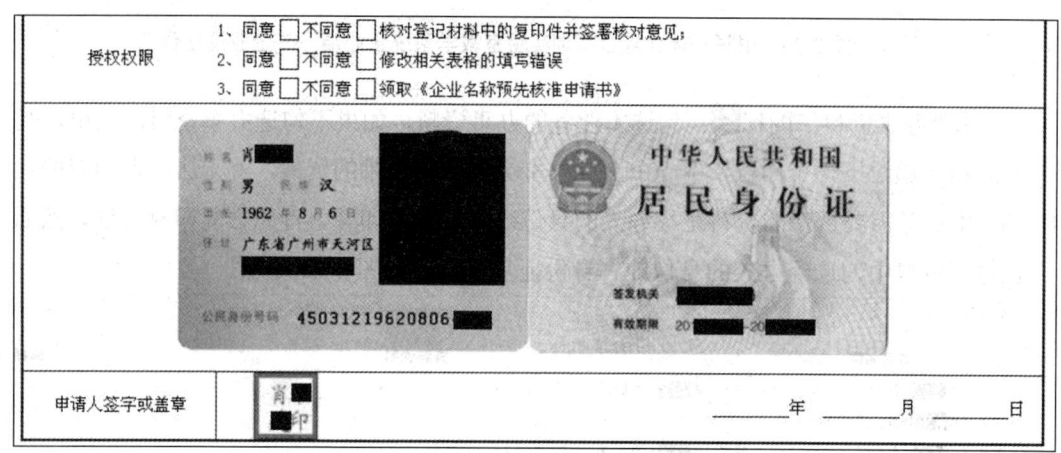

图 2-26　财税一体化综合实训实验室教学系统企业端——粘贴证件

⑧"删除证件"图标：删除已经粘贴的证件。

⑨"提交"图标：提交填写完毕的表单（提交前要保存数据）。

⑩"存入数据"按钮：保存当前填写内容。

注：其他表单页面有相同按钮的，功能也相同，以下不再一一赘述。

第三步：市监局柜员审阅资料。

（1）切换角色至市监局柜员。市监局柜员登录市场监督管理局系统（账号：admin，密码：admin）后，点击"工作台"或"商事登记"→"企业设立登记"，选择"未处理业务"，进入图 2-27 所示页面，

模块 2　企业筹建期实训项目

可看到企业办理业务传递过来的记录。

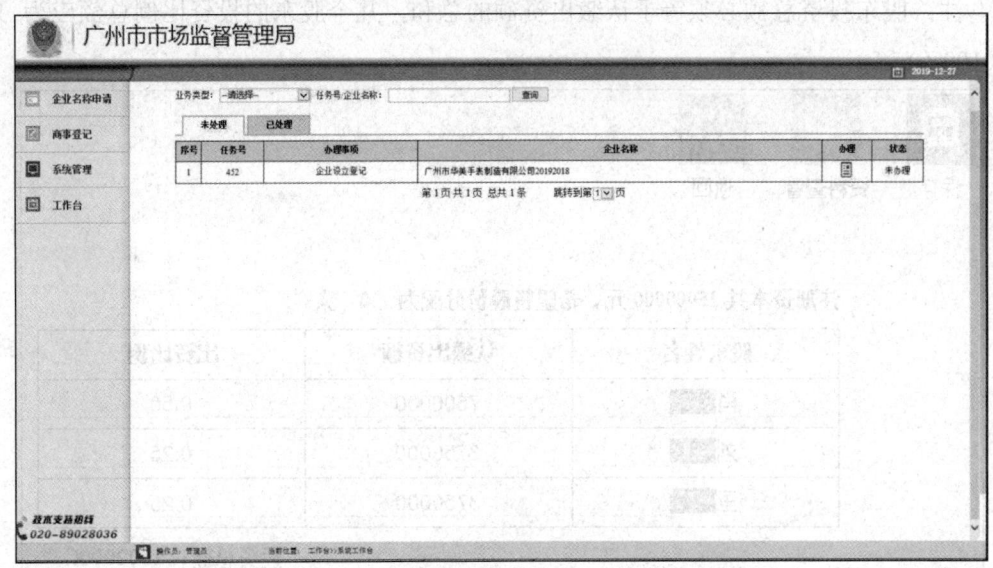

图 2-27　财税一体化综合实训实验室教学系统——企业设立登记

（2）在图 2-27 中，点击"办理"图标，进入图 2-28 所示页面。

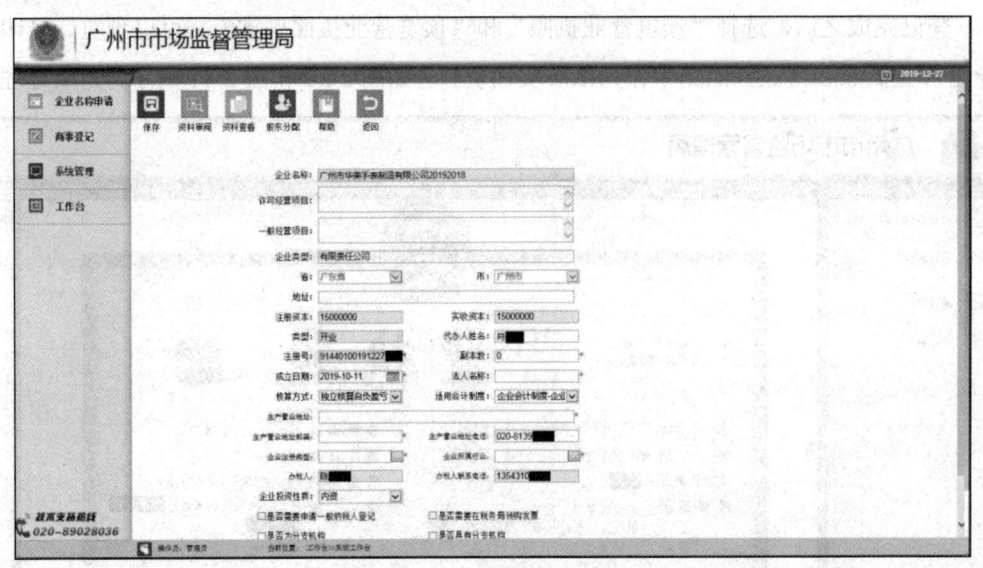

图 2-28　财税一体化综合实训实验室教学系统——企业设立登记办理

（3）点击"资料审阅"图标，浏览并审阅企业所提交的资料。资料审核无误后，点击"股东分配"图标，进入图 2-29 所示的股东分配信息表。股东姓名会自动生成，输入投资金额并保存数据后，点击"返回"图标，根据业务需要将图 2-29 页面中的

-19-

信息补充完整，点击"登记"按钮，确认登记。

注：股东投资总额必须等于认缴出资额的总和，几个股东的投资比例总额应为 1（100%）。

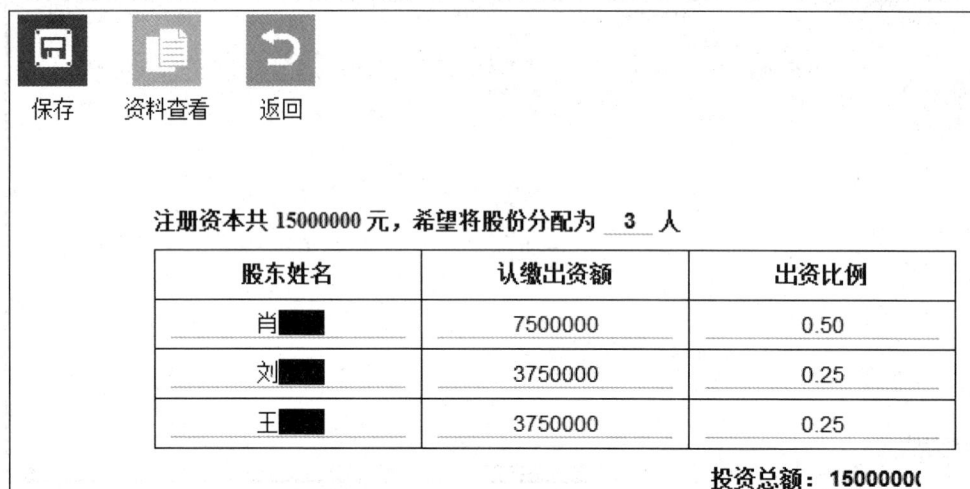

图 2-29 财税一体化综合实训实验室教学系统——企业设立登记股东分配信息登记

第四步：领取营业执照。

登记完成之后，选择"预览营业执照"和"预览营业执照副本"，可以预览、打印、导出营业执照和营业执照副本作为纸质实训资料，如图 2-30 和图 2-31 所示，完成办理。

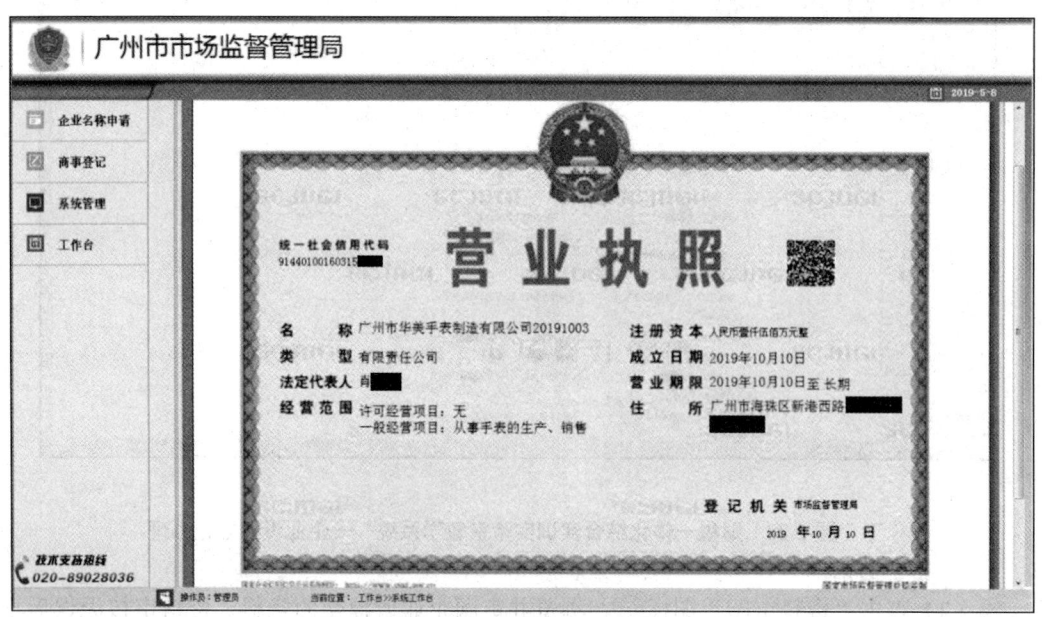

图 2-30 财税一体化综合实训实验室教学系统——企业设立登记预览营业执照

模块 2　企业筹建期实训项目

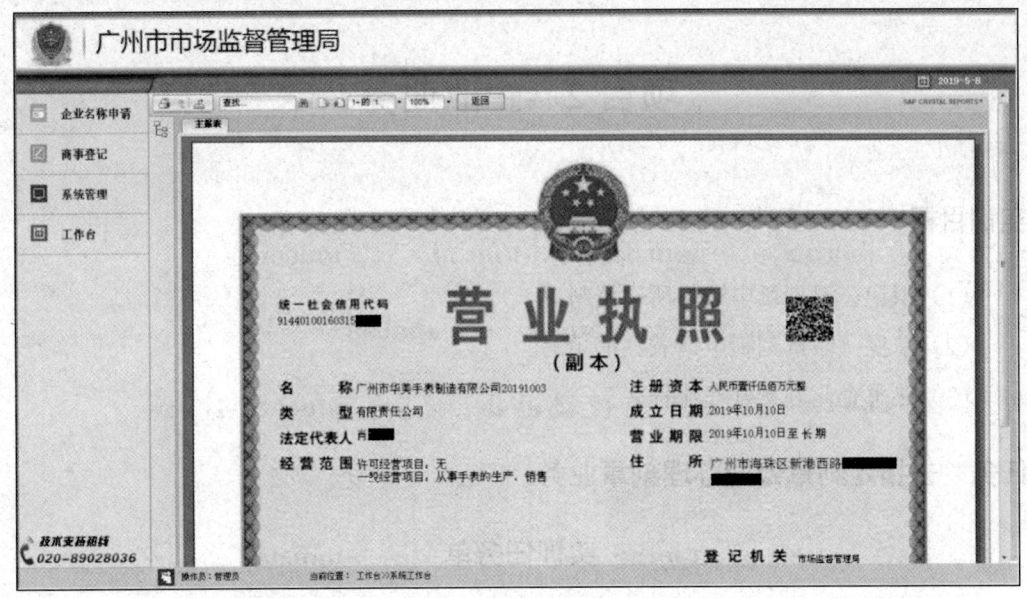

图 2-31　财税一体化综合实训实验室教学系统——企业设立登记预览营业执照副本

完成办理后，系统会自动传递营业执照等相关资料到企业档案库。

六、实训结束并填写实训评价单

企业设立登记工作能力评价如表 2-2 所示。

表 2-2　工作能力评价表

序号	评价项目	学生自评
	企业设立登记	□优秀　□良好　□中等　□合格　□不合格
教师评语		教师签字
评价成绩	□优秀	□良好　　□中等　　□合格　　□不合格

-21-

项目 2　企业业务

实训目标

（1）识记公司刻章申请的所需资料。

（2）掌握《印章刻制申请表》的填写。

（3）熟悉企业刻章办理流程。

任务　去指定刻章公司办理刻章业务

实训任务单

一、实训项目

企业刻章。

二、任务清单

10 月 11 日，去公安局指定刻章公司刻章并取章。

三、实训内容

（1）填写《印章刻制申请表》。

（2）公司刻章办理流程。

四、实训业务操作流程

企业办理刻章、取章业务流程如图 2-32 所示。

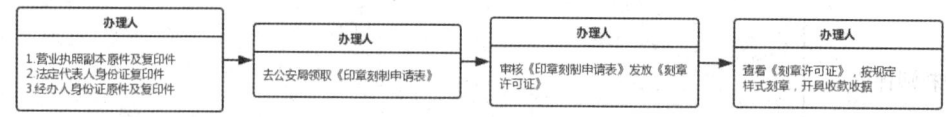

图 2-32　财税一体化综合实训实验室教学系统——企业刻章流程图

五、实训过程指导

此业务由 B 同学扮演企业办事员何某某。

第一步：填写《印章刻制申请表》并提交资料。企业办事员登录系统企业端，进入图 2-6 所示页面，选择"企业刻章"，进入图 2-33 所示页面。

模块 2　企业筹建期实训项目

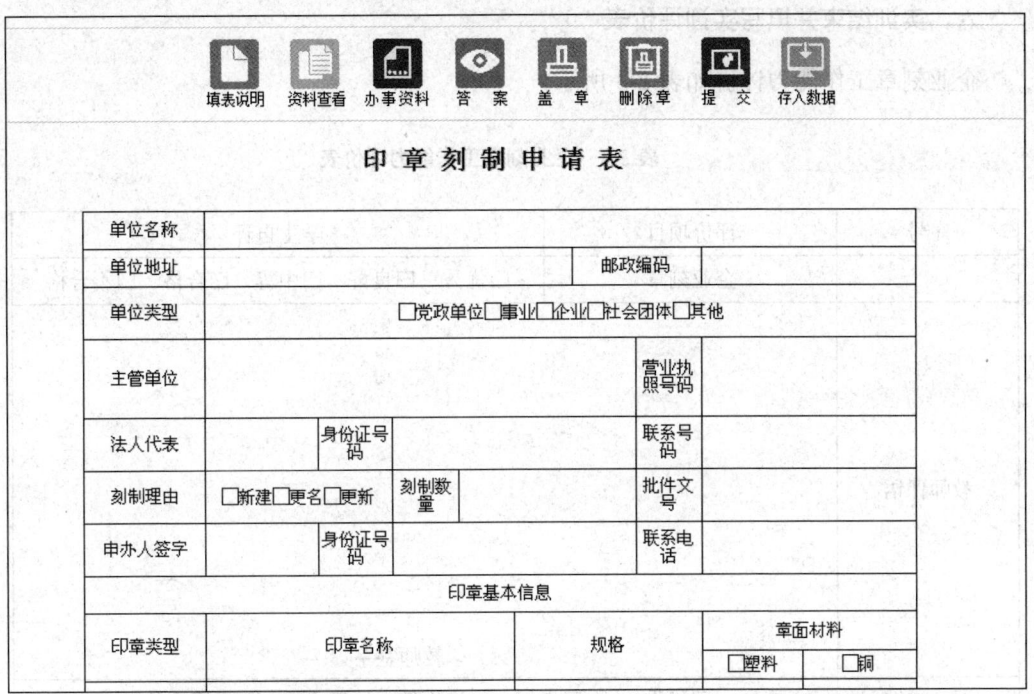

图 2-33　财税一体化综合实训实验室教学系统——企业刻章业务表单填写

将《印章刻制申请表》填写完毕后保存，勾选"办事资料"并提交数据，完成办理。

第二步：发放《刻章许可证》。提交表单后，系统将自动处理。将《刻章许可证》发放到企业档案中，如图 2-34 所示。

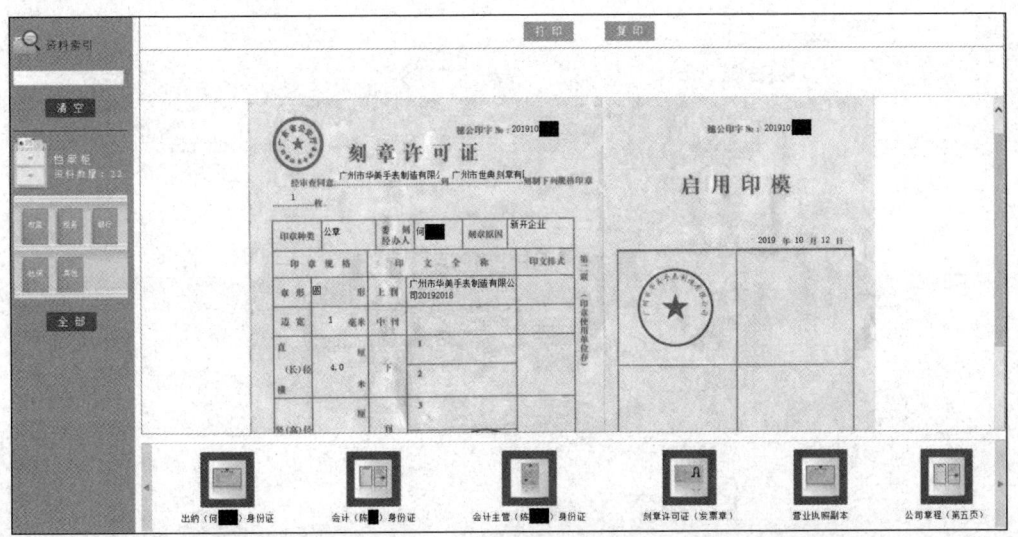

图 2-34　财税一体化综合实训实验室教学系统——企业刻章许可证

-23-

六、实训结束并填写实训评价表

企业刻章工作能力评价如表 2-3 所示。

表 2-3　企业刻章工作能力评价表

序号	评价项目	学生自评
	企业刻章	□优秀　□良好　□中等　□合格　□不合格
教师评语		教师签字
评价成绩	□优秀　　□良好　　□中等　　□合格　　□不合格	

项目3　银行业务

实训目标

（1）会填写《开户申请书》。
（2）识记开立基本账户需要填写的资料
（3）熟悉企业办理基本存款账户的流程。
（4）会填写《代扣业务三方协议》。
（5）能正确进行办理企业网银的相关工作
（6）银行印鉴卡盖章。

任务1　办理开立基本存款账户

实训任务单

一、实训项目

开立基本存款账户业务。

二、任务清单

10月13日，到银行申请办理开立银行基本存款账户。

三、实训内容

（1）填写《开户申请书》。
（2）银行印鉴卡盖章。

四、实训业务流程

企业领取开立基本存款账户业务操作流程如图2-35所示。

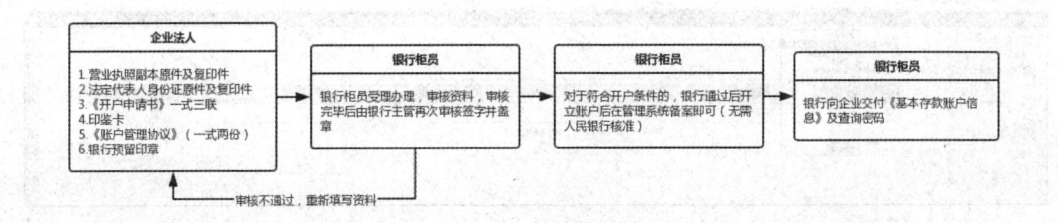

图2-35　财税一体化综合实训实验室教学系统——企业开立基本存款账户业务流程图

五、实训过程指导

此业务由 A 同学扮演银行柜员和银行主管审核员，B 同学和 C 同学扮演企业办事员和企业法人。

第一步：填写账户管理协议提交资料。

第二步：企业办事员登录系统。企业办事员登录系统企业端，进入图 2-6 所示页面，选择"开立基本账户"，点击进入图 2-36 所示页面。

图 2-36　财税一体化综合实训实验室教学系统——企业端开立基本存款账户业务表单填写

企业办事员填写好《开户申请书》并盖章、保存；点击"下一页"填写印鉴卡，保存，完成后勾选"办事资料"，并提交数据。

第三步：银行柜员审核资料。

（1）在图 2-6 中，切换角色至选银行柜员，登录银行系统（账号：account，密码：888888），选择"工作台"→"系统工作"，再在"业务类型"中选择办理"开立基本账户"，如图 2-37 所示。

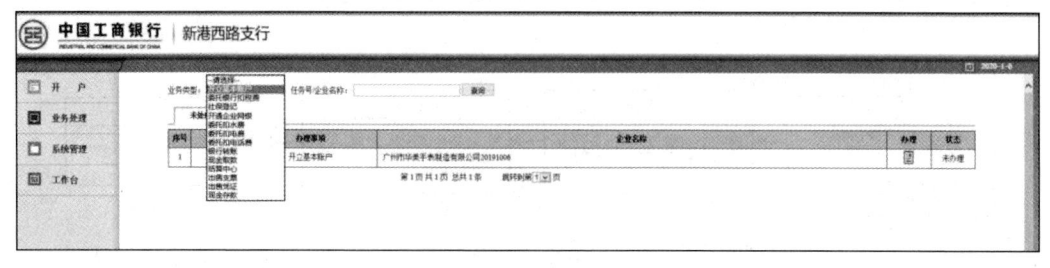

图 2-37　财税一体化综合实训实验室教学系统——银行管理系统开立基本存款账户

（2）在图 2-37 中，银行柜员在"业务类型"中选择办理"开立基本账户"，按回车键，进入图 2-38 所示页面。

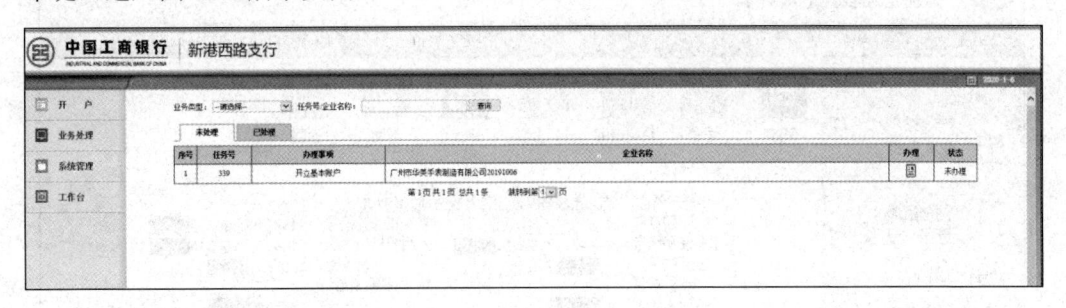

图 2-38　财税一体化综合实训实验室教学系统——银行管理系统企业状态

（3）在图 2-38 中，点击"办理"图标，进入图 2-39 所示页面。

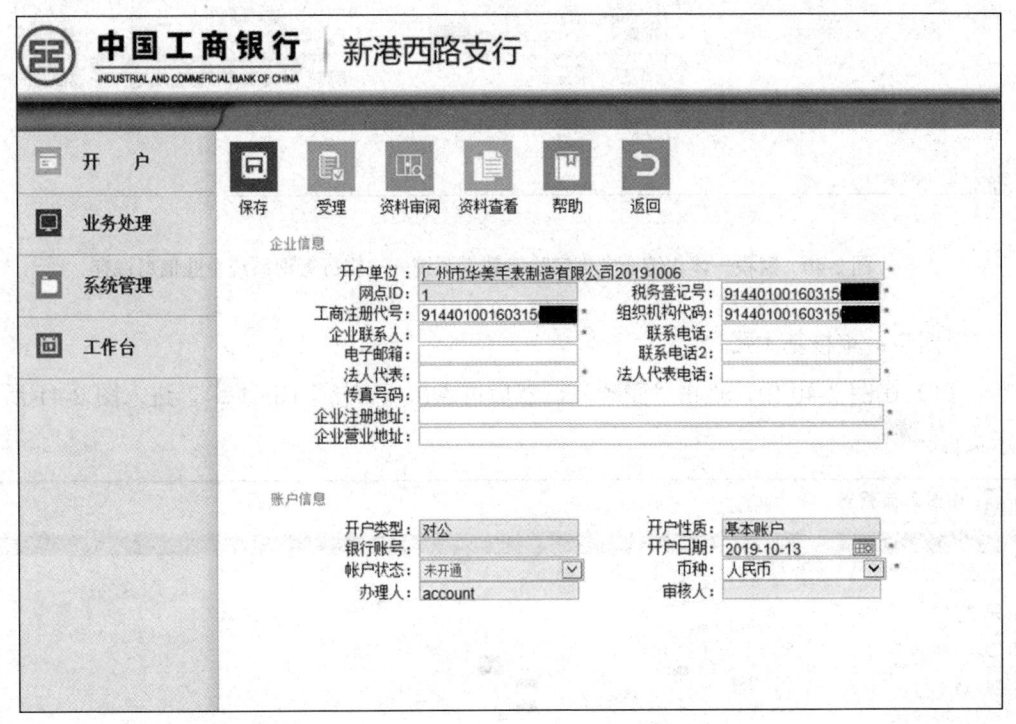

图 2-39　财税一体化综合实训实验室教学系统——银行管理系统开立基本存款账户审核

（4）在图 2-39 中，点击"资料审阅"图标，资料审核无误后，将页面中带"*"的信息补充完整。填写完毕后点击"保存"图标，进入图 2-40 所示页面，出现银行账号，这个账号就是企业开立的基本存款账号，后面企业开通网银后，也是网上银行的账号。

-27-

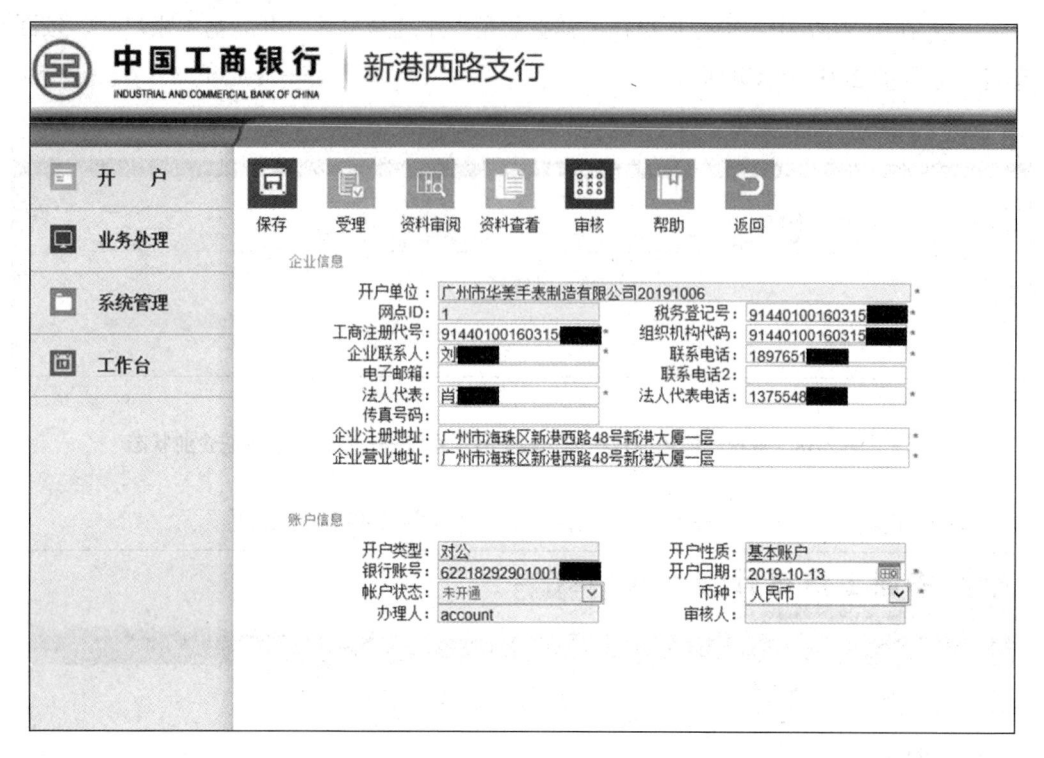

图 2-40　财税一体化综合实训实验室教学系统——银行管理系统企业信息保存

第四步：审核基本账户。

（1）在图 2-40 中，点击"受理"，然后再点击"审核"图标⊞，进入图 2-41 所示页面。

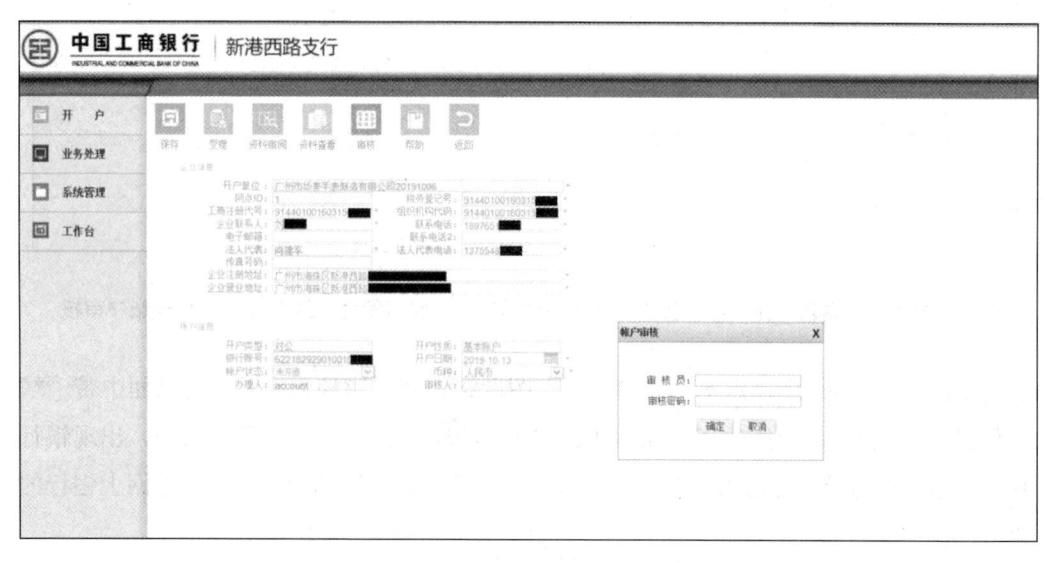

图 2-41　财税一体化综合实训实验室教学系统——银行管理系统银行审核员审核

审核员输入账号（8403****）和审核密码（8888****），点击"确定"按钮。在随后弹出的"设置开户单位账号密码"对话框中输入密码（默认密码为123456），再点击"确定"按钮，提示密码保存成功，进入图2-42所示页面。

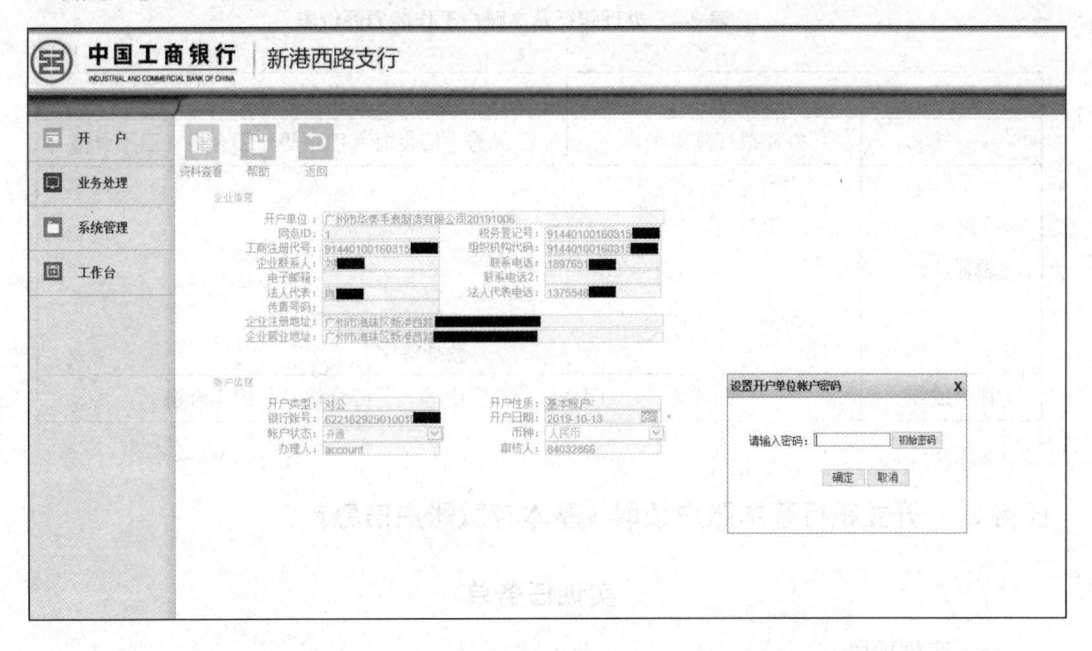

图2-42　财税一体化综合实训实验室教学系统——银行管理系统审核密码

（2）密码保存成功后即完成开户，系统将自动发送密码函到企业档案中，如图2-43所示。

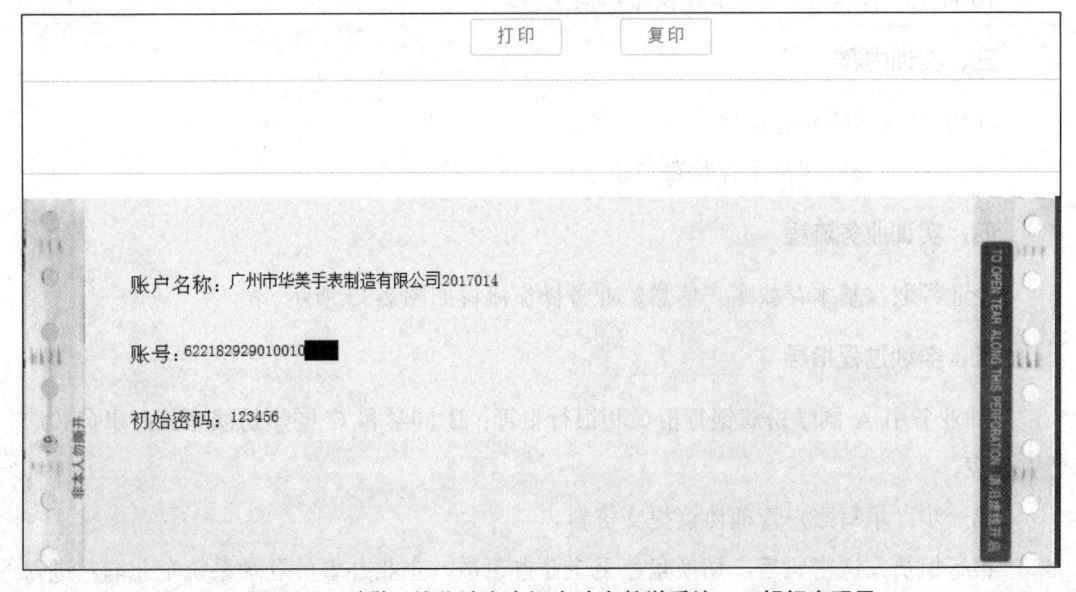

图2-43　财税一体化综合实训实验室教学系统——银行密码函

-29-

六、实训结束并填写实训评价单

办理银行基本账户工作能力评价如表 2-4 所示。

表 2-4 办理银行基本账户工作能力评价表

序号	评价项目	学生自评
	办理银行基本账户	□优秀　□良好　□中等　□合格　□不合格
教师评语		教师签字
评价成绩		□优秀　□良好　□中等　□合格　□不合格

任务 2　开立银行基本账户领取《基本存款账户信息》

实训任务单

一、实训项目

开立基本存款账户业务。

二、任务清单

10 月 13 日，领取《基本存款账户信息》。

三、实训内容

（1）填写《账户管理协议》。

（1）企业领取《基本存款账户信息》。

四、实训业务流程

企业领取《基本存款账户信息》业务操作流程如图 2-35 所示。

五、实训过程指导

此业务由 A 同学扮演银行柜员和银行主管；B 同学和 C 同学扮演企业办事员和法人代表。

第一步：填写账户管理协议提交资料。

银行柜员发送密码后，切换角色至企业办事员，企业办事员登录系统企业端，进入图 2-6 所示页面，选择"开立基本账户"，进入图 2-44 所示页面。

模块 2　企业筹建期实训项目

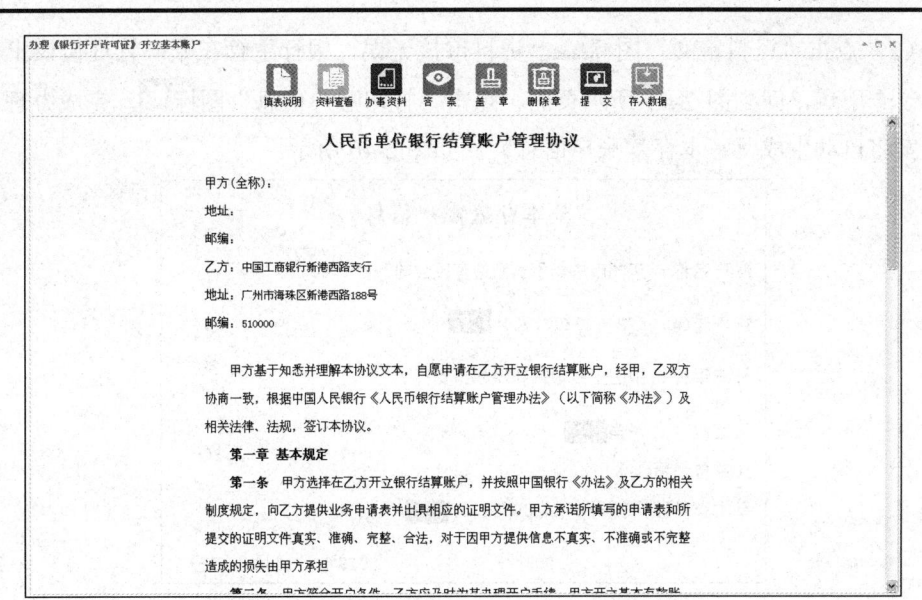

图 2-44　财税一体化综合实训实验室教学系统——企业端开立基本存款账户业务表单填写

完成《账户管理协议》后，保存并提交，回到图 2-6 所示页面。

第二步：领取《基本存款账户信息》。

（1）在图 2-6 中，切换角色至选银行柜员，登录银行系统，选择"工作台"→"系统工作"，再在"业务类型"中选择办理"开立基本账户"，选择企业后，点击"办理"图标，进入图 2-45 所示页面。

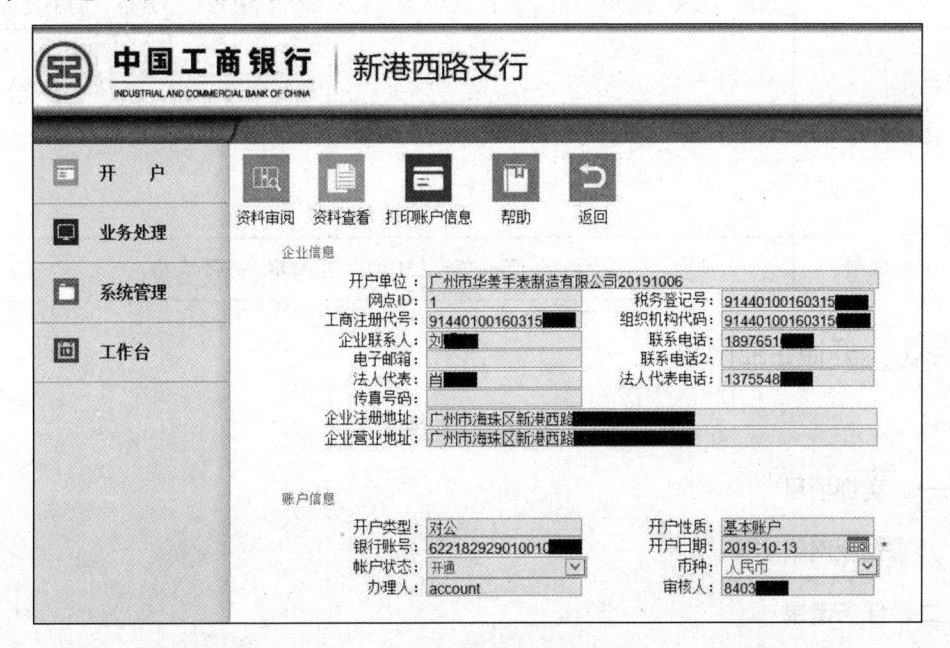

图 2-45　财税一体化综合实训实验室教学系统——银行管理系统开立基本存款账户审核

-31-

（2）点击"资料审阅"图标，资料审核无误，银行主管在账户管理协议上盖银行协议专用章，回到图 2-45 所示页面，点击"打印账户信息"图标，完成办理。企业档案将自动生成《基本存款账户信息》，如图 2-46 所示。

```
                基本存款账户信息

    账户名称：广州市华美手表制造有限公司20191006
    账户号码：622182929010010■■■
    开户银行：中国工商银行新港西路支行
    法定代表人：肖■■
    （单位负责人）
    基本存款账户编号：JB580052500■■■

                         2019年  10月  13日
```

图 2-46 财税一体化综合实训实验室教学系统——银行管理系统基本存款账户信息

六、实训结束并填写实训评价单

领取《基本存款账户信息》工作能力评价如表 2-5 所示。

表 2-5 领取《基本存款账户信息》工作能力评价表

序号	评价项目	学生自评
	领取《基本存款账户信息》	□优秀 □良好 □中等 □合格 □不合格
教师评语		教师签字
评价成绩		□优秀 □良好 □中等 □合格 □不合格

任务 3　开通企业网银

实训任务单

一、实训项目

开通企业网银实训。

二、任务清单

10 月 18 日，开通企业网银业务。

三、实训内容

（1）填写《电子银行业务申请表》。

（2）填写《电子银行服务协议》。

（3）企业网银开通办理。

四、实训业务流程

企业办理网银业务流程如图 2-47 所示。

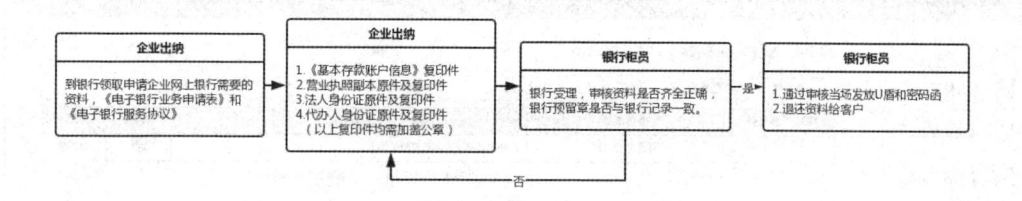

图 2-47　财税一体化综合实训实验室教学系统——企业办理网银业务流程图

五、实训过程指导

此业务由 A 同学扮演银行柜员、银行主管，B 同学和 C 同学扮演企业办事员。

第一步：企业办事员登录系统。

企业办事员登录系统企业端，进入到图 2-6 所示页面，选择"开通企业网银"，进入图 2-48 所示页面。

图 2-48　财税一体化综合实训实验室教学系统——开通企业网银业务表单填写

填写完毕并保存数据，点击"下一页"图标▶，进入其他应填写的表单页面。全部表单完成之后，勾选"办事资料"，再提交数据，完成表单填写。

第二步：银行柜员审阅资料。

（1）切换角色到银行柜员，登录银行系统，选择"工作台"→"系统工作"，再在"业务类型"中选择"开通企业网银"，输入企业名称（学号）后，点击"查询"进入图 2-49 所示页面。

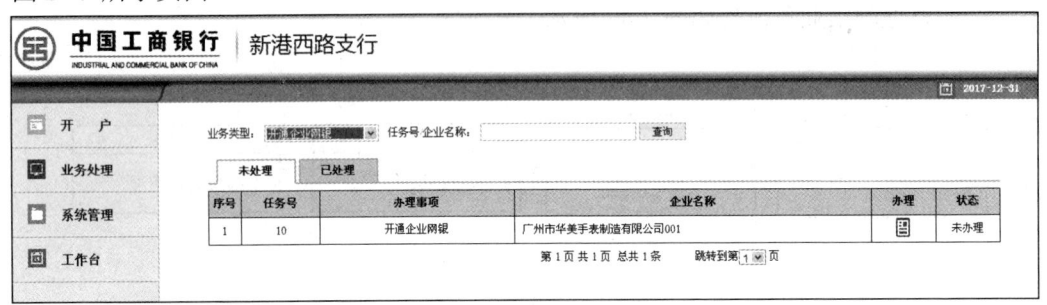

图 2-49　财税一体化综合实训实验室教学系统——银行系统开通企业网银企业状态

（2）在图 2-49 中，点击"办理"图标📋，进入图 2-50 所示页面。

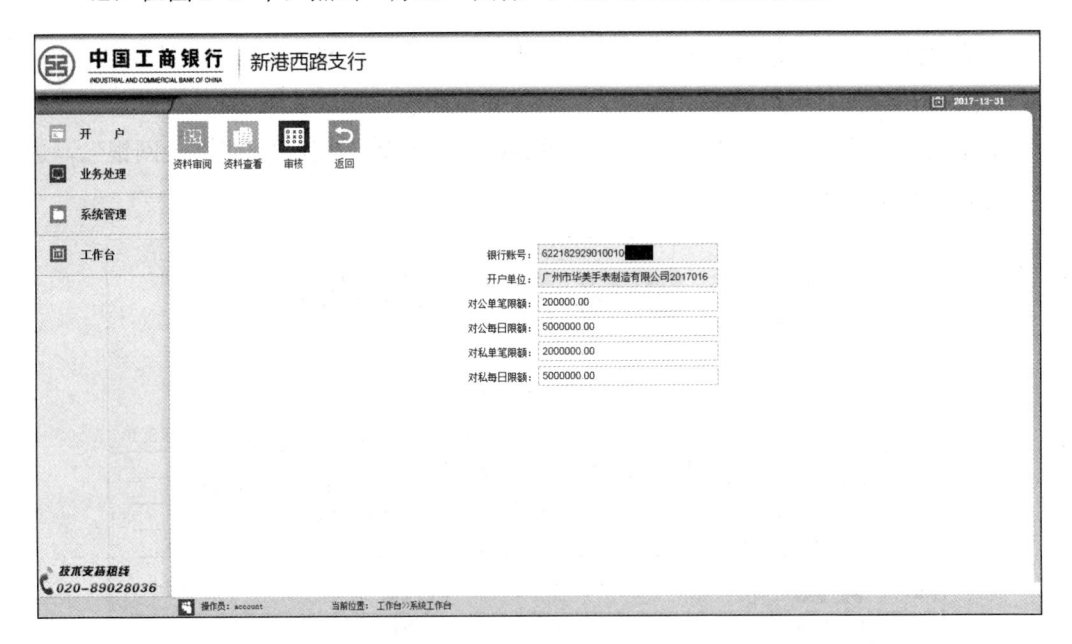

图 2-50　财税一体化综合实训实验室教学系统——银行系统开通企业网银企业信息录入

点击"资料审阅"图标，审核完浏览的资料，录入信息并保存。

第三步：办理业务。

（1）点击"审核"图标⊞，进入图 2-51 所示页面。

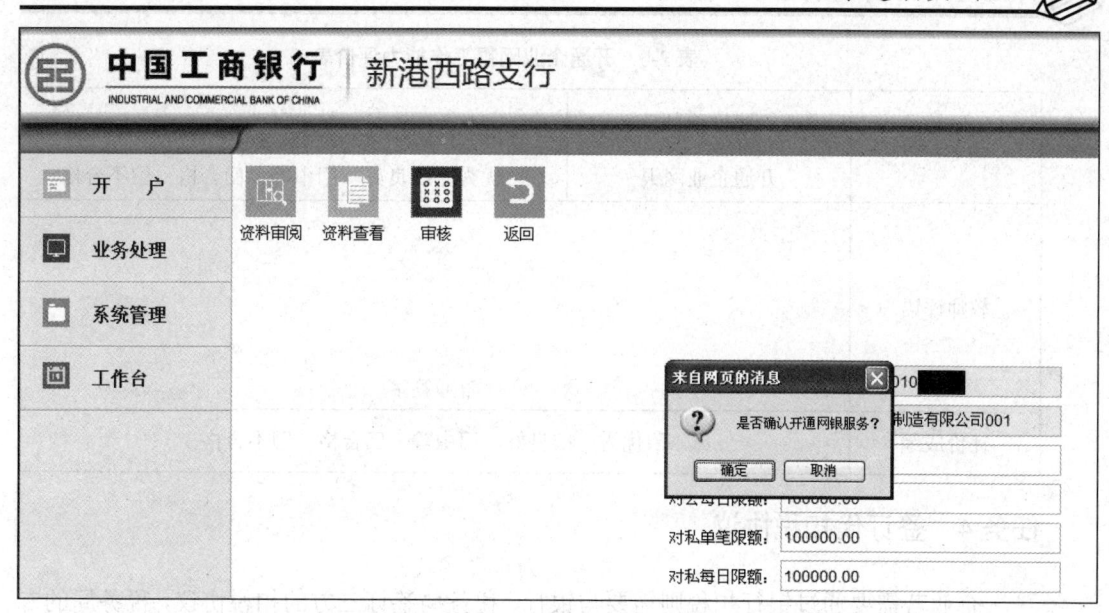

图 2-51　财税一体化综合实训实验室教学系统——银行系统开通企业网银审核

（2）点击"确定"按钮，完成办理，企业档案库会自动生成管理员和操作员的密码函，如图 2-52 所示。

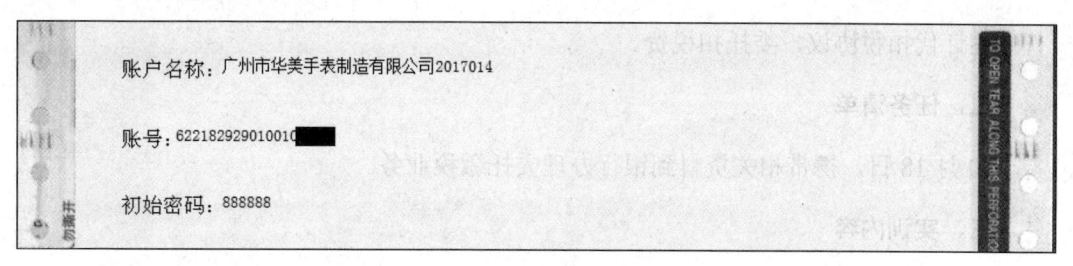

图 2-52　财税一体化综合实训实验室教学系统——企业网银密码函

第四步：银行柜员录入企业注册资金。

银行柜员选择 系统管理>>资金结算中心 ，进入资金结算中心，根据三名股东的情况输入相关信息，点击【确定】，提示转账成功即可。肖某某入资 7 500 000.00 元，刘某某及王某某分别入资 3 750 000.00 元。（肖某某账号：621564895461389****，刘某某账号：621568954124568****，王某某账号：621564895213548****）

六、实训结束并填写实训评价单

开通企业网银工作能力评价如表 2-6 所示。

表2-6 开通企业网银工作能力评价表

序号	评价项目	学生自评
	开通企业网银	□优秀 □良好 □中等 □合格 □不合格
教师评语		教师签字
评价成绩		□优秀 □良好 □中等 □合格 □不合格

任务4 签订代扣税协议

企业若需要通过银行扣税则需要与银行、税务局签订三方的扣税协议，税务局的专管员是刘某某。

实训任务单

一、实训项目

签订代扣税协议，委托扣税费。

二、任务清单

10月18日，携带相关资料到银行办理委托缴税业务。

三、实训内容

（1）填写《电子缴税入库系统委托划缴税（费）协议书》。

（2）签订扣税协议的流程。

四、实训业务流程

企业签订代扣税协议流程如图2-53所示。

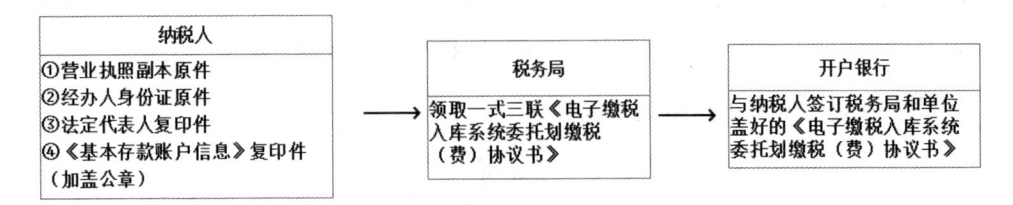

```
┌─────────────────────┐      ┌─────────────────────┐      ┌─────────────────────┐
│       纳税人        │      │       税务局        │      │      开户银行       │
│ ①营业执照副本原件   │      │ 领取一式三联《电子缴税│      │ 与纳税人签订税务局和单位│
│ ②经办人身份证原件   │ ───> │ 入库系统委托划缴税  │ ───> │ 盖好的《电子缴税入库系统│
│ ③法定代表人复印件   │      │（费）协议书》       │      │ 委托划缴税（费）协议书》│
│ ④《基本存款账户信息》│      │                     │      │                     │
│   复印件（加盖公章）│      │                     │      │                     │
└─────────────────────┘      └─────────────────────┘      └─────────────────────┘
```

图2-53 财税一体化综合实训实验室教学系统——企业签订扣税协议流程图

五、实训过程指导

此业务由 A 同学扮演工作人员，B 同学和 C 同学扮演企业办事员。

第一步：企业办事员登录系统。

企业办事员登录系统企业端，进入图 2-6 所示页面，选择"委托银行扣税费"，进入图 2-54 所示页面。

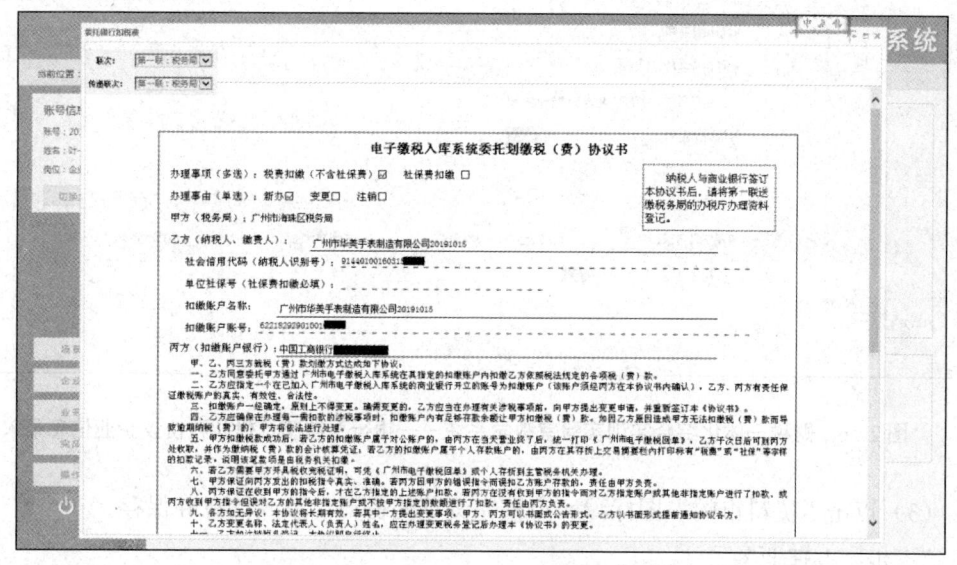

图 2-54　财税一体化综合实训实验室教学系统——企业委托扣款业务表单填写

填写完毕并保存数据，勾选"办事资料"，再提交数据，完成办理。

第二步：银行柜员审阅资料。

（1）切换角色到银行柜员，登录银行系统，选择"工作台"→"系统工作"，再在"业务类型"中选择"委托银行扣税费"，输入企业名称（学号）后，点击"查询"进入图 2-55 所示页面。

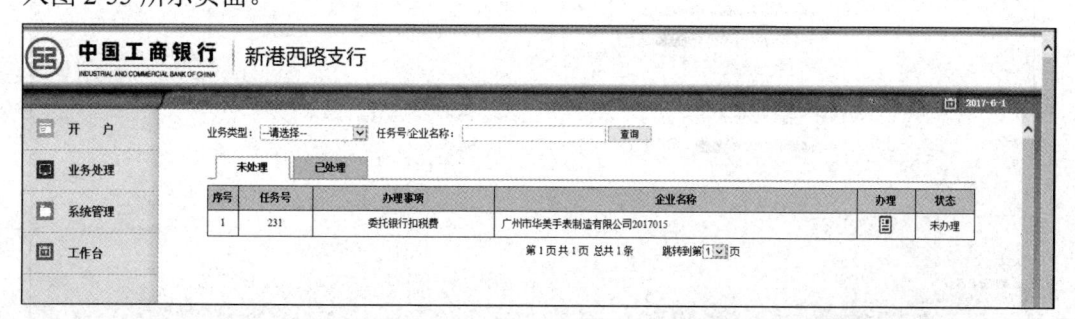

图 2-55　财税一体化综合实训实验室教学系统——银行系统签订代扣税协议企业状态

（2）在图 2-55 中，点击"办理"图标，进入图 2-56 所示页面。

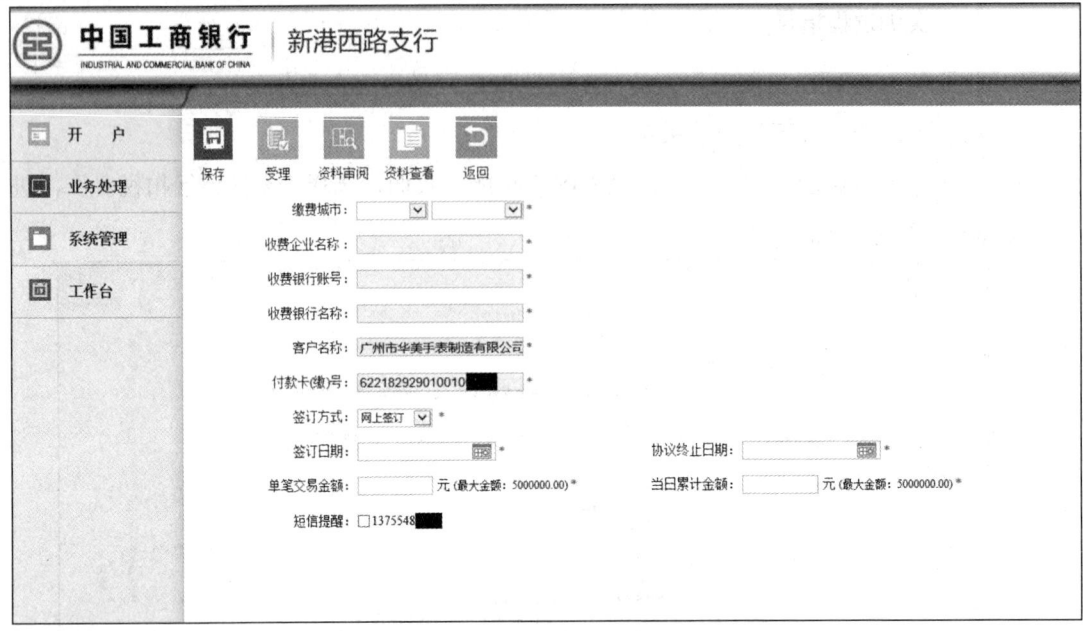

图 2-56　财税一体化综合实训实验室教学系统——银行系统签订代扣税协议企业信息录入

（3）点击"资料审阅"图标，审核完浏览的资料，录入信息并保存。

第三步：办理业务。

（1）点击"审核"图标，进入图 2-57 所示页面。

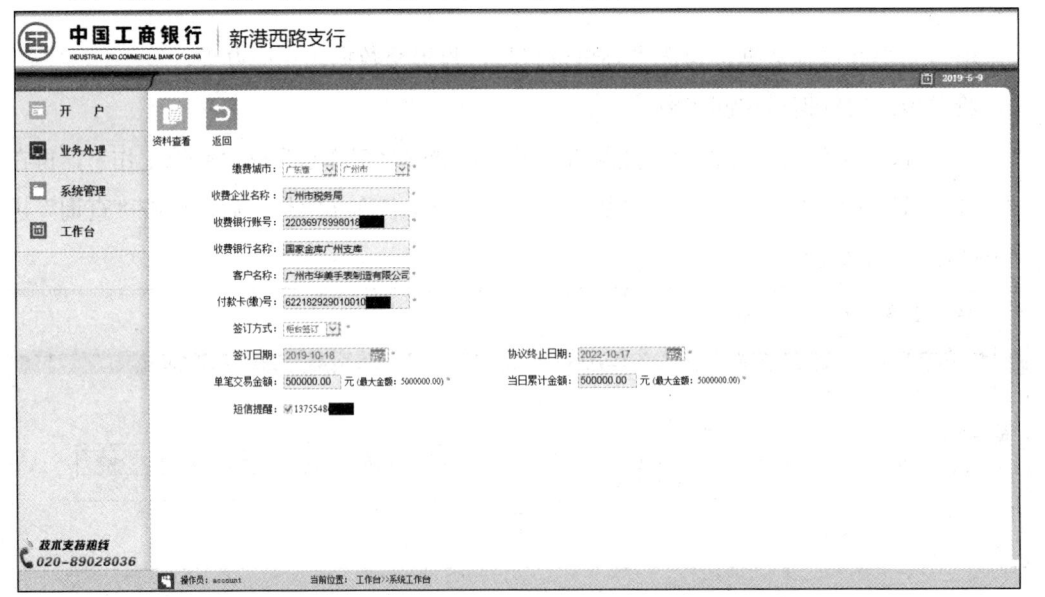

图 2-57　财税一体化综合实训实验室教学系统——银行系统签订代扣税协议企业信息审核

（2）点击"确定"按钮，完成委托扣税办理。

六、实训结束并填写实训评价单

委托扣税工作能力评价如表 2-7 所示。

表 2-7 委托扣税工作能力评价表

序号	评价项目	学生自评
	委托扣税	□优秀　□良好　□中等　□合格　□不合格
教师评语		教师签字
评价成绩		□优秀　□良好　□中等　□合格　□不合格

任务 5 签订委托扣费协议

实训任务单

一、实训项目

签订委托扣费协议委托扣费。

二、任务清单

10 月 18 日，携带相关资料到银行办理委托扣款业务（含代扣水费、电费、电话费）。

三、实训内容

（1）填写《代扣业务三方协议》。

（2）签订扣费协议的流程。

四、实训业务流程

企业签订委托扣费业务流程如图 2-58 所示。

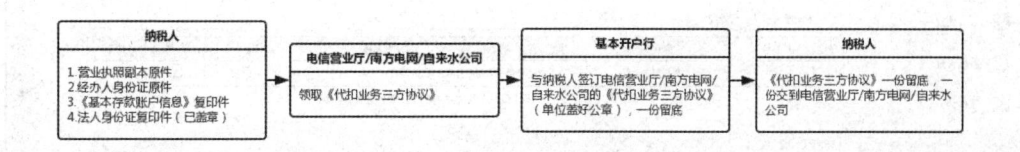

图 2-58 财税一体化综合实训实验室教学系统——企业签订委托扣费协议流程图

五、实训过程指导

去电信营业厅、中国南方电网、自来水公司办理委托扣费业务的流程基本相同。

此业务由 A 同学扮演银行柜员，B 同学和 C 同学扮演企业办事员。

第一步：企业办事员登录系统。

（1）企业办事员登录系统企业端，进入图 2-6 页面，选择"委托扣款业务"中的"委托扣电话费"，进入图 2-59 所示页面。

图 2-59　财税一体化综合实训实验室教学系统——企业签订委托扣费协议表单填写

（2）填写完毕，勾选"办事资料"，再提交数据，完成办理。

第二步：银行柜员审阅资料。

（1）切换角色到银行柜员，登录银行系统，选择"工作台"→"系统工作台"，再在"业务类型"中选择"委托扣电话费"，输入企业名称（学号）后，点击"查询"进入图 2-60 所示页面。

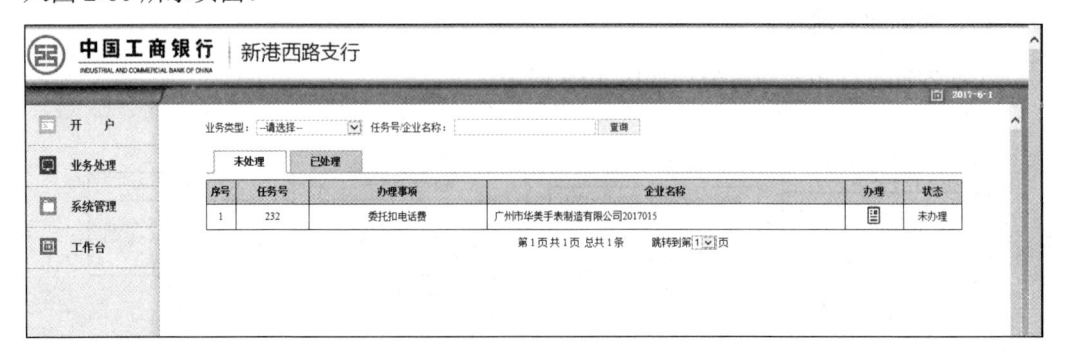

图 2-60　财税一体化综合实训实验室教学系统——银行系统委托扣电话费企业状态

（2）在图 2-60 中，点击"办理"图标，进入图 2-61 所示页面。

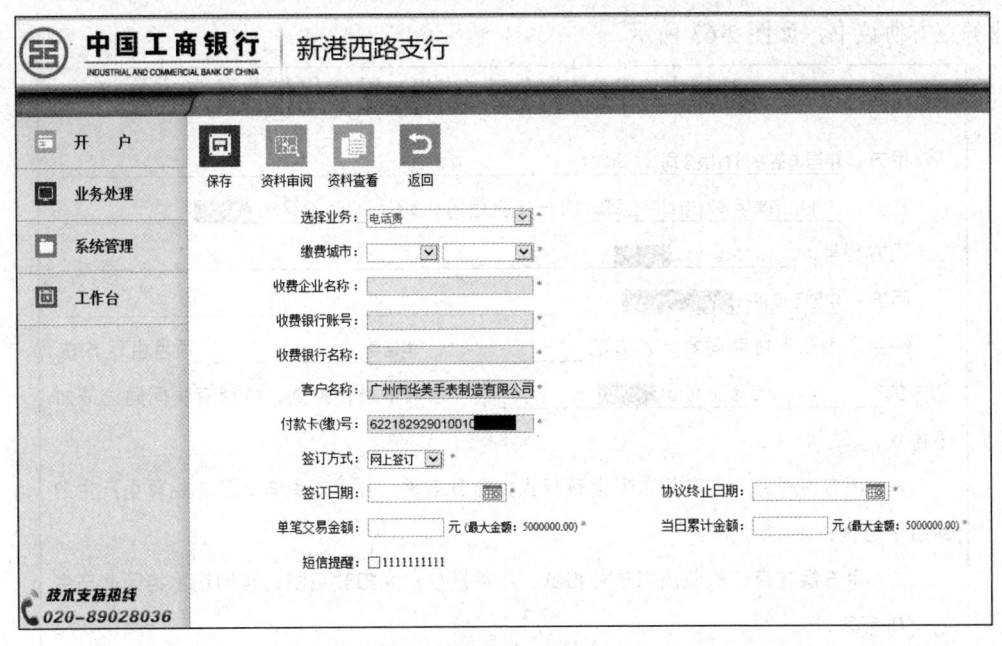

图 2-61　财税一体化综合实训实验室教学系统——银行系统签订委托扣电话费协议信息录入

（3）录入信息并保存，点击"资料审阅"图标，资料浏览并审核。

第三步：办理业务。

（1）点击"审核"图标，进入图 2-62 所示页面。

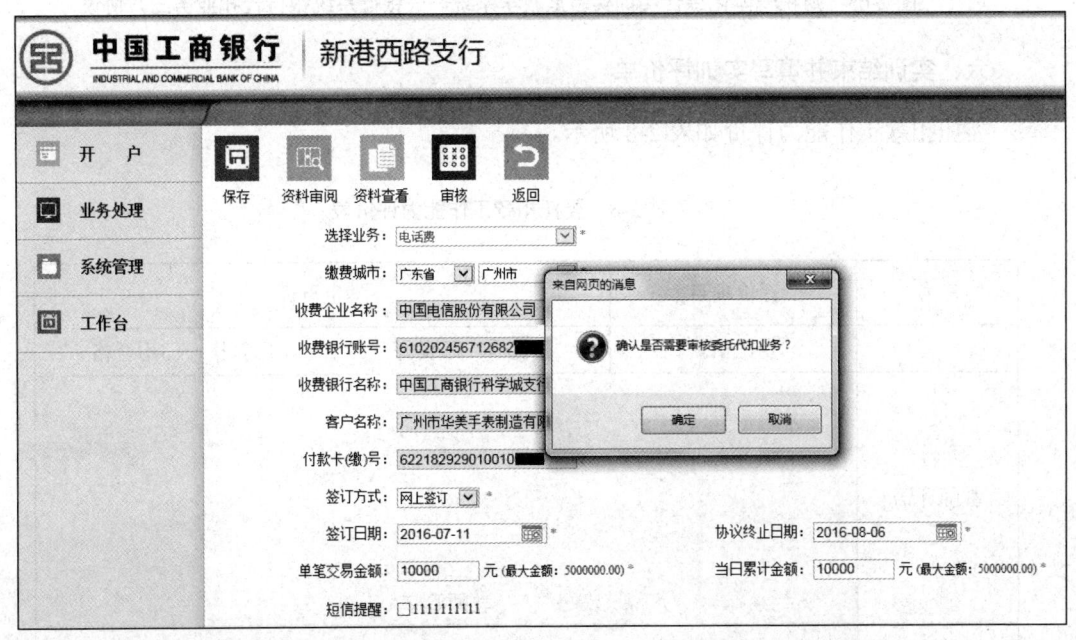

图 2-62　财税一体化综合实训实验室教学系统——银行系统企业签订委托扣电话费审核

（2）点击"确定"按钮，完成办理。企业档案库会自动生成退还给企业的银行代扣业务三方协议书，如图2-63所示。

中国电信股份有限公司（广州）银行代扣业务三方协议

甲方：中国电信股份有限公司（广州）

乙方：广州市华美手表制造有限公司20　统一社会信用代码：9144010016031▇

乙方账号：62218292901001▇

丙方：中国工商银行▇

经甲乙丙三方协商同意，乙方的＿＿＿＿电话费＿＿＿＿项目由甲方在乙方的＿＿＿6221829290100▇＿＿＿银行账户中进行扣划，并就有关问题达成如下协议：

一、丙方为甲方、乙方提供网上银行代扣业务渠道，并不对甲方、乙方结算中产生的纠纷承担责任。

二、甲方需在商订的范围内进行扣款，不得擅自扩大扣款范围，否则应承担因此产生的一切后果。

三、如乙方不再需要甲方协商解除本协议，甲方需在乙方提出申请的三日内书面通知丙方，改协议在丙方接到甲方书面通知的两个工作日后自动解除。

四、由于甲方原因对乙方错扣划款项，责任由甲方负责；由于丙方原因对乙方错误扣划款项，责任由丙方负责。

图2-63　财税一体化综合实训实验室教学系统——银行系统银行代扣业务三方协议

六、实训结束并填写实训评价单

委托扣款工作能力评价如表2-8所示。

表2-8　委托扣款工作能力评价表

序号	评价项目	学生自评
	委托扣款	□优秀　□良好　□中等　□合格　□不合格
教师评语		教师签字
评价成绩		□优秀　□良好　□中等　□合格　□不合格

项目 4 税务业务

实训目标

（1）掌握公司设立涉税事项的办事流程。

（2）能正确办理企业税种认定的相关工作。

（3）能正确办理增值税一般纳税人资格认定的相关工作。

（4）熟悉防伪税控资格认定申请审批的办事流程。

（5）熟悉新开企业税务局报到的办事流程。

（6）能正确办理 CA 数字证书的相关工作。

任务 1 新开企业税务局报到备案

实训任务单

一、实训项目

新开企业税务局报到备案。

二、任务清单

10 月 19 日，企业到税务局找专管员进行新开企业报到备案工作。

三、实训内容

（1）填写税务局《纳税人存款账户账号报告表》《财务会计制度及核算软件备案报告书》。

（2）领取税务局《税务事项通知书》。

四、实训操作流程

新开企业办理税务局报到备案登记流程如图 2-64 所示。

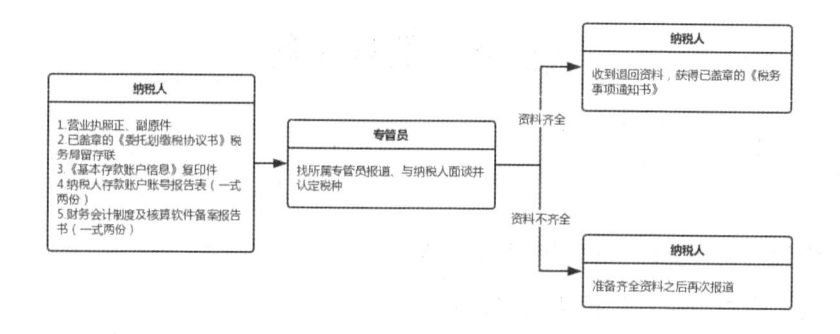

图 2-64　财税一体化综合实训实验室教学系统——新开企业办理地税报到备案登记流程图

注：办理网上纳税需要额外填写《网上纳税申报协议书》。

五、实训过程指导

此业务由 A 同学扮演税务专管员，B 同学和 C 同学扮演企业办事员（会计）。

第一步：填写《纳税人存款账户账号报告表》《财务会计制度及核算软件备案报告书》并提交资料。

（1）进入图 2-6 所示页面中，企业办事员点击"新开企业税务局报到备案"，进入图 2-65 所示页面。

图 2-65　财税一体化综合实训实验室教学系统——新开企业税务局报到备案业务表单填写

（2）填写《纳税人存款账户账号报告表》《财务会计制度及核算软件备案报告书》并保存，勾选"办事资料"并提交数据。

第二步：税务局柜员审核企业新开税务报到资料并进行税种认定。

在图 2-6 中，切换角色至税务局柜员，登录税务局系统，选择"工作台"，进入如图 2-66 所示页面。

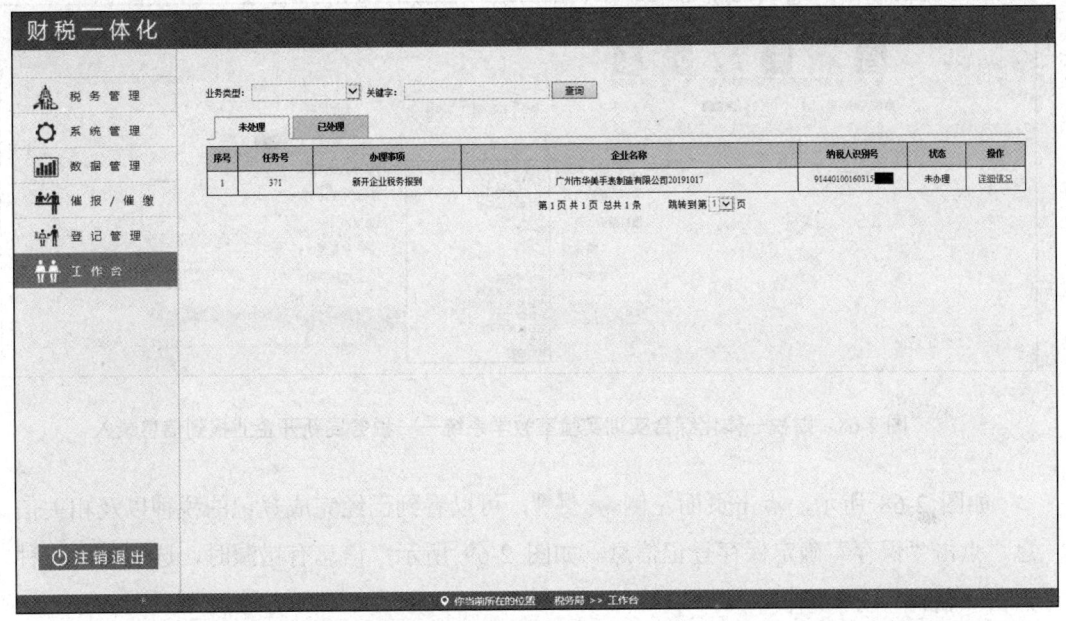

图 2-66　财税一体化综合实训实验室教学系统——税务局新开企业报到备案企业状态

在"业务类型"中选择"新开企业税务报到"，"关键字"后输入企业（学号），点击"查询"找到所属企业，点击"详细情况"，进入如图 2-67 所示页面。

图 2-67　财税一体化综合实训实验室教学系统——税务局新开企业报到登记

如图 2-67 所示，点击"资料审阅"，浏览并审核企业提交的资料。资料审核无误，点击"编辑"，进入税种登记编辑页面，如图 2-68 所示，根据已审核的资料，把相关税种需要登记的信息补充完整并保存信息。

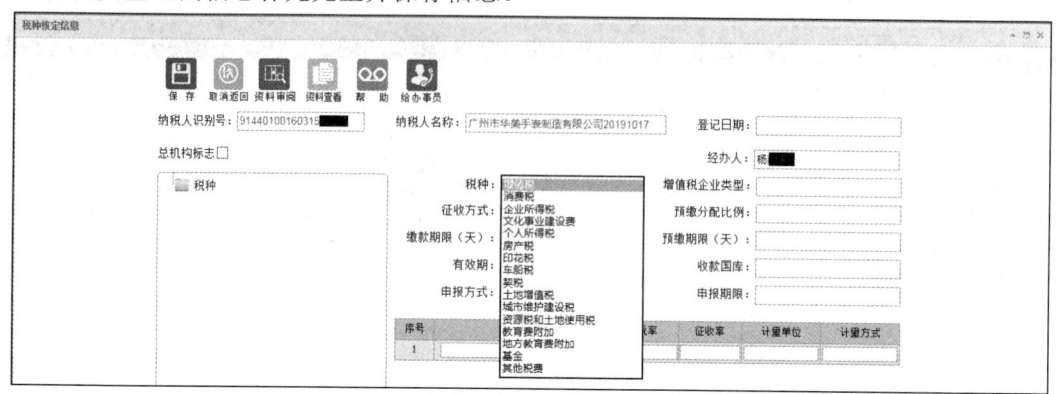

图 2-68　财税一体化综合实训实验室教学系统——税务局新开企业报到信息录入

如图 2-68 所示，点击页面左侧■税种，可以看到已经完成登记的税种以及相关信息，点击"保存"确定保存登记信息。如图 2-69 所示，信息有错漏时，选中对应税种点击"编辑"再次编辑。

图 2-69　财税一体化综合实训实验室教学系统——税务局新开企业报到登记信息查看

第三步：发放《税务事项通知书》。

完成税种登记备案之后，点击"给办税员"，发放《税务事项通知书》，完成税种登记备案。此时企业档案库会自动生成《税务事项通知书》，如图 2-70 所示。

税务事项通知书

粤税通 （2019） 11254 号

广州市华美手表制造有限公司20191001：（纳税人识别号：91440100160315■■■）

事由：税（费）种认定

依据：《中华人民共和国税收征收管理法》（中华人民共和国主席令（2001）第49号）

全文

通知内容：税务机关根据你（单位）办理相关登记时所申报的行业、经营范围和应税行为（财产）等信息，以及在税收征管工作中依法取得的其他相关信息，对你（单位）具有申报纳税（扣缴或代征）义务的税（费）种进行了认定，具体认定信息如下：

征收项目	征收品目	征收子目	征收代理方式	认定有效期起	税率	申报期限	纳税期限	缴款期限
增值税	销售货物	销售货物	自行申报	2019-10-19	13%	15天	月	15天
消费税	高档手表	高档手表	自行申报	2019-10-19	20%	15天	月	15天
企业所得税	应纳税所得额	应纳税所得额	自行申报	2019-10-19	25%	15天	月	15天

图 2-70　财税一体化综合实训实验室教学系统——税务事项通知书

六、实训结束并填写实训评价单

新开企业税务报到备案工作能力评价如 2-9 所示。

表 2-9　新开企业税务报到备案工作能力评价表

序号	评价项目	学生自评
	新开企业税务报到备案	□优秀　□良好　□中等　□合格　□不合格
教师评语		教师签字
评价成绩	□优秀　□良好　□中等　□合格　□不合格	

任务2 增值税一般纳税人资格认定

实训任务单

一、实训项目

增值税一般纳税人资格认定。

二、任务清单

10月18日,办理一般纳税人资格登记。

三、实训内容

(1)填写《增值税一般纳税人资格登记表》一式两份。

(2)办理一般纳税人资格登记申请需要准备及提交的资料。

四、实训业务流程

增值税一般纳税人资格认定业务流程如图2-71所示。

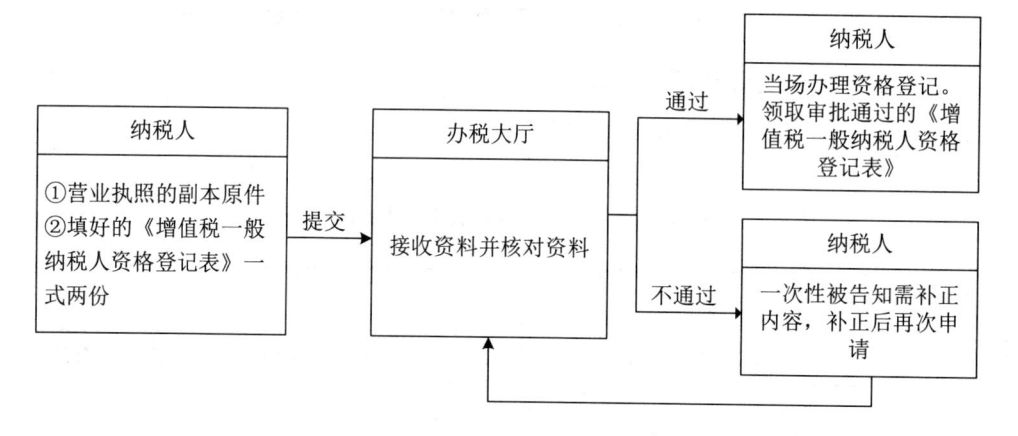

图2-71 财税一体化综合实训实验室教学系统——增值税一般纳税人资格认定业务流程图

五、实训过程指导

此业务由A同学扮演税务局工作人员,B同学和C同学扮演企业办事员。

第一步:企业办事员登录系统。

(1)企业办事员登录系统企业端,进入图2-6所示页面,选择"一般纳税人资格登记",进入图2-72所示页面。

图 2-72　财税一体化综合实训实验室教学系统——增值税一般纳税人资格登记业务表单填写

（2）填写完毕，保存数据，勾选"办事资料"，再提交数据。

第二步：税务局柜员审阅资料。

（1）切换角色至税务局柜员，税务局柜员登录系统（账号：admin，密码：admin），点击"工作台"，在"未处理业务"中，点击"业务类型"选择"一般纳税人资格登记"，"关键字"中输入企业名称（学号）点击"查询"，进入图2-73所示页面。

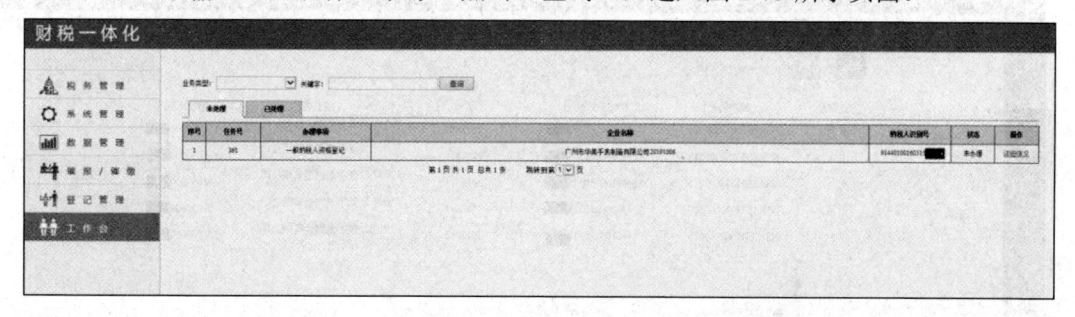

图 2-73　财税一体化综合实训实验室教学系统——增值税一般纳税人资格登记

（2）点击"详细情况"，进入图 2-74 所示页面。

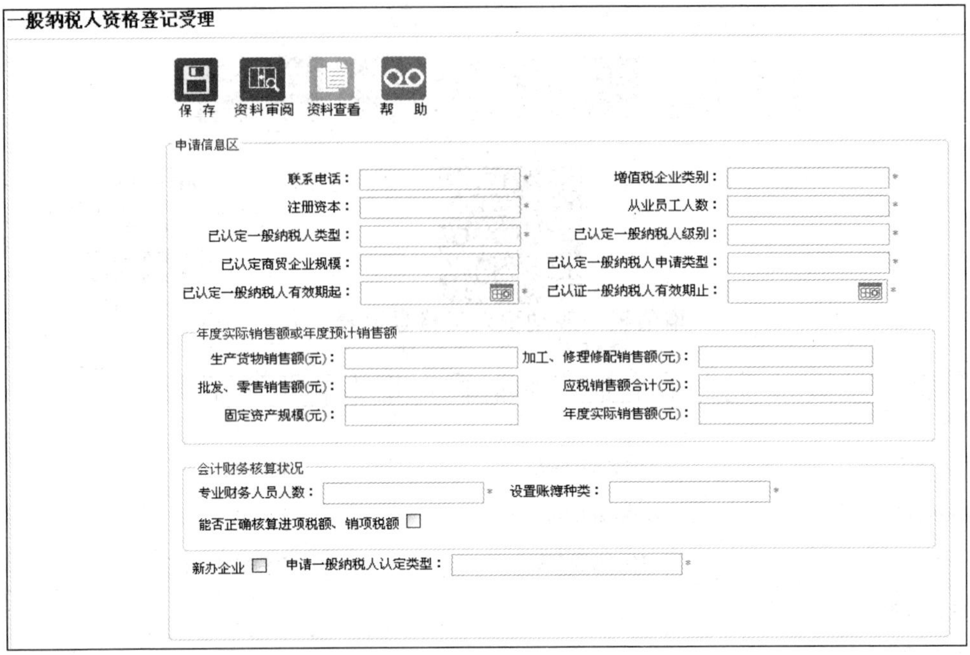

图 2-74　财税一体化综合实训实验室教学系统——增值税一般纳税人资格登记受理

（3）点击"资料审阅"，浏览并审阅企业所提交资料。资料审核无误，将图 2-75 所示页面中带"*"的必填信息补充完整，点击"保存"，确认登记。弹出"给办事员"功能键，点击"给办事员"，完成办理。

注：确认完成办理后，办事员在图 2-73 所示页面选择点击"系统管理"→"企业资料管理"，在图 2-75 所示页面，在查询界面找到企业，点击"进入"，修改增值税类型和初始化日期，如图 2-76 所示。

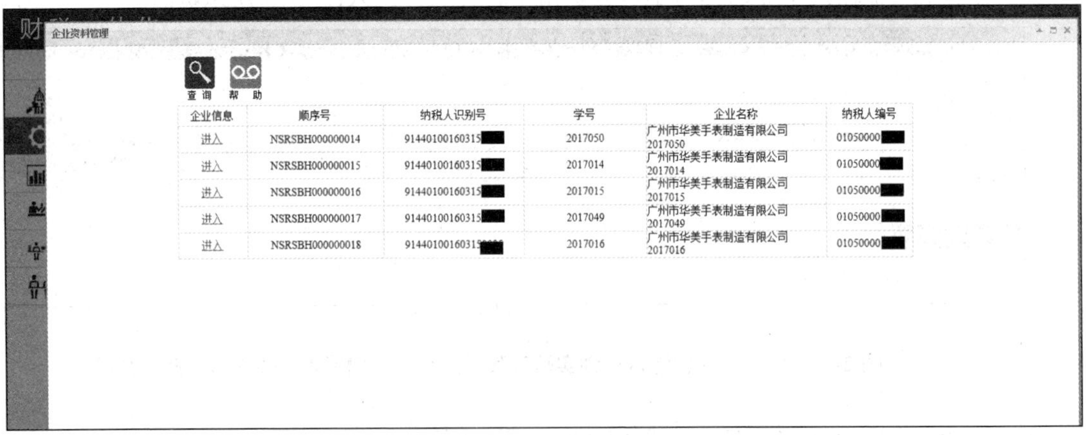

图 2-75　财税一体化综合实训实验室教学系统——税务局端企业资料信息进入

-50-

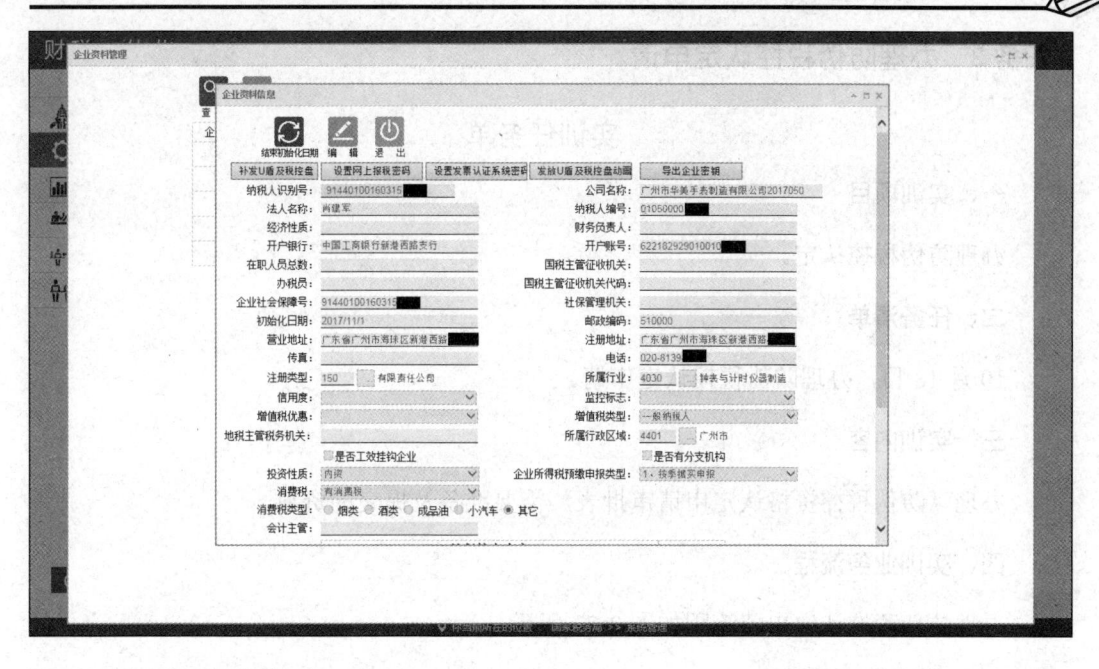

图2-76　财税一体化综合实训实验室教学系统——税务局端企业资料信息修改

（4）点击"编辑"将增值税类型修改为"一般纳税人"，初始化日期改为：2019/10/1，修改后，点击"保存"按钮，再点击"结束初始化日期"即可。

六、实训结束并填写实训评价单

增值税一般纳税人资格认定工作能力评价如表2-10所示。

表2-10　增值税一般纳税人资格认定工作能力评价表

序号	评价项目	学生自评
	增值税一般纳税人资格认定	□优秀　□良好　□中等　□合格　□不合格
教师评语		教师签字
评价成绩	□优秀　□良好　□中等　□合格　□不合格	

-51-

任务3 办理防伪税控认定申请

实训任务单

一、实训项目

办理防伪税控认定。

二、任务清单

10月18日,办理防伪税控认定申请。

三、实训内容

办理《防伪税控资格认定申请审批表》需要准备及提交的资料。

四、实训业务流程

办理防伪税控认定申请流程如图2-77所示。

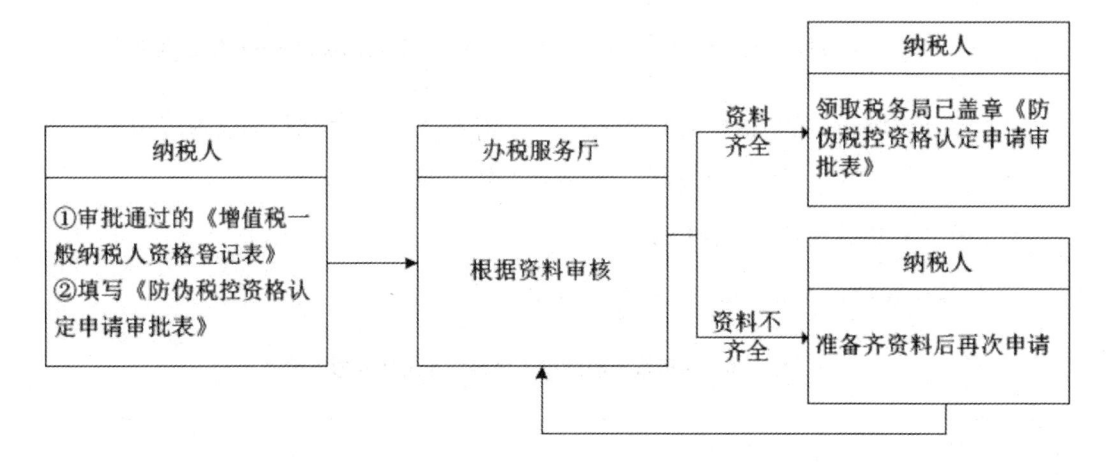

图2-77 财税一体化综合实训实验室教学系统——企业办理防伪税控认定申请流程图

五、实训过程指导

此业务由A同学扮演税务局专管员和窗口工作人员,B同学和C同学扮演企业办事员(会计)。

第一步:企业办事员登录系统。

(1)企业办事员登录系统企业端,进入图2-6所示页面,选择"一般纳税人资格登记",进入图2-78所示页面。

图 2-78 财税一体化综合实训实验室教学系统——企业办理防伪税控认定申请业务表单填写

（2）填写完毕并保存数据，勾选"办事资料"，再提交数据。

第二步：税务局柜员审阅资料。

（1）切换角色至税务局柜员登录税务局系统，点击"工作台"，根据企业办事员的业务需要选择业务类型，进入图 2-79 所示页面。

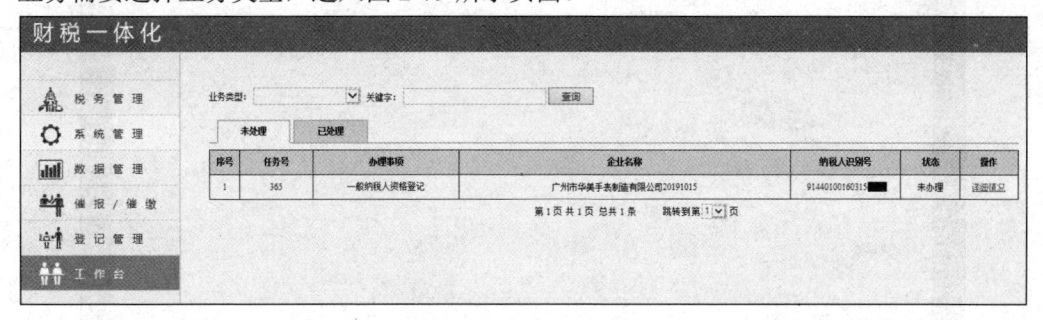

图 2-79 财税一体化综合实训实验室教学系统——税务局端防伪税控申请

（2）点击"详细情况"，进入图 2-80 所示页面。

图2-80 财税一体化综合实训实验室教学系统——税务局端一般纳税人资格认定资格登记审批

（3）点击"资料审阅"，浏览并审阅企业所提交资料。资料审核无误，将图中带"*"的必填信息补充完整，点击"保存"，确认，弹出"给办事员"功能键，点击"给办事员"，完成办理。

第三步：核定领用发票。

税务局柜员点击税务局界面左侧的"税务管理"—"一般纳税人发票管理"—"核定领用发票"，进入核定，如图2-81所示。

图2-81 财税一体化综合实训实验室教学系统——税务局端一般纳税人发票管理核定领用发票

在图2-81所示的页面中，点击"核定发票"，进入图2-82所示的页面，输入相关信息后（增值税普通发票默认领购数量为5本，增值税专用发票默认领购数量为5份，增值税普通发票和专用发票开票机限额都默认为万圆），点击保存即可。

-54-

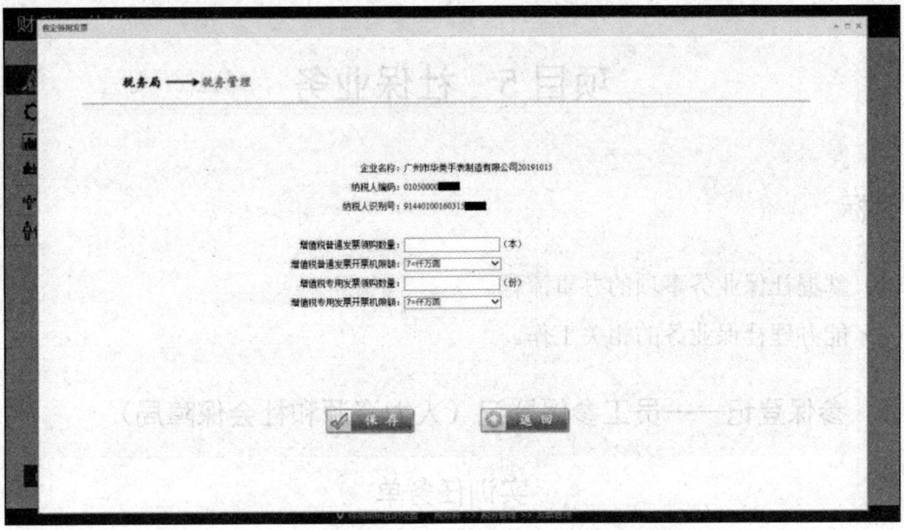

图 2-82　财税一体化综合实训实验室教学系统
——税务局端一般纳税人发票管理核定领用发票相关信息

六、实训结束并填写实训评价单

办理防伪税控认定工作能力评价如表 2-11 所示。

表 2-11　办理防伪税控认定工作能力评价表

序号	评价项目	学生自评
	办理防伪税控认定	□优秀　□良好　□中等　□合格　□不合格
教师评语		教师签字
评价成绩		□优秀　□良好　□中等　□合格　□不合格

-55-

项目 5　社保业务

实训目标

（1）掌握社保业务事项的办事流程。

（2）能办理社保业务的相关工作。

任务 1　参保登记——员工参保登记（人力资源和社会保障局）

实训任务单

一、实训项目

参保登记——员工参保登记（人力资源和社会保障局）。

二、任务清单

10 月 23 日，参保登记——员工参保登记（人力资源和社会保障局）。

三、实训内容

（1）填写《参加社会保险人员增减表》。

（2）掌握"参保登记——员工参保登记"办事流程。

四、实训业务流程

参保登记——员工参保登记流程如图 2-83 所示。

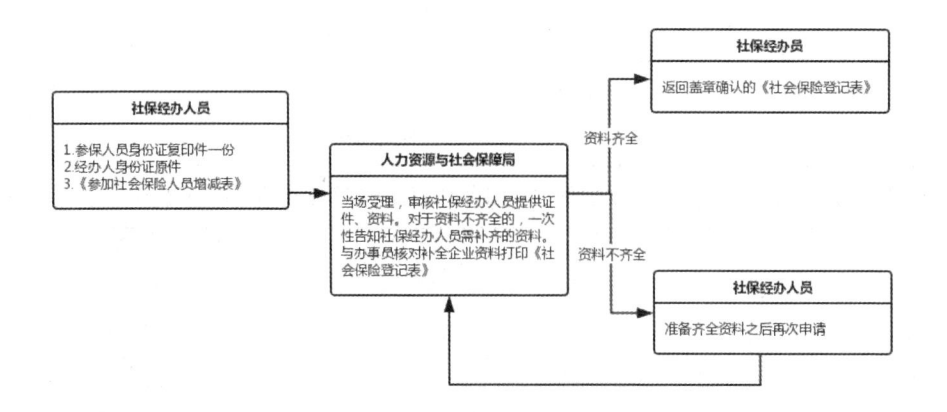

图 2-83　财税一体化综合实训实验室教学系统——参保登记——员工参保登记流程图

五、实训过程指导

此业务由 A 同学扮演社保工作人员，B 同学和 C 同学扮演社保经办人员。

第一步：填写《参加社会保险人员增减表》并提交资料。企业办事员登录系统企业端，进入图 2-6 所示页面，点击"社保参保登记"，填写《参加社会保险人员增减表》，勾选"办事资料"，保存并提交数据。如图 2-84 所示。

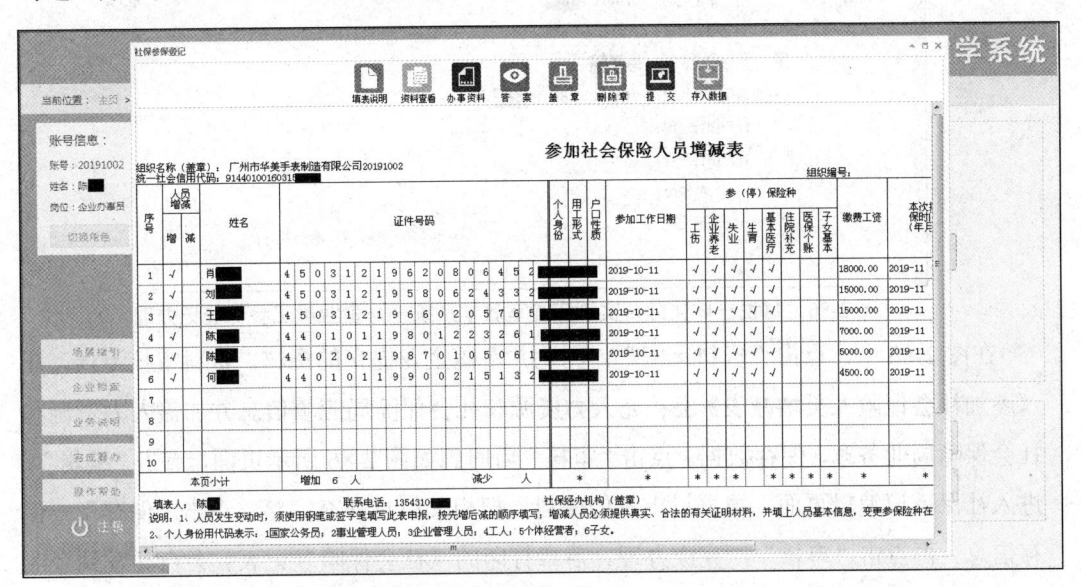

图 2-84　财税一体化综合实训实验室教学系统——企业员工参保登记业务表单填写

第二步：人力资源和社会保障局柜员审阅资料。

（1）切换角色至人力资源和社会保障局柜员，登录人力资源与社会保障局系统（账号：admin，密码：admin），点击工作台，进入图 2-85 所示页面。

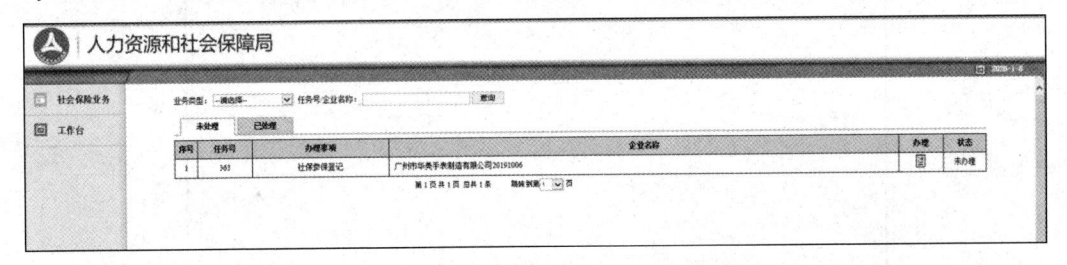

图 2-85　财税一体化综合实训实验室教学系统——社保局端员工社保参保登记工作台

（2）找到所属企业，点击"办理"，进入图 2-86 所示页面。

图 2-86　财税一体化综合实训实验室教学系统——企业员工参保登记办理

在图 2-86 中，点击"资料审阅"，浏览并审核企业提交的资料。资料审核无误，在《参加社会保险人员增减表》上补充人力资源和社会保障局应填信息并加盖人力资源和社会保障局业务章，保存数据。点击"审核"后回到如图 2-86 所示页面，点击"编辑"，进入社保登记编辑页面，根据已审核的资料，把相关信息补充完整，点击"保存"，保存信息。再点击"审核"，完成办理。盖章打印的《社会保险登记表》会自动发到企业档案库，如图 2-87 所示所示。

图 2-87　财税一体化综合实训实验室教学系统——盖章打印的《社会保险登记表》

六、实训结束并填写实训评价单

参保登记——员工参保登记（人力资源和社会保障局）能力评价如表 2-12 所示。

表 2-12　参保登记——员工参保登记（人力资源和社会保障局）能力评价表

序号	评价项目	学生自评
	参保登记——员工参保登记（人力资源和社会保障局）	□优秀　□良好　□中等　□合格　□不合格
教师评语	\<br\>\<br\>教师签字	
评价成绩	□优秀　□良好　□中等　□合格　□不合格	

任务 2　参保登记——缴费登记

实训任务单

一、实训项目

参保登记——缴费登记（税务局）。

二、任务清单

10 月 23 日，参保登记——缴费登记（税务局）。

三、实训内容

（1）填写税务（社保缴费）登记表、参保员工花名册、缴费单位应缴险种登记表。

（2）掌握参保登记——缴费登记办事流程。

四、实训业务流程

参保登记——缴费登记流程如图 2-88 所示。

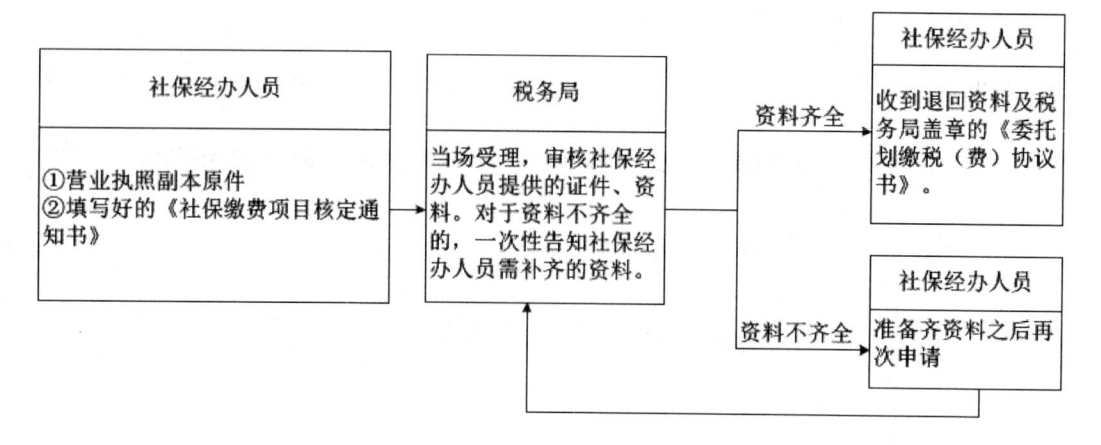

图 2-88　财税一体化综合实训实验室教学系统——参保登记缴费登记流程图

五、实训过程指导

此业务由 A 同学扮演税务局柜员，B 同学和 C 同学扮演社保经办人员。

第一步：填写《社保缴费项目核定通知书》并提交资料。

企业办事员进入图 2-6 所示页面，点击"社保参保登记"，进入填写《社保缴费项目核定通知书》并加盖公章，勾选"办事资料"，保存并提交资料，如图 2-89 所示。

图 2-89　财税一体化综合实训实验室教学系统——参保登记缴费登记业务表单填写

第二步：税务局柜员审阅资料。

模块 2　企业筹建期实训项目

（1）切换角色至税务局柜员，登录税务局系统，选择"工作台"，找到所属企业，点击"详细情况"，进入图 2-90 所示页面。

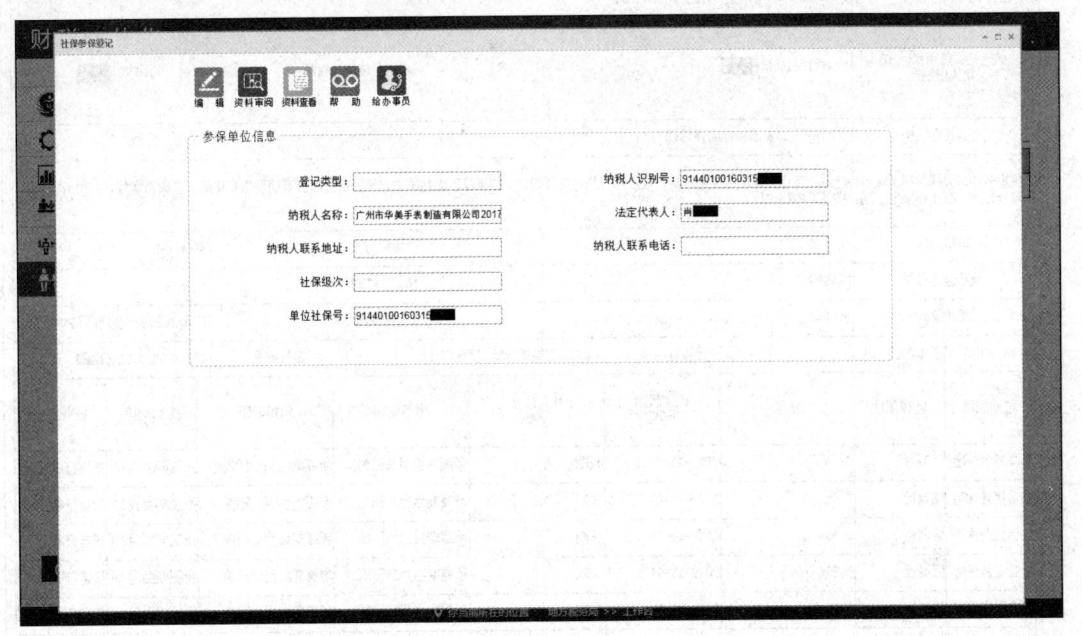

图 2-90　财税一体化综合实训实验室教学系统——参保登记缴费登记业务办理

（2）税务局柜员查看资料是否提交齐全，并对资料进行审核。资料合格，将《社保缴费项目核定通知书》中税务机关填写内容补充完整并加盖税务局章，保存数据，将页面的信息补充完整并保存；不合格则将资料退回。

（3）信息补充完整后，进入图 2-91 所示页面。

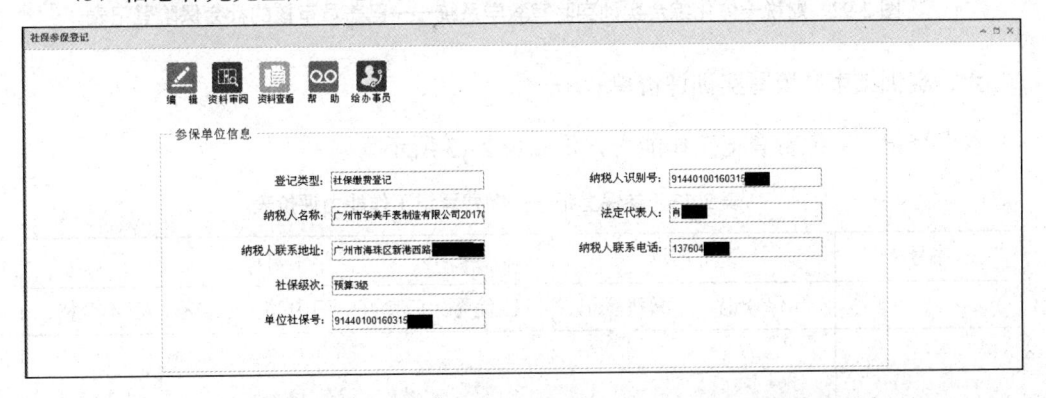

图 2-91　财税一体化综合实训实验室教学系统——参保登记缴费登记信息保存

（4）在图 2-91 中，点击"给办事员"，完成办理。已盖章审核的《社保缴费项目核定通知书》会自动发到企业档案库，如图 2-92 所示。

-61-

社保缴费项目核定通知书

用人单位名称	广州市华美手表制造有限公司2020001		
统一社会信用代码/纳税人识别号	91440100160315■■■	单位社保号	91440100160315■■■
社保管理机构	广州市人力资源和社会保障局		

根据《中华人民共和国社会保险法》及社会保险费征缴法规、规章和规范性文件规定，核准以下缴费事项。用人单位缴费事项发生变化的，应申请调整，由税务机关重新核准，在重新核准之前，按以下内容执行。

申报方式	电子申报	缴款方式	银行代扣
税票送达方式	邮寄	税票送达时限	15天内
邮政编码	510000	送达地址	广州市海珠区新港西路48号新港
账户类型	基本账户	开户银行名称	中国工商银行新港西路支行	银行账号	622182929010010■■■

征收品目	社保属性	费率	核定起始日期	核定终止日期	缴费期限	申报期限	缴款期限	征收方式
基本养老保险	强制性	22%	2019-11-01	长期	所属期当月25日前	所属期当月15日前	所属期当月25日	核定征收
社会医疗保险	强制性	7.5%	2019-11-01	长期	所属期当月25日前	所属期当月15日前	所属期当月25日	核定征收
社会失业保险	强制性	0.68%	2019-11-01	长期	所属期当月25日前	所属期当月15日前	所属期当月25日	核定征收
社会生育保险	强制性	0.85%	2019-11-01	长期	所属期当月25日前	所属期当月15日前	所属期当月25日	核定征收
社会工伤保险	强制性	0.2%	2019-11-01	长期	所属期当月25日前	所属期当月15日前	所属期当月25日	核定征收

说明：如你单位应缴费种发生变化，应在发生变化之日起30日内到征收服务厅办理重新核定应缴险种的手续。

用人单位（人）签名：（盖章） 2019年 10月 23日

税务机关：（盖章） 2019年 10月 23日

本通知书一式两份，税务机关留存一份，用人单位留存一份。

图 2-92　财税一体化综合实训实验室教学系统——已盖章审核的社会保险登记表

六、实训结束并填写实训评价单

参保登记——缴费登记工作能力评价如表 2-13 所示。

表 2-13　参保登记——缴费登记工作能力评价表

序号	评价项目	学生自评
	参保登记——缴费登记	□优秀　□良好　□中等　□合格　□不合格
教师评语		教师签字
评价成绩	□优秀　□良好　□中等　□合格　□不合格	

任务3　参保登记——签约手续（开户银行）

实训任务单

一、实训项目

参保登记——签约手续（开户银行）。

二、任务清单

10月23日，参保登记——签约手续（开户银行）。

三、实训内容

（1）填写《委托划缴税（费）协议书》。
（2）掌握参保登记——签约手续办事流程。

四、实训业务流程

参保登记——签约手续流程如图2-93所示。

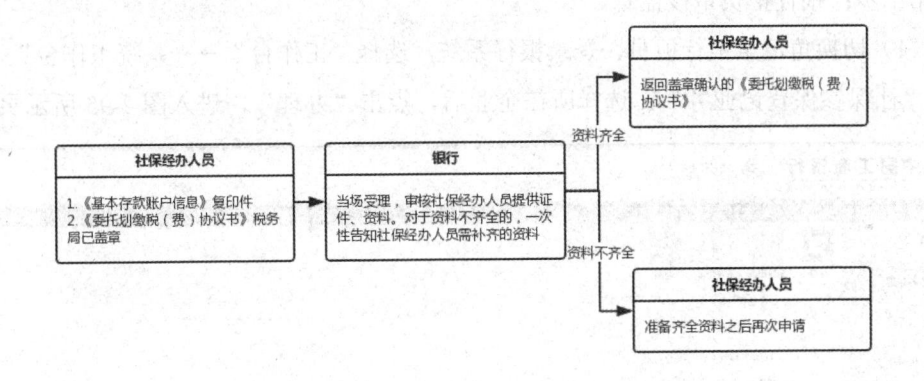

图2-93　财税一体化综合实训实验室教学系统——参保登记签约手续流程图

五、实训过程指导

此业务由A同学扮演银行工作人员，B同学和C同学扮演社保经办人员。

第一步：填写《委托划缴税（费）协议书》并提交资料。

进入图2-6所示页面，点击"社保参保登记"，进入填写《委托划缴税（费）协议书》并加盖公章，勾选"办事资料"，保存并提交资料。如图2-94所示。

图 2-94　财税一体化综合实训实验室教学系统——参保登记签约手续业务表单填写页面

第二步：银行柜员审核盖章。

（1）切换角色至银行柜员，登录银行系统，选择"工作台"→"系统工作台"，再选择"社保参保登记业务"，选择所在企业后，点击"办理"，进入图 2-95 所示页面。

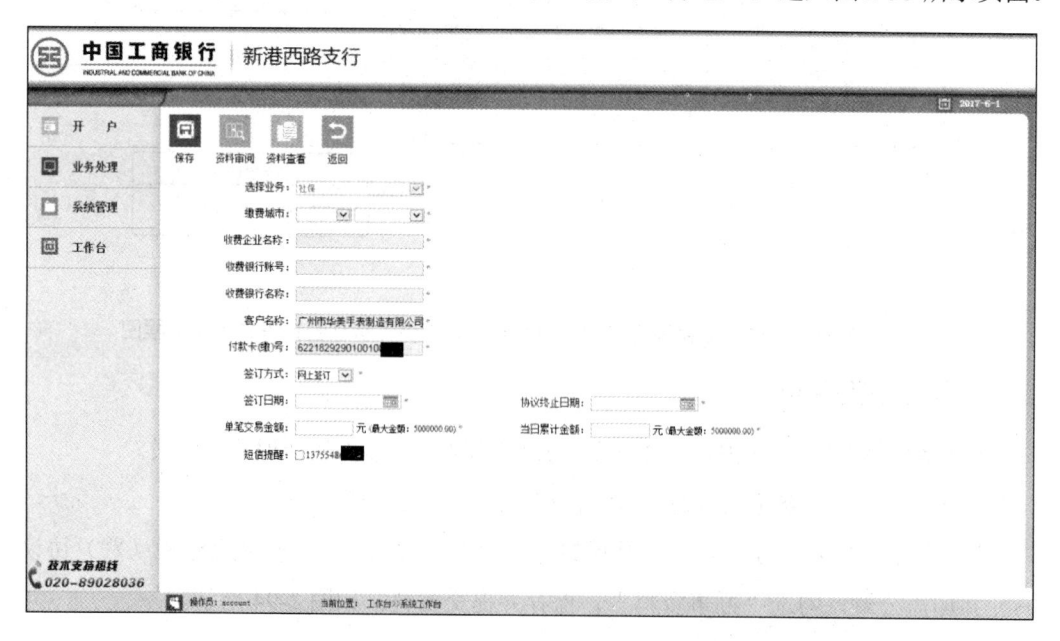

图 2-95　财税一体化综合实训实验室教学系统——银行端银行柜员审核参保登记

（2）点击"资料审阅"，浏览并审核企业提交的资料。资料审核无误，在《委托划缴税（费）协议书》上加盖银行专用章，并保存数据。点击"审核"，完成办理。如图 2-96 所示。

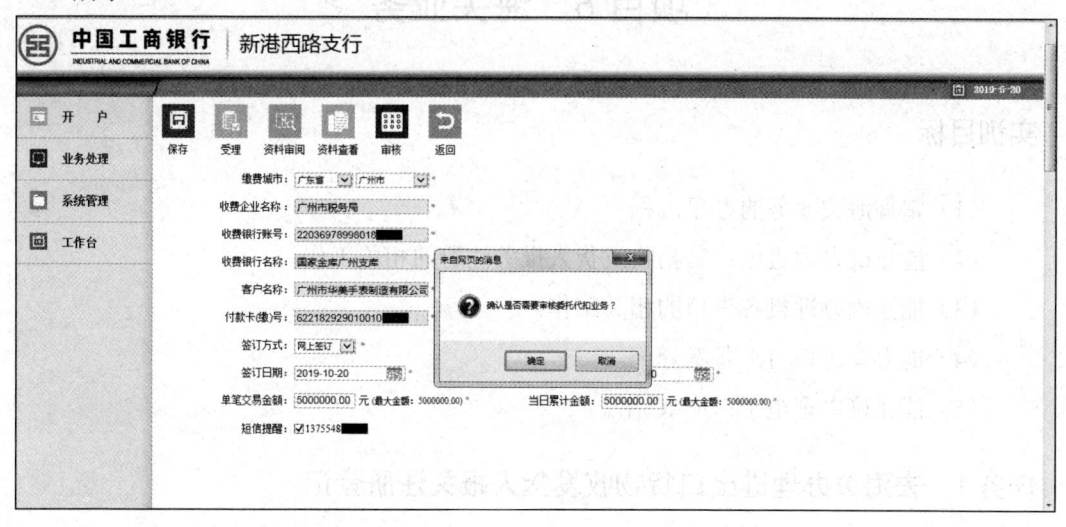

图 2-96　财税一体化综合实训实验室教学系统——银行端参保登记签约手续审核

（3）已盖章审核的《委托划缴税（费）协议书》会自动发到企业档案库中。

六、实训结束并填写实训评价单

参保登记——签约手续工作能力评价如表 2-14 所示。

表 2-14　参保登记——签约手续工作能力评价表

序号	评价项目	学生自评
	参保登记——签约手续	□优秀　□良好　□中等　□合格　□不合格
教师评语		教师签字
评价成绩	□优秀　□良好　□中等　□合格　□不合格	

-65-

项目 6　海关业务

实训目标

（1）掌握海关业务的办事流程。

（2）能正确办理进出口货物收发货人报关注册的相关工作。

（3）能正确办理机芯进口的相关工作。

（4）能办理进口付汇备案登记。

（5）能正确办理电子口岸 IC 卡。

任务 1　去海关办理进出口货物收发货人报关注册登记

实训任务单

一、实训项目

进出口货物收发货人去海关办理报关注册登记。

二、任务清单

10 月 25 日，去海关办理报关专用章海关备案。

三、实训内容

（1）填写《对外贸易经营者备案登记表》。

（2）填写《报关单位情况登记表》。

（3）办理进出口货物收发货人报关注册登记。

四、实训业务流程图

海关办理进出口货物收发货人报关注册登记流程如图 2-97 所示。

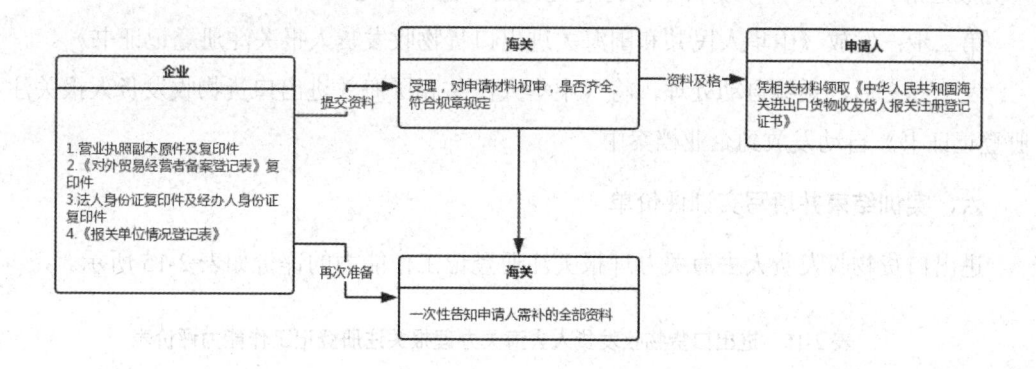

图 2-97　财税一体化综合实训实验室教学系统——海关办理进出口货物收发货人报关注册登记流程图

五、实训过程指导

此业务由 A 同学扮演海关工作人员，B 同学和 C 同学扮演企业办事员（报关员）。

第一步：企业办事员登录系统。

（1）企业办事员登录系统企业端，进入图 2-6 所示页面，选择"进出口货物收发货人报关注册登记"，进入图 2-98 所示页面。

图 2-98　财税一体化综合实训实验室教学系统
　　　　——进出口货物收发货人报关注册登记业务表单填写

（2）填写完毕并保存数据，点击"下一页"，进入其他应填写的表单页面。全部表

-67-

单完成之后,勾选"办事资料",再提交数据,完成办理。

第二步:发放《中华人民共和国海关进出口货物收发货人报关注册登记证书》。

表单提交后,系统自动处理,将《中华人民共和国海关进出口货物收发货人报关注册登记证书》自动发放到企业档案中。

六、实训结束并填写实训评价单

进出口货物收发货人去海关办理报关注册登记工作能力的评价如表2-15所示。

表2-15 进出口货物收发货人去海关办理报关注册登记工作能力评价表

序号	评价项目	学生自评
	进出口货物收发货人去海关办理报关注册登记	□优秀 □良好 □中等 □合格 □不合格
教师评语		教师签字
评价成绩	□优秀 □良好 □中等 □合格 □不合格	

任务2 报关专用章海关备案

实训任务单

一、实训项目

报关专用章海关备案。

二、任务清单

10月25日,去海关办理报关专用章海关备案。

三、实训内容

(1)填写《报关专用章备案表》。
(2)办理报关专用章海关备案。

四、实训业务流程

报关专用章海关备案流程如图2-99所示。

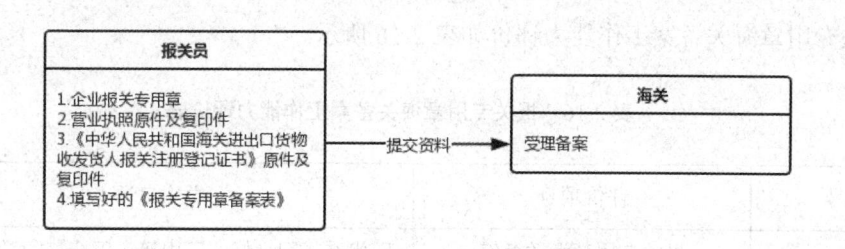

图 2-99　财税一体化综合实训实验室教学系统——报关专用章海关备案流程图

五、实训过程指导

此业务由 A 同学扮演海关工作人员，B 同学和 C 同学扮演报关员。

第一步：填写《报关专用章备案表》并提交资料。

（1）企业办事员进入图 2-6 所示页面，点击"报关专用章备案"，进入业务实训表单填写页面，如图 2-100 所示。

图 2-100　财税一体化综合实训实验室教学系统——报关专用章海关备案业务表单填写

（2）在图 2-100 中，填写《报关专用章备案表》并加盖公章，勾选"办事资料"，保存并提交资料，完成办理。表单提交单后，系统将自动处理。

六、实训结束并填写实训评价单

报关专用章海关备案工作能力评价如表 2-16 所示。

表 2-16 报关专用章海关备案工作能力评价表

序号	评价项目	学生自评
	报关专用章海关备案	□优秀 □良好 □中等 □合格 □不合格
教师评语		教师签字
评价成绩		□优秀 □良好 □中等 □合格 □不合格

任务 3　报关员备案登记

实训任务单

一、实训项目

报关员备案登记。

二、任务清单

10 月 25 日，去海关办理报关员备案登记。

三、实训内容

办理报关员备案。

四、实训业务流程

报关员备案流程如图 2-101 所示。

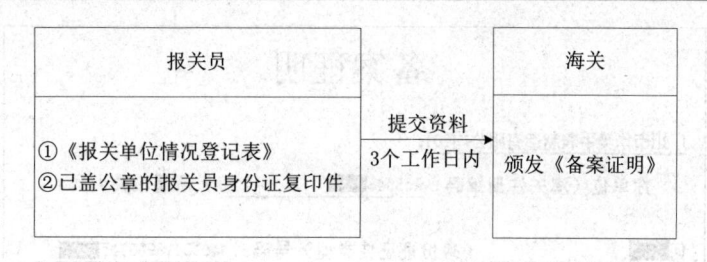

```
┌─────────────────────┐                    ┌─────────────────────┐
│      报关员         │    提交资料        │       海关          │
│                     │ ──────────────→   │                     │
│ ①《报关单位情况登记表》│   3个工作日内     │   颁发《备案证明》   │
│ ②已盖公章的报关员身份证│                   │                     │
│   复印件            │                    │                     │
└─────────────────────┘                    └─────────────────────┘
```

图 2-101　财税一体化综合实训实验室教学系统——报关员备案流程图

五、实训过程指导

此业务由 A 同学扮演海关工作人员，B 同学和 C 同学扮演报关员。

第一步：填写《报关单位情况登记表》。

（1）企业办事员进入图 2-6 所示页面，点击"报关员备案"，进入业务实训表单填写页面，如图 2-102 所示。

报关单位情况登记表
（所属报关人员）

所属报关单位海关注册编码		253648■	
序号	姓名	身份证件类型	身份证件号码	业务种类
1	何■■■	身份证	44010119900215■■■	☑备案 □变更 □注销
2				□备案 □变更 □注销
3				□备案 □变更 □注销
4				□备案 □变更 □注销
5				□备案 □变更 □注销

我单位承诺对本表所填报备案信息内容的真实性和所属报关人员的报关行为负责并承担相应的法律责任。

（单位公章）
2019 年　10 月　25 日

图 2-102　财税一体化综合实训实验室教学系统——报关员备案业务表单填写

（2）在图 2-102 中，填写报关员备案表，并加盖公章，勾选"办事资料"，保存并提交资料。

第二步：发放《备案证明》。

提交表单后，系统自动处理，将《备案证明》发放至企业档案中，如图 2-103 所示。

```
备案证明

广州市华美手表制造有限公司201：
    你单位（海关注册编码：253648■■■■）所属报关人员
何■■■■■■■（身份证证件类型）号码：44010119900215■■）
已完成海关备案，备案号：440126■■■■■■，备案日期：
2019年10月25日    。
```

图 2-103 财税一体化综合实训实验室教学系统——报关员备案证明

六、实训结束并填写实训评价单

报关员备案登记工作能力评价如表 2-17 所示。

表 2-17 报关报关员备案登记工作能力评价表

序号	评价项目	学生自评
	报关员备案登记	□优秀 □良好 □中等 □合格 □不合格
教师评语		教师签字
评价成绩		□优秀 □良好 □中等 □合格 □不合格

任务 4 办理电子口岸 IC 卡

实训任务单

一、实训项目

办理电子口岸 IC 卡。

二、任务清单

10 月 26 日，去海关办理电子口岸 IC 卡。

10 月 28 日，去海关领取电子口岸 IC 卡。

三、实训内容

（1）填写《中国电子口岸企业情况登记表》。

（2）填写《中国电子口岸企业 IC 卡登记表》。

（3）办理电子口岸 IC 卡。

四、实训业务流程

办理电子口岸 IC 卡流程如图 2-104 所示。

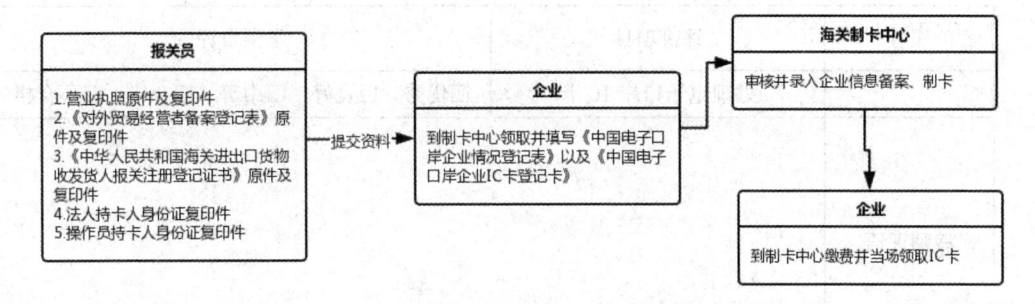

图 2-104　财税一体化综合实训实验室教学系统——办理电子口岸 IC 卡流程图

五、实训过程指导

此业务由 A 同学扮演海关工作人员，B 同学和 C 同学扮演企业办事员（法人）。

第一步：填写业务表单并提交资料。

（1）企业办事员进入图 2-6 所示页面，点击"办理电子口岸 IC 卡"，进入业务实训表单填写页面，如图 2-105 所示。

图 2-105　财税一体化综合实训实验室教学系统——办理电子口岸 IC 卡业务表单填写

(2) 在图 2-105 中，填写《中国电子口岸企业情况登记表》和《中国电子口岸 IC 卡登记表》并加盖公章，勾选"办事资料"，保存并提交资料，完成办理。

第二步：发放电子口岸 IC 卡。

提交表单后，系统自动处理，将法人和操作员的密码函发放至在企业档案中。

六、实训结束并填写实训评价单

办理电子口岸 IC 卡工作能力评价如表 2-18 所示。

表 2-18　办理电子口岸 IC 卡工作能力评价表

序号	评价项目	学生自评
	办理电子口岸 IC 卡	□优秀　□良好　□中等　□合格　□不合格
教师评语		教师签字
评价成绩		□优秀　□良好　□中等　□合格　□不合格

任务 5　货物进口流程

实训任务单

一、实训项目

办理货物进口流程。

二、任务清单

10 月 30 日，签订进口货物的进口合同并收到对方公司发出的形式发票。

三、实训内容

（1）签订进口合同。

（2）安排货物运输。

（3）购买商业保险，签订保险单。

（4）办理提货单手续，填写提货单。

（5）向出入境检验检疫局报检，填写《检验结果通知书》。

（6）向海关进行申报，填写《进口货物报关单》《进口关税专用缴款书》。

（7）向企业会计报销报关费，填写支付证明单。

四、实训业务流程

货物进口流程如图 2-106 所示。

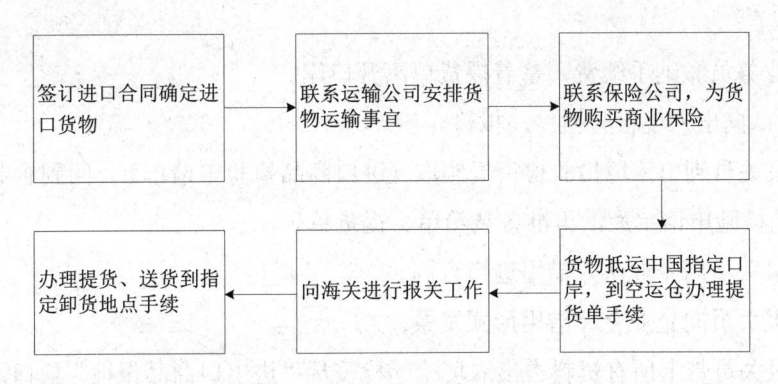

```
签订进口合同确定进 → 联系运输公司安排货 → 联系保险公司，为货
口货物              物运输事宜              物购买商业保险
                                              ↓
办理提货、送货到指 ← 向海关进行报关工作 ← 货物抵运中国指定口
定卸货地点手续                              岸，到空运仓办理提
                                            货单手续
```

图 2-106　财税一体化综合实训实验室教学系统——货物进口流程图

五、实训过程指导

此业务由 A 同学扮演外国代表人、运输公司职员、保险公司职员、企业法人，B 同学扮演海关工作人员、口岸工作人员，出入境检验检疫局工作人员 1、2、3，C 同学扮演业务员、报关员。

第一步：签订购销合同。

企业法人与外国代表人签订合同（一式两份），签名并盖章，企业法人留存一份。

第二步：安排货物运输（此步骤实际由供货商安排）。

业务员来到 X 运输公司，与运输公司的职员协商货物运输的问题。运输公司职员拿出合同（一式两份）在上面签字并盖章，递交给业务员，业务员接过合同之后，也在上面签字并盖章，然后带着一份合同，离开运输公司。

第三步：购买商业保险（此步骤实际由供货商安排）。

业务员离开运输公司，来到 Y 保险公司。经过协商之后，签订货物保险单。业务员填写保险单之后递交给保险公司的工作人员。工作人员接过保险单，填写保险单里相关的信息并加盖公章，将保险单交给业务员。业务员接过保险单收进公文包里，离开保险公司。

第四步：办理提货单手续。

（1）业务员收到《到货通知书》（由外国代表人提供），业务员核对收货人名称、货物名称、件数、重量，核对无误。

（2）业务员来到口岸的货仓，运输公司的职员将提货单交给业务员。

（3）业务员接过提货单来到口岸办公室，将提货单交给口岸的工作人员办理提货单手续。

（4）工作人员接过提货单，填写提货单，填写完毕之后，工作人员将提货单交给业务员。

（5）业务员缴纳手续费，拿着提货单离开口岸。

第五步：向出入境检验检疫局报检。

（1）报关员到出入境检验检疫局领取《进口商品检验申请单》，回到企业如实填写《进口商品检验申请单》，再准备装箱单、提货单。

（2）报关员向企业法人借用进口合同。

（3）报关员向企业会计借用形式发票。

（4）报关员带上所有资料去出入境检验检疫局"进出口商品报检"窗口，把所带的资料文件交给工作人员1。

（5）工作人员1核对资料，资料不符合规章的，告知报关员所需要的全部资料；资料符合规章的，受理报检。工作人员将报关员所提交的资料交给工作人员2，工作人员2将资料收好之后，跟报关员一起离开出入境检验检疫局。

（6）工作人员2跟报关员到口岸的货仓，对进口货物进行拆箱检验，经检验，该批进口商品合格。工作人员2填写《检验结果通知书》。填写完之后将《检验结果通知书》和所提交资料交给报关员，一起离开口岸空运仓。

（7）报关员又返回出入境检验检疫局。来到"缴费"窗口前，将所有资料交给工作人员3。工作人员3接过资料后进行计费。报关员缴纳相关的报检费用。工作人员3填写通关单。将盖章的通关单和提交资料交还给报关员。

（8）报关员拿着通关单离开出入境检验检疫局。

第六步：向海关进行申报。

（1）报关员来到海关办事处大厅，走到"报关"窗口，把所带的形式发票、装箱单、提货单、通关单、进口合同等文件交给工作人员。

（2）工作人员对资料进行审查，资料不符合规章的，告知报关员所需要的全部资料；资料符合规章的，报关受理。递给报关员一张《进口货物报关单》。

（3）报关员填写《进口货物报关单》并加盖企业公章，填写完毕之后交给工作人员。

（4）工作人员对照税目规定的税率计征关税，填写《进口关税专用缴款书》，填写完之后交给报关员。

（5）报关员拿着《进口关税专用缴款书》来到"缴费"窗口。将缴款书递给窗口工作人员，然后缴纳相应的税费。

（6）工作人员收取税费，在《进口关税专用缴款书》上盖章，将第二联退给报关员。

（7）报关员拿着《进口关税专用缴款书》回到"报关"窗口，将已盖章的《进口关税专用缴款书》递交给工作人员。

（8）工作人员在提货单、装箱单、《进口货物报关单》等所有单据上加盖海关验讫章，以示放行，之后将所有单据资料退给报关员。

（9）报关员将资料放进文件袋，离开海关办事大厅。

六、实训结束并填写实训评价单

进口货物流程工作能力评价如表 2-19 所示。

表 2-19 进口货物流程工作能力评价表

序号	评价项目	学生自评
	进口货物流程	□优秀　□良好　□中等　□合格　□不合格
教师评语	教师签字	
评价成绩	□优秀　□良好　□中等　□合格　□不合格	

任务 6　办理进口付汇备案

实训任务单

一、实训项目

办理进口付汇备案。

二、任务清单

10 月 30 日，去海关办理进口付汇备案。

三、实训内容

（1）填写《进口付汇备案说明函》。

（2）填写《进口付汇备案表》。

（3）办理申报进口付汇备案。

四、实训业务流程

办理进口付汇备案流程如图 2-107 所示。

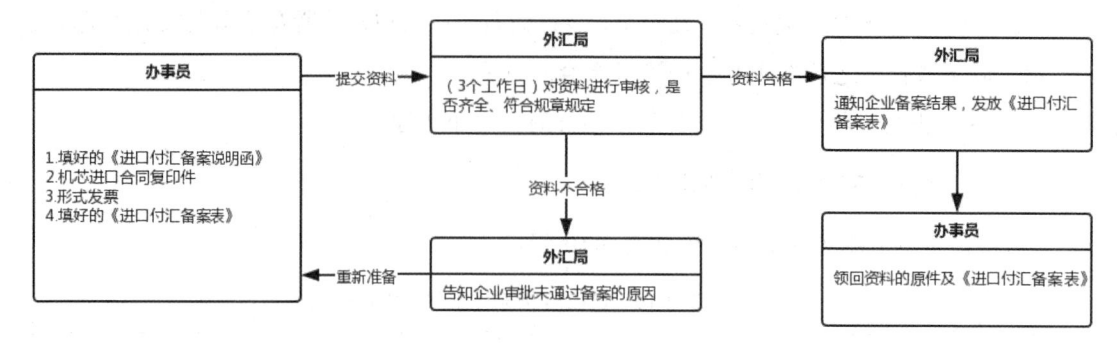

图 2-107 财税一体化综合实训实验室教学系统——货物进口流程图

五、实训过程指导

此业务由 A 同学扮演外汇局工作人员，C 同学扮演企业办事员（企业出纳）。

第一步：准备资料。

（1）办事员去国家外汇管理局领取并填写《进口付汇备案说明函》。

（2）办事员向法人借用与供应商签订的机芯进口合同复印件、公章。

（3）办事员向会计借用形式发票。

第二步：办理业务。

（1）办事员带齐资料前往外汇局，走到"付汇备案"窗口，拿出填好的《进口付汇备案说明函》、进口合同和形式发票交给窗口工作人员。

（2）工作人员接过资料，递给办事员一张《进口付汇备案表》。

（3）办事员填写《进口付汇备案表》。填写完成之后交予工作人员审核。

（4）工作人员对资料进行初审，无误之后告知办事员 5 分钟后通知备案结果。

（5）办事员离开外汇局。

第三步：领取加盖进口付汇核销专用章的《进口付汇备案表》。

（1）（5 分钟后）办事员再次来到外汇局"付汇备案"窗口。

（2）工作人员将已盖章的《进口付汇备案表》及资料原件退回给办事员。

（3）办事员收好已盖章的《进口付汇备案表》及资料原件离开外汇局。

六、实训结束并填写实训评价单

进口付汇备案工作能力评价如表 2-20 所示。

表2-20 进口付汇备案工作能力评价表

序号	评价项目	学生自评
	进口付汇备案	□优秀　□良好　□中等　□合格　□不合格
教师评语		教师签字
评价成绩		□优秀　□良好　□中等　□合格　□不合格

下篇 企业经营期

模块 3　企业经营期实训背景资料

一、企业概况

企业名称：广州市华美手表制造有限公司。

注册地址：广州市海珠区新港西路**号**大厦一层。

联系电话：020-8139****。

法人代表：肖某某。

注册资金：人民币一千五百万元整。

其中：肖某某投资人民币七百五十万元，刘某某投资人民币三百七十五万元，王某某投资人民币三百七十五万元。

企业类型：手表制造企业。

经营范围：从事手表的生产、销售。

生产组织：基本生产车间三个——电镀车间、加工车间、组装车间。

社会统一信用代码：91440100504688****（工商注册号、纳税人识别号/纳税人编号、组织机构代码均统一使用此号码作为企业唯一识别码）（数据随学生建立案例变动）。

财务副总：刘某某。

会计主管：陈某某。

会计：陈某。

出纳：何某某（身份证：44010119900215****；发证机关：广州市越秀区公安局）。

广州市华美手表制造有限公司成立于2019年，注册资本为一千五百万元人民币。厂房建筑面积共1 500 m^2。公司设总经理办公室、财务部、行政部、销售采购部、生产部五大部门，其中生产部设有电镀车间、加工车间和组装车间三个基本生产车间，主要从事华美系列手表的生产。

二、工艺流程简介

该企业主要产品的生产工艺流程是：首先由电镀车间根据生产计划切割、打磨、电镀、镭射各种零件，经检验合格后送加工车间加工镶嵌。最后，组装车间由原材料仓库领用各种原材料连同由自制半成品仓库领来的各种自制半成品组装成各种手表，经过检验合格后送交产成品仓库。

该企业主要产品为 EP 女式手表、EP 男式手表、EV 女式手表、EV 男式手表、EX 女式手表、EX 男式手表六款产品。产品主要由表壳、表盖、自制表盘、表带等组装而成，每件产品都必须配备金属表带、真皮表带各一条，包装盒各一个。

三、企业部分财务会计制度

企业执行《中华人民共和国会计法》《企业会计准则》《企业会计准则应用指南（2019年版）》。

1．流动资产

（1）库存现金限额为 20 000 元。

（2）银行存款开立一个基本存款账户：工行新港西路支行。

账号：66220208883662****（数据随学生建立案例变动）。

（3）材料日常收发按实际成本核算。发出材料的实际成本采用月末一次加权平均法计算结转，黄金与钻石等贵重材料采用先进先出法月末集中核算。

（4）本企业周转材料——包装物领用时采用一次摊销法（不需设在库、在用、摊销明细核算），发出成本采用月末一次加权平均法核算；周转材料——低值易耗品领用时采用五五摊销法（需要设在库、在用、摊销明细核算），发出成本采用先进先出法核算，领用时由在库转为在用，当期期末摊销本期领用金额的 50%。

（5）本企业自制零件分为各种型号的表盘，电镀车间制作表盘半成品不需要入库，直接移交加工车间（一般无在产品）。加工车间生产自制表盘需入库，以库存商品科目核算。发出自制表盘的实际成本采用月末一次加权平均法核算。

（6）本企业库存商品的收发按实际成本核算。发出库存商品的实际成本按月末一次加权平均法核算。

（7）每年年末计提坏账准备，主要根据"应收账款、长期应收款"进行核算，提取比例为 0.3%，应收款项若为贷方余额，则不必计提坏账准备，亦不冲减坏账准备。

2．固定资产

固定资产提取折旧均采用平均年限法。其中机械设备至少 10 年，预计残值率为 4%；运输工具至少 4 年，预计残值率为 4%；电子电器设备至少 3 年、办公设备至少 5 年，预计残值率为 2%。

固定资产的中小修理费用，直接记入当月的有关费用，大修理费采用预提的方法进行核算。

3．无形资产及其他长期资产

该公司拥有使用寿命有限的无形资产，自取得当月起对无形资产在使用寿命内进行合理摊销。

4．产品成本核算

（1）该公司各车间成本计算采用品种法。

（2）各车间材料一次投入按对应领用对象归集，不能分清领用对象的按产量分配，直接人工、制造费用按产品定额工时分配。

①直接材料。直接材料包括生产经营过程中实际消耗的原料及主要材料、辅助材料、外购件、燃料、产品生产过程作为外包装的包装物以及其他直接材料。

②直接人工。直接人工包括直接从事产品生产人员的全部工资、职工福利费、社会保险等应付职工薪酬。

③制造费用。制造费用包括各个生产车间为组织和管理生产所发生的生产车间管理人员薪酬、固定资产折旧费、生产设备修理费、水电费、机物料消耗、周转材料消耗等。

（3）月末生产费用在在产品与完工产品之间的成本分配采用定额成本法。

（4）制造费用在各基本车间中按额定生产工时分配。

（5）各分配率保留小数点后四位数，其余会计核算保留两位小数，分配成本费用过程产生的尾数由计算表最后一个项目（产品）承担，计算发出、领用、销售成本时产生的尾数由结存项目承担（若当期结存为0时，发出、领用、销售成本直接等于发出、领用、销售前的库存的金额）。

5．税费及计提费用

（1）增值税。

①该企业为增值税一般纳税人（辅导期）。

②增值税税率为13%。

（2）消费税。

该企业为高档手表生产销售企业，为消费税纳税人，消费税税率为20%。

（3）城市维护建设税。

①计税金额：以企业实际缴纳的增值税、消费税的税额为计征依据。

②税率：税务部门核定为7%。

（4）教育费附加。

①计税金额：以企业实际缴纳的增值税、消费税的税额为计征依据。

②征收率：3%。

(5) 企业根据规定代交员工个人所得税。

正常工资薪金所得个人所得税税率表（居民个人适用）如表 3-1 所示。

表 3-1　正常工资薪金所得个人所得税税率表（居民个人适用）

级数	累计预扣预缴应纳所得 含税级距	税率（%）	速算扣除数
1	不超过 36 000 元的	3	0 元
2	超过 36 000 至 144 000 元的部分	10	2 520 元
3	超过 144 000 至 300 000 元的部分	20	16 920 元
4	超过 300 000 至 420 000 元的部分	25	31 920 元
5	超过 420 000 至 660 000 元的部分	30	52 920 元
6	超过 660 000 至 960 000 元的部分	35	85 920 元
7	超过 960 000 元的部分	45	181 920 元

（6）企业所负担的车船使用税、印花税等根据国家税法规定计提缴纳。

（7）根据规定该地区职工养老保险金、职工工伤保险金、职工失业保险金、职工医疗保险金、职工重大疾病补助、生育保险金的计提比例分别为 22%（企业承担 14%，个人承担 8%）、0.14%（企业承担 0.14%）、0.68%（企业承担 0.48%，个人承担 0.2%）、7.5%（企业承担 5.5%，个人承担 2%）、0.26%（企业承担 0.26%）、0.85%（企业承担 0.85%）计算。企业按照基本工资计提社会保险费用（如果基本工资没有超过 3000.00 元，需按照 3000.00 元计提）。 房屋公积金按基本工资计提（企业承担 5%，个人承担 5%）。

（8）企业所计提的工会经费按职工工资总额的 2%计提。

（9）企业所得税税率为 25%（企业所得按月预缴，年终汇结，按月计提）。

6．费用核算

（1）采购销售部门发生的采购费用计入销售费用。

（2）差旅费报销规定：城际交通费依据飞机票、火车票等票据实报实销，住宿费最高报销标准为 200 元/晚，低于 200 元实报实销，补贴 100 元每人/日（出发与归来当日按 0.5 天），市内交通费、餐费等其他费用实报实销。因公出国的人员出差期间每天除基本补贴 100 元每人/日，还有额外住宿补贴 200 元每人/日、伙食补贴 100 元每人/日、交通补贴 150 元每人/日（合计补贴 550 元每人/日）。由公司预先垫付购买机票、火车票等费用先作为借支费用计入其他应收款，待回来一并报销。

（3）筹建期发生的开办费按照 5 年的期限分期摊销计入管理费用。

（4）报销人填写支付证明单或差旅费报销单，将支付证明单、发票等单据上交后，110 000 元以下（含 110 000 元）由财务副总审核，110 000 元以上至 200 000 元以下（含 200 000 元）由总经理审核，如超出 200 000 元由股东大会审批并以会议纪要作为报销凭证。该业务的支付证明单由财务副总刘某某审核。

（5）出纳根据审核的单据报销，若为现金支付，支付证明单上需加盖现金付讫章；若为收回余款则要开具收据并加盖企业财务章，现金收回时，要盖现金收讫章。

7．坏账准备

坏账准备的计提比例为 0.3%。

8．利润分配

（1）税前利润弥补以前年度亏损，经过五年期未足额弥补的，未弥补亏损应用所得税后的利润弥补。

（2）盈余公积提取比例为：法定盈余公积为 10%，提取数额达到注册资本 50%，则不再提取；任意盈余公积为 10%。

9．企业的核算形式

（1）企业使用广州市标准记账凭证。

（2）企业采用科目汇总表会计核算形式。在月末最后一天编制科目汇总表并登记总账。

（3）企业损益结转采用账结法。

（4）库存现金日记账需要日结，银行存款日记账无须日结。

（5）先进先出法下核算的存货数量金额明细账，期末不填列单价，库存商品数量金额明细账及往来明细账无须月结。

11．基本资料

电镀车间产品额定工时如表 3-2 所示。

表 3-2　电镀车间产品额定工时表

产品名称	2.5 表盘半成品	3.0 表盘半成品	3.5 表盘半成品	4.0 表盘半成品	4.5 表盘半成品	5.0 表盘半成品
本期完工数量（个）	100	80	71	62	56	50
单位额定工时（小时）	1.5	1.25	1.4	1.5	1.6	1.36

加工车间产品额定工时如表 3-3 所示。

表 3-3　加工车间产品额定工时表

产品名称	华美 2.5 表盘	华美 3.0 表盘	华美 3.5 表盘	华美 4.0 表盘	华美 4.5 表盘	华美 5.0 表盘
本期完工数量（个）	100	80	71	62	56	50
单位额定工时（小时）	1.2	1.6	1.8	1.9	1.9	2
在产品数量（个）						
在产品单位额定工时（小时）	0.6	0.8	1	1	1	1

组装车间产品额定工时如表 3-4 所示。

表 3-4　组装车间产品额定工时表

产品名称	EP 女式手表	EP 男式手表	EV 女式手表	EV 男式手表	EX 女式手表	EX 男式手表
本期完工数量（个）	50	50	50	50	50	50
单位额定工时（小时）	8	8.4	8.4	8.6	9	11.6
在产品数量（个）						
在产品单位额定工时（小时）	4	4.2	4.2	4.3	4.5	5.8

四、11 月份发生的经济业务汇总

除了经济业务，企业必须在进口业务发生之前去国家外汇管理局办理进口付汇备案，并在进口业务结束后办理进口付汇核销。

1. 2019 年 11 月 1 日，确认实收资本。
2. 2019 年 11 月 1 日，报销购买账簿及记账凭证。
3. 2019 年 11 月 1 日，报销筹建期发生的开办费。
4. 2019 年 11 月 1 日，报销租金。

5. 2019年11月1日，报销购买电子设备费用。
6. 2019年11月1日，支付人力资源公司招聘费用。
7. 2019年11月1日，购买支票。
8. 2019年11月1日，购买业务委托书。
9. 2019年11月1日，企业定制工作服。
10. 2019年11月1日，提取现金备用。
11. 2019年11月1日，报销业务招待费。
12. 2019年11月1日，报销购买办公用家具费。
13. 2019年11月1日，报销购买生产设备费用。
14. 2019年11月2日，预付采购机芯订金。
15. 2019年11月2日，预付采购表带订金。
16. 2019年11月2日，预付采购表壳、表盖订金。
17. 2019年11月2日，支付钛合板运输费。
18. 2019年11月2日，采购钛合板。
19. 2019年11月2日，采购黄金。
20. 2019年11月2日，采购钻石。
21. 2019年11月2日，报销采购茶具费用。
22. 2019年11月2日，订购水。
23. 2019年11月2日，借支购买办公用品的费用。
24. 2019年11月2日，收到报装电话费单据。
25. 2019年11月2日，报销采购氧化铝合粉费用。
26. 2019年11月2日，报销购买办公用品费用。
27. 2019年11月2日，借支培训费。
28. 2019年11月2日，购买税控设备。
29. 2019年11月3日，报销培训费，并拿税控盘去税务局录入企业资料。
30. 2019年11月3日，借支举办开业典礼。
31. 2019年11月3日，提现备用。
32. 2019年11月3日，报销制作形象牌费用。
33. 2019年11月4日，报销开业庆典酒宴费。
34. 2019年11月4日，收到礼金。
35. 2019年11月4日，将收到的礼金送存银行。
36. 2019年11月4日，工作服入库并支付剩余货款。

37. 2019年11月4日,生产部电镀车间领用工作服。

38. 2019年11月4日,电镀车间领用氧化铝合粉。

39. 2019年11月4日,电镀车间领用钛合板。

40. 2019年11月4日,借支差旅费。

41. 2019年11月5日,生产部加工车间领用工作服。

42. 2019年11月5日,借支购买组装工具。

43. 2019年11月5日,订购包装盒。

44. 2019年11月5日,报销购买考勤机费用。

45. 2019年11月6日,机芯入库,支付剩余款项。

46. 2019年11月6日,报销购买组装工具费用。

47. 2019年11月7日,电镀车间移交半成品给加工车间。

48. 2019年11月7日,加工车间领用黄金。

49. 2019年11月7日,加工车间领用钻石。

50. 2019年11月7日,表壳、表盖入库,支付剩余款项。

51. 2019年11月7日,表带入库,剩余货款未付。

52. 2019年11月7日,报销购买咖啡费用。

53. 2019年11月7日,报销差旅费。

54. 2019年11月8日,生产部组装车间领用工作服。

55. 2019年11月8日,包装盒入库。

56. 2019年11月8日,支付聘请律师顾问费。

57. 2019年11月8日,借支差旅费。

58. 2019年11月9日,电镀车间移交半成品给加工车间。

59. 2019年11月9日,加工车间自制半成品入库。

60. 2019年11月9日,加工车间领用黄金。

61. 2019年11月9日,加工车间领用钻石。

62. 2019年11月9日,生产部组装车间领用机芯。

63. 2019年11月9日,生产部组装车间领用表壳、表盖。

64. 2019年11月9日,生产部组装车间领用组装工具。

65. 2019年11月9日,生产部组装车间领用表带。

66. 2019年11月9日,生产部组装车间领用华美2.5表盘。

67. 2019年11月10日,生产部设计科预定下一年度杂志。

68. 2019年11月10日,生产部组装车间领用包装盒。

69. 2019 年 11 月 10 日，报销购买装订机费用。
70. 2019 年 11 月 11 日，电镀车间移交半成品给加工车间。
71. 2019 年 11 月 11 日，支付培训费。
72. 2019 年 11 月 11 日，报销招待培训老师餐费。
73. 2019 年 11 月 12 日，生产部组装车间产成品入库。
74. 2019 年 11 月 12 日，加工车间自制半成品入库。
75. 2019 年 11 月 12 日，盘点库存现金。
76. 2019 年 11 月 12 日，生产部组装车间领用表盘。
77. 2019 年 11 月 12 日，生产部组装车间领用表壳、表盖。
78. 2019 年 11 月 12 日，生产部组装车间领用机芯。
79. 2019 年 11 月 12 日，生产部组装车间领用表带。
80. 2019 年 11 月 12 日，加工车间领用黄金。
81. 2019 年 11 月 12 日，加工车间领用钻石。
82. 2019 年 11 月 12 日，报销差旅费。
83. 2019 年 11 月 13 日，电镀车间移交半成品给加工车间。
84. 2019 年 11 月 13 日，预付广告费。
85. 2019 年 11 月 13 日，提取现金备用。
86. 2019 年 11 月 14 日，报销接待客户餐费。
87. 2019 年 11 月 14 日，报销购买礼品费用。
88. 2019 年 11 月 14 日，报销客户住宿费。
89. 2019 年 11 月 14 日，支付租车费。
90. 2019 年 11 月 15 日，电镀车间移交半成品给加工车间。
91. 2019 年 11 月 15 日，支付专家顾问费。
92. 2019 年 11 月 15 日，生产部组装车间产成品入库。
93. 2019 年 11 月 15 日，加工车间自制半成品入库。
94. 2019 年 11 月 15 日，生产部组装车间领用华美 3.5 表盘。
95. 2019 年 11 月 15 日，生产部组装车间领用表壳、表盖。
96. 2019 年 11 月 15 日，生产部组装车间领用机芯。
97. 2019 年 11 月 15 日，加工车间领用黄金。
98. 2019 年 11 月 15 日，加工车间领用钻石。
99. 2019 年 11 月 16 日，网上购买欧洲瑞士机票。
100. 2019 年 11 月 16 日，收到退回押金。

101. 2019 年 11 月 16 日，借支差旅费。

102. 2019 年 11 月 16 日，销售商品。

103. 2019 年 11 月 16 日，电镀车间移交半成品给加工车间。

104. 2019 年 11 月 17 日，加工车间自制半成品入库。

105. 2019 年 11 月 17 日，加工车间领用黄金。

106. 2019 年 11 月 17 日，加工车间领用钻石。

107. 2019 年 11 月 17 日，处置盘盈现金。

108. 2019 年 11 月 18 日，生产部组装车间产成品入库。

109. 2019 年 11 月 18 日，生产部组装车间领用表盘。

110. 2019 年 11 月 18 日，生产部组装车间领用表壳、表盖。

111. 2019 年 11 月 18 日，生产部组装车间领用机芯。

112. 2019 年 11 月 18 日，销售商品。

113. 2019 年 11 月 18 日，报销购买档案袋、信封费用。

114. 2019 年 11 月 19 日，销售采购部门员工报销车费。

115. 2019 年 11 月 19 日，报销招待客户购入香烟、糖果费用。

116. 2019 年 11 月 19 日，借支差旅费。

117. 2019 年 11 月 19 日，收到货款。

118. 2019 年 11 月 19 日，加工车间自制半成品入库。

119. 2019 年 11 月 19 日，加工车间领用黄金。

120. 2019 年 11 月 19 日，加工车间领用钻石。

121. 2019 年 11 月 20 日，支付剩余广告费。

122. 2019 年 11 月 20 日，报销差旅费。

123. 2019 年 11 月 20 日，支付本月物业管理费。

124. 2019 年 11 月 20 日，预付展览费用。

125. 2019 年 11 月 21 日，加工车间自制半成品入库。

126. 2019 年 11 月 21 日，生产部组装车间产成品入库。

127. 2019 年 11 月 21 日，生产部组装车间领用表盘。

128. 2019 年 11 月 21 日，生产部组装车间领用表壳、表盖。

129. 2019 年 11 月 21 日，生产部组装车间领用机芯。

130. 2019 年 11 月 22 日，报销差旅费。

131. 2019 年 11 月 22 日，预收货款。

132. 2019 年 11 月 23 日，提取现金备用。

133. 2019 年 11 月 23 日，缴纳社保费用。
134. 2019 年 11 月 23 日，购买住房公积金。
135. 2019 年 11 月 23 日，报销接待客户的餐饮费。
136. 2019 年 11 月 23 日，销售商品。
137. 2019 年 11 月 23 日，报销货物运输费。
138. 2019 年 11 月 24 日，生产部组装车间产成品入库。
139. 2019 年 11 月 24 日，生产部组装车间领用表盘。
140. 2019 年 11 月 24 日，生产部组装车间领用表壳、表盖。
141. 2019 年 11 月 24 日，生产部组装车间领用机芯。
142. 2019 年 11 月 25 日，报销招待费。
143. 2019 年 11 月 25 日，支付名片设计及印发费用。
144. 2019 年 11 月 26 日，支付宣传费。
145. 2019 年 11 月 27 日，报销总经理办公室购买钢笔费用。
146. 2019 年 11 月 28 日，报销购入文件夹费用。
147. 2019 年 11 月 29 日，生产部组装车间产成品入库。
148. 2019 年 11 月 30 日，交纳水费。
149. 2019 年 11 月 30 日，交纳电费。
150. 2019 年 11 月 30 日，支付电话费。
151. 2019 年 11 月 30 日，按合约销售商品。
152. 2019 年 11 月 30 日，摊销开办费。
153. 2019 年 11 月 30 日，摊销本月厂房租金。
154. 2019 年 11 月 30 日，计提工资。
155. 2019 年 11 月 30 日，计提社保。
156. 2019 年 11 月 30 日，计提公积金。
157. 2019 年 11 月 30 日，分配电费。
158. 2019 年 11 月 30 日，分配本月水费。
159. 2019 年 11 月 30 日，计提坏账准备。
160. 2019 年 11 月 30 日，计算个人代扣代缴费用。
161. 2019 年 11 月 30 日，摊销本月领用周转材料成本。
162. 2019 年 11 月 30 日，分配制造费用。
163. 2019 年 11 月 30 日，计算电镀车间领用原材料成本。
164. 2019 年 11 月 30 日，计算电镀车间产品成本并转入加工车间。

165. 2019年11月30日，计算加工车间领用材料成本。

166. 2019年11月30日，计算加工车间产品成本。

167. 2019年11月30日，计算组装车间领用自制表盘成本。

168. 2019年11月30日，计算组装车间领用周转材料成本。

169. 2019年11月30日，计算组装车间领用原材料成本。

170. 2019年11月30日，计算组装车间产品成本。

171. 2019年11月30日，结转销售成本。

172. 2019年11月30日，计算本月应交增值税。

173. 2019年11月30日，计算本月应交消费税。

174. 2019年11月30日，计算本月应交城市维护建设税、教育费附加。

175. 2019年11月30日，提取现金备用。

176. 2019年11月30日，计算本月应交印花税。

模块 4　企业经营期实训项目

企业经营期以广州市华美手表制造有限公司 2019 年 11 月份 176 笔业务为载体，让学生 3 人为一组，分别扮演企业财务部出纳、会计、会计主管并由出纳兼任银行柜员进行实训，完成企业日常业务处理 182 个实训工作，包括原始凭证填制审核传递、记账凭证填制审核传递、账簿登记、编制会计报表、增值税等主要税种的税费计算与申报、企业与银行往来经济业务处理、企业与税务局往来业务处理、企业与海关往来经济业务处理等，岗位业务处理流程如图 4-1 所示。

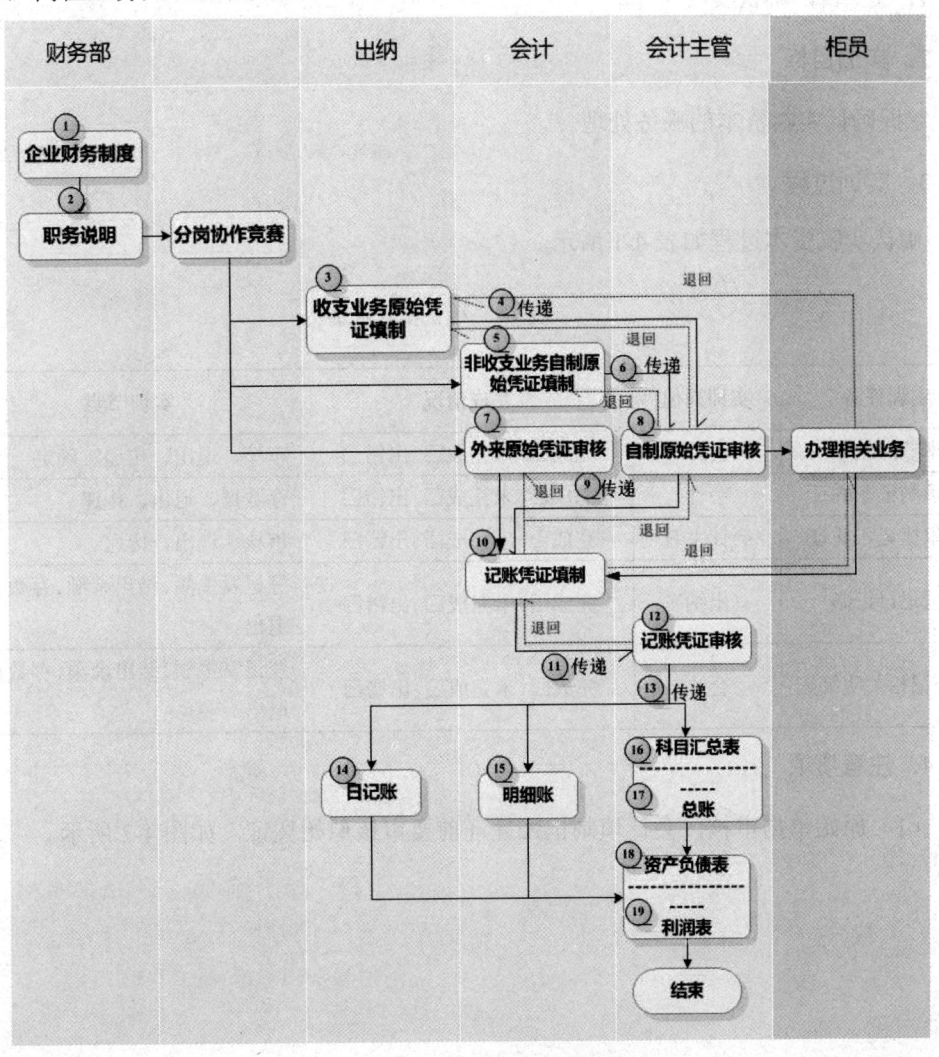

图 4-1　岗位业务处理流程

图例说明：图 4-1 顶行代表部门和岗位，矩形框代表需要点击进行操作的流程，圆圈中的数字代表操作的步骤流程，黑色的箭头代表必经的流程，虚线箭头表示上一个流程填制（或者审核）错误被退回上一个流程。

财税一体化经营期业务岗位分为一人一岗或者一人多岗两种实训模式。学生可以不分岗位，直接通过切换角色的功能操作银行柜员、税务局柜员等岗位的相关业务，独自完成实训；学生也可以采取一人一岗的方式，例如扮演企业办事员的学生完成操作后，由扮演银行柜员的学生切换角色进行后续相关操作。

实训 1　2019 年 11 月 1 日，确认实收资本

1. 业务描述

11 月 1 日，确认实收资本。

2. 实训目标

掌握确认实收资本的账务处理。

3. 实训过程

确认实收资本过程如表 4-1 所示。

表 4-1　确认实收资本

实训任务	实训岗位	完成情况	实训节点
1. 审核汇款单	会计	完成□　未完成□　出错□	审核、退出、传递、确定
2. 填制记账凭证	会计	完成□　未完成□　出错□	存数据、退出、传递
3. 审核记账凭证	会计主管	完成□　未完成□　出错□	审核、退出、传递
4. 登记日记账	出纳	完成□　未完成□　出错□	登记发生额、结出余额、存数据、退出
5. 登记相关明细账	会计	完成□　未完成□　出错□	登记发生额、结出余额、存数据、退出

4. 注意事项

（1）原始单据审核。会计填制记账凭证前要审核原始凭证，如图 4-2 所示。

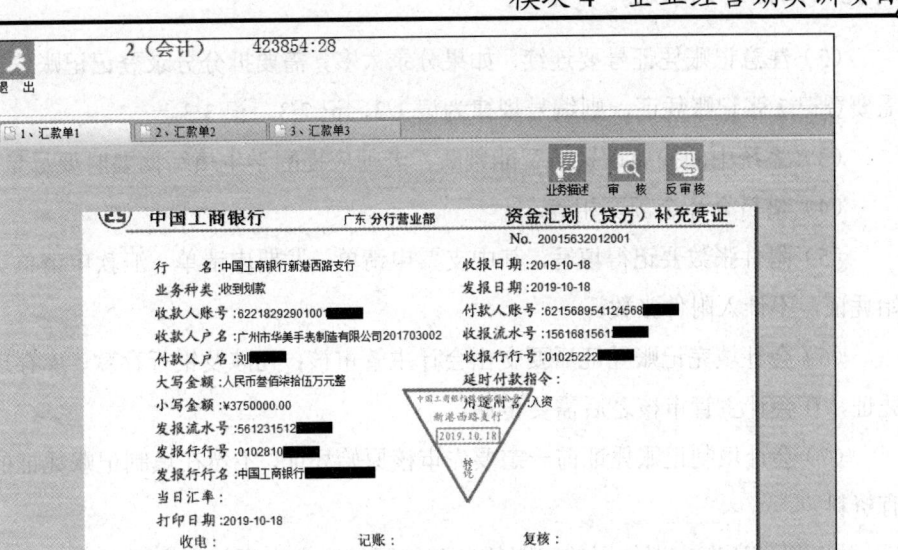

图 4-2 会计审核原始凭证

一般情况下要把显示出来的所有单据进行审核，审核完点击"退出"时，要仔细看一下弹出的提示信息，如果提示"审核正确"，就可以确认退出，如果提示"审核错误"，要看一下括号里面哪些原始单据审核错误。一般错误有两类，一是需要先盖章后审核的，没有盖章直接审核就错了，此时，需要对这张单据进行"反审核"，然后盖章审核就可以了；另一类是不需要审核的原始单据，会计如果审核了，反而错了，这时对这张单据再进行"反审核"就可以了。审核无误的记账凭证才能作为填制记账凭证的依据。填制记账凭证时，如图 4-3 所示，点击左上角的"请选择资料"下拉按钮中资料，根据资料填制记账凭证。

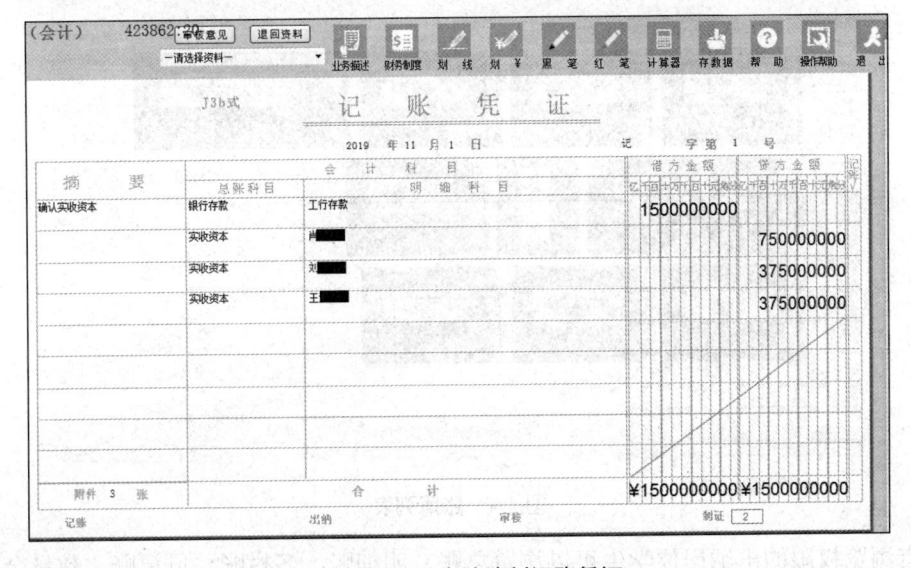

图 4-3 会计填制记账凭证

（2）注意记账凭证号要连续，如果分录太多，需要拆分分录登记记账凭证，假如共需要登记 3 张记账凭证，则编号规律为记 1/3、记 2/3、记 3/3。

（3）系统中的摘要设置了智能判断，老师应提醒学生填写摘要时要尽量填写完整。

（4）借贷合计金额要相等。

（5）附件张数要记得填写，其中支票申请单、发票申请单、汇款申请单等不属于原始凭证，不计入附件张数。

（6）会计填完记账凭证后要交由会计主管审核；凡涉及银行存款、库存现金的记账凭证，在会计主管审核之后需要传递。

（7）会计填制记账凭证前一定要先审核原始凭证，不然在填制记账凭证的时候会没有资料。

注：以下所有实训使用的记账凭证和填写的注意事项与本实训一致，不再赘述。

5．出纳登记明细账

凡涉及库存现金和银行存款的业务，出纳都要登记相应的日记账。提取现金备用的业务则两个日记账都需要登记。具体操作如下：

（1）了解账簿权限

在"办公区"选择"出纳"岗位进入对应的"工作区"界面，以登记银行存款日记账为例（登记现金日记账以此类推，出纳只有权限登记现金日记账、银行存款日记账），点击界面上方"账簿"按钮，进入到账簿列表，如图 4-4 所示，在账簿列表中选中"银行日记账"进行登账。

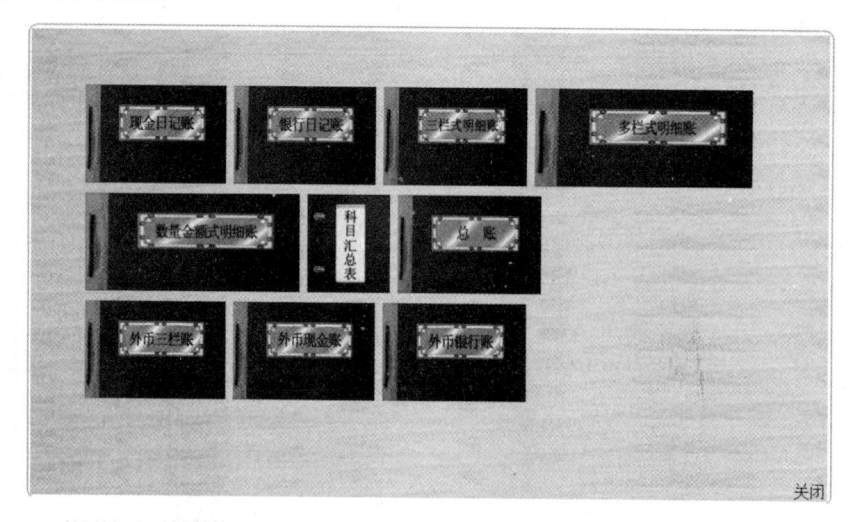

图 4-4 账簿列表

有浏览权限的出纳岗位学生可以浏览总账、明细账、多栏账、日记账、数量金额明细账（其他岗位学生同样对不属于自己填写的账簿只有浏览权限），点击相应的账簿，会弹出"您只有浏览权限"的提示界面，如图4-5所示。

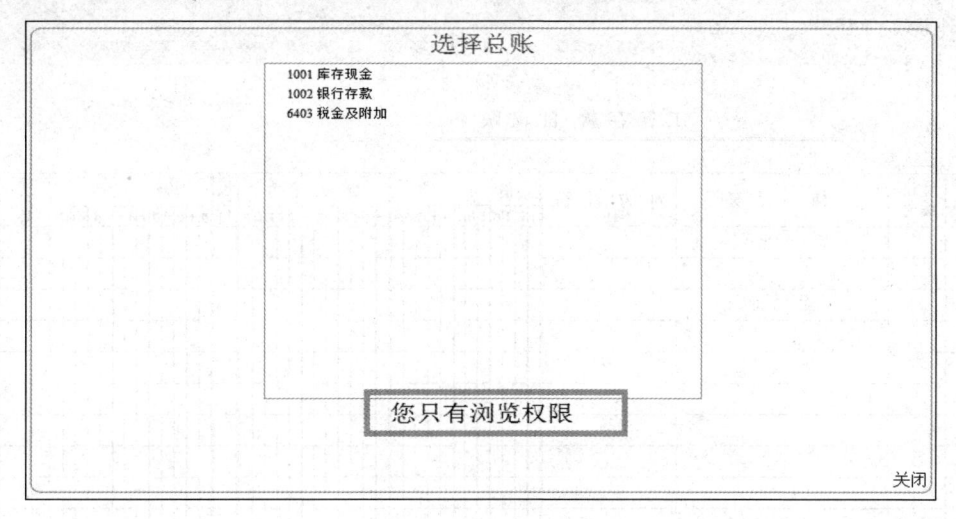

图4-5 浏览权限提示

出纳只有权限登记现金日记账、银行存款日记账，当学生有权限登记对应账本时，如出纳岗位的学生点击"银行日记账"，会出现"选择账目"窗口，如图4-6所示。

图4-6 "选择账目"窗口

（2）登记账簿

学生在拥有权限的账簿对应"选择账目"窗口中点击对应的必须登记账目，进入对应的账目账本界面。以出纳登记银行日记账为例，当出纳岗位的学生进入到上一步的"选择账目"窗口时，点击必须登记账目"银行存款"，会打开银行存款日记账界面，如图4-7所示。

图 4-7 银行存款日记账

1）点击"请选择资料"，可以打开查看与填写该账簿的相关单据，点击资料上方的"关闭"按钮，关闭资料查看（资料来源于经过所有相关岗位完成传递审核的记账凭证）。

2）点击"划线"，出现"线型选择框"，根据账簿需要，点击相应线类型，在账簿需要划线的地方自动划线，再点清除划线，清除已划的线。

3）点击"核对"，会在账簿"核对号"栏指定的位置打上√，再点该图标，会把刚才画的√清除掉。

4）点击"黑笔"，录入金额时字体为黑色，表示是正数的金额。

5）点击"红笔"，录入金额时字体为红色，表示是负数的金额。

6）其他按钮的功能已经进行了相关描述，在此不再赘述。

注意：

①查看账簿时，必须由相应的岗位先建账，其他岗位才可查看。

②登账时，不是所有的账目都必须登账，但是蓝字账目必须登账。

根据单据资料登完账簿后，点击"存数据"，完成银行存款日记账的登记操作。

注：以下所有需登记银行存款日记账或库存现金日记账的业务与该实训一致，不再赘述。

实训 2　2019 年 11 月 1 日，财务部陈某报销购买账簿及记账凭证费用

1．业务描述

11 月 1 日，财务部陈某从广州市佳佳文具店购买账簿及记账凭证归来报销，通过网上银行转账支付。

2．实训目标

掌握报销 10 万元以下金额的业务的基本流程（见图 4-8）、网银汇款业务处理和账务处理。

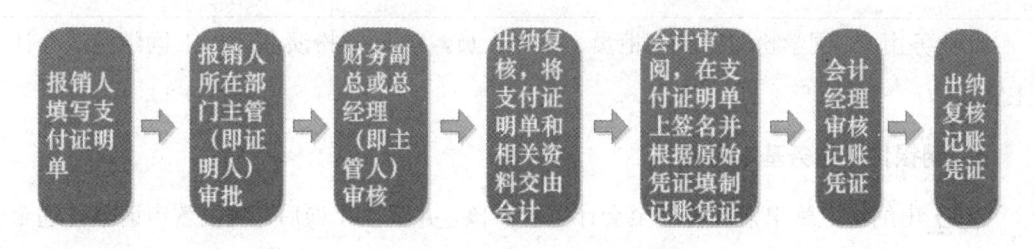

报销人填写支付证明单 → 报销人所在部门主管（即证明人）审批 → 财务副总或总经理（即主管人）审核 → 出纳复核，将支付证明单和相关资料交由会计 → 会计审阅，在支付证明单上签名并根据原始凭证填制记账凭证 → 会计经理审核记账凭证 → 出纳复核记账凭证

图 4-8　报销业务基本流程

3．实训过程

报销购买账簿及记账凭证费用过程如表 4-2 所示。

表 4-2　报销购买账簿及记账凭证费用

实训任务	实训岗位	完成情况	实训节点
1．审核汇款申请单	出纳	完成□ 未完成□ 出错□	保存退出、传递
2．审核汇款申请单	会计主管	完成□ 未完成□ 出错□	审核、退出、传递
3．传递网上银行付款	出纳	完成□ 未完成□ 出错□	传递
4．网银支付操作	网银操作员	完成□ 未完成□ 出错□	登录企业网银（账号是 account，操作员密码是 888888）、付款业务、点击"手工录入收款人信息"并根据资料录入支付信息、确定、输入 PIN 码验证（888888）确定、退出登录
5．审核、批准（驳回）	网银管理员	完成□ 未完成□ 出错□	管理员登录企业网上银行（账号是开户银行账号，密码是 123456）、指令查询与处理、输入付款业务日期查询、点击流水号再点击审核、批准、输入 PIN 码验证（123456）确定

（续表）

实训任务	实训岗位	完成情况	实训节点
6．审核支付证明单、增值税普通发票	会计	完成□ 未完成□ 出错□	原始凭证审核、退出、传递
7．填制记账凭证	会计	完成□ 未完成□ 出错□	填制、保存、退出、传递
8．审核记账凭证	会计主管	完成□ 未完成□ 出错□	审核、传递
9．登记日记账	出纳	完成□ 未完成□ 出错□	登记银行存款日记账发生额、结出余额、保存
10．登记相关明细账	会计	完成□ 未完成□ 出错□	登记明细账发生额、结出余额、保存

此业务由 A 同学扮演出纳及柜员、工作人员，B 同学扮演会计，C 同学扮演会计主管。

4．网银付款业务基本流程

（1）出纳将汇款申请单传递至会计主管审核，并审核无误后，将汇款申请单传递至出纳，出纳传递至企业网上银行系统。

（2）出纳用操作员身份登录企业网上银行系统（账号是企业开立的基本存款账号，密码：888888）。点击选择"付款业务"，根据汇款申请单手工录入企业付款信息，确定后在弹出的对话框中输入 PIN 码（888888）确定，退出企业网上银行。

（3）会计主管用管理员身份登录企业网上银行系统（账号是企业开立的基本存款账号，密码是 123456），点击"付款指令与查询"，输入要付款的业务的日期并点击"查询"，系统在页面下面弹出付款业务的流水单号，点击流水单号，再点击"审核"，会弹出刚才操作员录入的付款信息，对操作员录入的付款信息业务进行审核，无误后点击"批准"，在弹出的对话框中输入 PIN 码（123456），提示付款成功；若录入信息有误点击"驳回"操作，退回到上一岗位，继续修改提交。

5．注意事项

（1）报销人填写支付证明单（见图 4-9）或者差旅费报销单，将支付证明单、发票等单据上交后，100 000 元以下（含 100 000 元）由财务副总审核，100 000 元以上至 200 000 元以下（含 200 000 元）由总经理审核，如超出 200 000 元则由股东大会审批并以会议纪要作为报销凭证（股东大会在实训中省略）。该业务的支付证明单由财务副总刘某某审核。

（2）出纳根据审核的单据报销，若为现金支付时，支付证明单上需加盖现金付讫章；若为收回余款则要开具收据加盖企业财务专用章，现金收回时，要盖现金收讫章。

（3）网上银行转账的业务都需要通过网上银行系统进行汇款处理，这样业务回单才会传递至会计填制记账凭证页面作为资料。下同,不再赘述。

(4)管理员在查询付款单时页面显示"0条记录",有两种可能:一是操作员输入的付款日期有误,不在查询范围内;二是管理员输入的查询日期起止时间有误,没有把付款日期包括在查询范围。根据不同的原因进行更正,重新查询。

支付证明单

| 附件: 1 张 | | | 总号 1 第 1 号 |
| 科目:管理费用-办公费 | 2019 年 11 月 01 日 | | 分号 1 第 1 号 |

事由或品名	数量	单位	单价	金额 十万千百十元角分
总账账簿	1	本	10元	1 0 0 0
三栏明细账簿	3	本	10元	3 0 0 0
日记账账簿	2	本	10元	2 0 0 0
多栏式明细账簿	2	本	10元	2 0 0 0
共计金额	拾 万 仟 ⊗ 佰 捌 拾 零 元 零 角 零 分			¥80.00
受款人 陈鹏			未能取得单据原因	
主管人	会计 陈鹏	出纳 何	记账	证明人 陈	经手人 陈

图 4-9 支付证明单

6. 会计登记明细账

(1)了解账簿权限

在"办公区"选择"会计"岗位进入对应的"工作区"界面,以登记多栏式明细账为例(登记三栏式明细账、数量金额式明细账以此类推),点击界面上方"账簿",进入到账簿列表,如图 4-10 所示,在账簿列表中选中"多栏式明细账"进行登账。

图 4-10 账簿列表

有浏览权限的会计岗位学生可以浏览总账、现金日记账、银行日记账(其他岗位学生同样对不属于自己填写的账簿只有浏览权限),点击相应的账簿,会出现"您只有浏览权限"提醒界面,如图4-11所示。

图 4-11 账簿浏览权限

会计有权限登记三栏式明细账、多栏式明细账、数量金额式明细账,当学生有权限登记对应账本时,如会计岗位的学生点击"多栏式明细账",会出现"选择多栏式明细账"窗口,如图4-12所示。

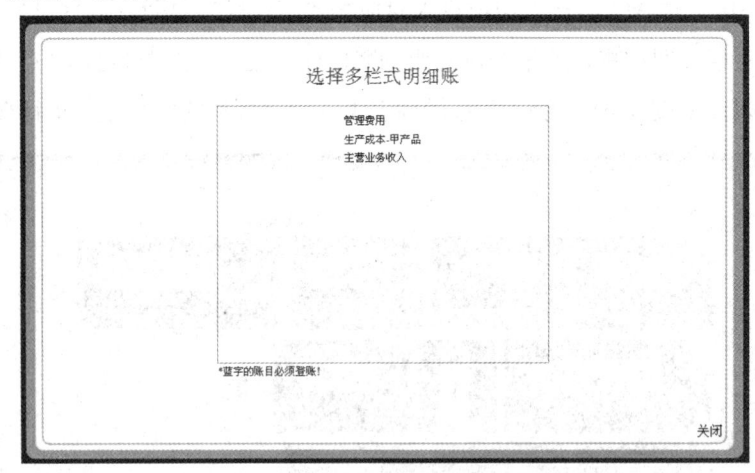

图 4-12 "选择多栏式明细账"窗口

(2)登记账簿

学生在拥有权限的账簿对应的"选择账目"窗口中点击对应的必须登记账目,进入对应的账目账本界面。以"多栏式明细账——管理费用"为例,当会计岗位的学生进入上一步的"选择账目"窗口时,点击必须登记账目"管理费用",打开多栏式明细账界面,如图4-13所示。

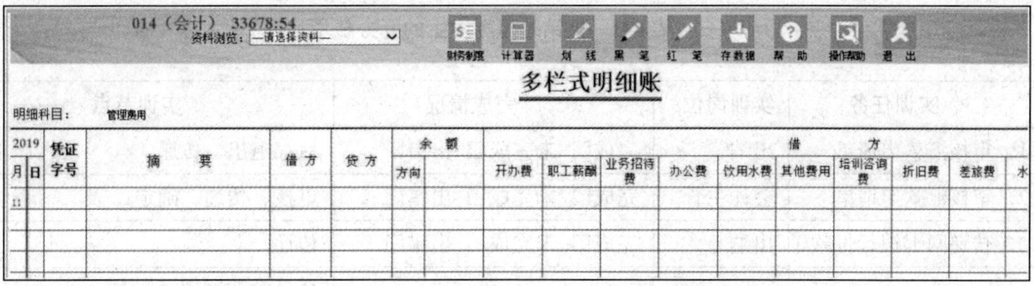

图 4-13 管理费用多栏式明细账

1）点击"请选择资料"，可以打开查看与填写该账簿的相关单据，点击资料上方的"关闭"按钮，关闭资料查看（资料来源于经过所有相关岗位完成传递审核的记账凭证）。

2）点击"划线"，出现"线型选择框"，根据账簿需要，点击相应线类型，在账簿需要划线的地方自动划线，再点清除划线，清除已划的线。

3）点击"核对"，会在账簿"核对号"栏指定的位置打上√，再点该图标，会把刚才画的√清除掉。

4）点击"黑笔"，录入金额时字体为黑色，表示是正数的金额。

5）点击"红笔"，录入金额时字体为红色，表示是负数的金额。

6）其他按钮的功能已经进行了相关描述，在此不再赘述。

注意：

①查看账簿时，必须由相应的岗位先建账，其他岗位才可查看。

②登账时，不是所有的账目都必须登账，但是蓝字账目必须登账！

根据单据资料登完账簿后，点击"存数据"，完成"多栏式明细账——管理费用"的登记操作。按照同样方法依次录入其他明细账簿。

注：以下所有会计需登记明细账的业务与本实训一致，不再赘述。

实训 3　2019 年 11 月 1 日，报销筹建期发生的开办费用

1．业务描述

11 月 1 日，肖某某报销筹建期发生的开办费用，通过网上银行转账支付。

2．实训目标

掌握报销 20 万元以上金额业务的基本流程和账务处理。

3．实训过程

报销筹建期发生的开办费用过程如表 4-3 所示。

表 4-3　报销筹建期发生的开办费用

实训任务	实训岗位	完成情况	实训节点
1．审核汇款申请单	出纳	完成□　未完成□　出错□	保存退出、传递
2．审核汇款申请单	会计主管	完成□　未完成□　出错□	审核、传递、确定
3．传递网上银行付款	出纳	完成□　未完成□　出错□	传递
4．网银支付操作	网银操作员	完成□　未完成□　出错□	登录企业网银（账号 account，操作员密码是 888888）、付款业务、资料查看（手工录入收款人信息）、确定
5．审核、批准（驳回）	网银管理员	完成□　未完成□　出错□	管理员登录企业网上银行（账号是开户银行账号，密码是 123456）、指令查询与处理、输入日期、查询、审核、批准
6．审核原始凭证	会计	完成□　未完成□　出错□	原始凭证审核、退出、传递
7．填制记账凭证	会计	完成□　未完成□　出错□	填制、保存、退出、传递
8．审核记账凭证	会计主管	完成□　未完成□　出错□	审核、传递
9．登记日记账	出纳	完成□　未完成□　出错□	登记银行存款日记账发生额、结出余额、保存
10．登记相关明细账	会计	完成□　未完成□　出错□	登记明细账发生额、结出余额、保存

4．注意事项

（1）该业务的支付证明单要由股东大会审批并以会议纪要（见图 4-14 图 4-）作为报销　凭证。

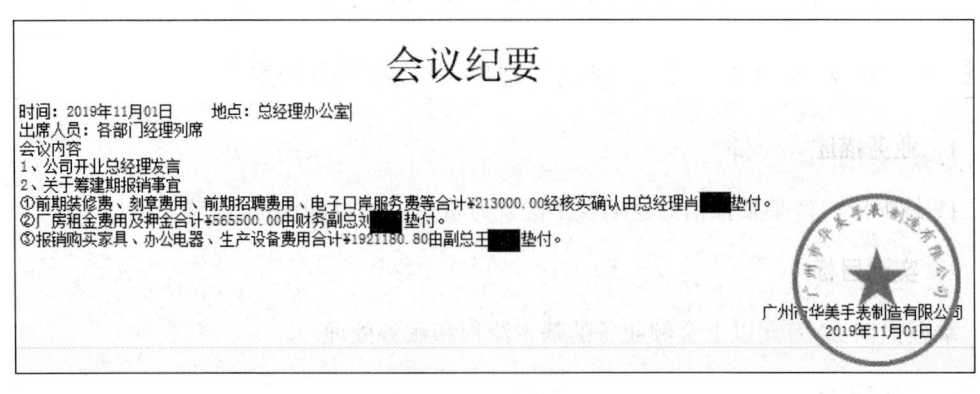

图 4-14　会议纪要

（2）网上银行转账的业务都需要通过企业网上银行系统进行汇款处理，这样业务回单才会传递至会计填制记账凭证页面作为资料。

实训4 2019年11月1日，刘某某报销1年的租金

1．业务描述

11月1日，刘某某报销1年的租金，通过网上银行转账支付。

2．实训目标

掌握报销租金的账务处理。

3．实训过程

报销租金过程如表4-4所示。

表4-4 报销租金

实训任务	实训岗位	完成情况	实训节点
1．审核汇款申请单	出纳	完成□ 未完成□ 出错□	保存退出、传递
2．审核汇款申请单	会计主管	完成□ 未完成□ 出错□	审核、退出、传递
3．传递网上银行付款	出纳	完成□ 未完成□ 出错□	传递
4．网银支付操作	网银操作员	完成□ 未完成□ 出错□	登录企业网银（账号account，操作员密码是888888）、付款业务、点击"手工录入收款人信息"并根据资料录入支付信息、确定、输入PIN码验证（888888）确定、退出登录
5．审核、批准（驳回）	网银管理员	完成□ 未完成□ 出错□	管理员登录企业网上银行（账号是开户银行账号，密码是123456）、指令查询与处理、输入付款业务日期查询、点击流水号再点击审核、批准、输入PIN码验证（123456）确定
6．审核支付证明单、增值税普通发票	会计	完成□ 未完成□ 出错□	原始凭证审核、退出、传递
7．填制记账凭证	会计	完成□ 未完成□ 出错□	填制、保存、退出、传递
8．审核记账凭证	会计主管	完成□ 未完成□ 出错□	审核、传递
9．登记日记账	出纳	完成□ 未完成□ 出错□	登记银行存款日记账发生额、结出余额、保存
10．登记相关明细账	会计	完成□ 未完成□ 出错□	登记明细账发生额、结出余额、保存

4．注意事项

填制记账凭证时，要注意筹建期（即 10 月）的租金应计入长期待摊费用——开办费。

实训 5　2019 年 11 月 1 日，报销购买电子设备费用

1．业务描述

11 月 1 日，王某某报销购买办公电器费用，通过网上银行转账支付。

2．实训目标

掌握发票认证业务及账务处理。

3．实训过程

报销购买电子设备费用过程如表 4-5 所示。

表 4-5　报销购买电子设备费用

实训任务	实训岗位	完成情况	实训节点
1．审核汇款申请单	出纳	完成□　未完成□　出错□	保存退出、传递
2．审核汇款申请单	会计主管	完成□　未完成□　出错□	审核、传递、确定
3．传递网上银行付款	出纳	完成□　未完成□　出错□	传递
4．网银支付操作	网银操作员	完成□　未完成□　出错□	登录企业网银（账号是 account，操作员密码是 888888）、付款业务、点击"手工录入收款人信息"并根据资料录入支付信息、确定、输入 PIN 码验证（888888）确定、退出登录
5．审核、批准（驳回）	网银管理员	完成□　未完成□　出错□	管理员登录企业网上银行（账号是开户银行账号，密码是 123456）、指令查询与处理、输入付款业务日期查询、点击流水号再点击审核、批准、输入 PIN 码验证（123456）确定
6．审核支付证明单、增值税专用发票	会计	完成□　未完成□　出错□	原始凭证审核、退出、传递
7．发票认证	会计	完成□　未完成□　出错□	电子申报管理系统发票认证
8．填制记账凭证	会计	完成□　未完成□　出错□	填制、保存、退出、传递
9．审核记账凭证	会计主管	完成□　未完成□　出错□	审核、传递
10．登记日记账	出纳	完成□　未完成□　出错□	登记银行存款日记账发生额、结出余额、保存

| 11. 登记相关明细账 | 会计 | 完成□ 未完成□ 出错□ | 登记明细账发生额、结出余额、保存 |

4. 发票认证业务

发票认证业务基本流程如图 4-15 所示。

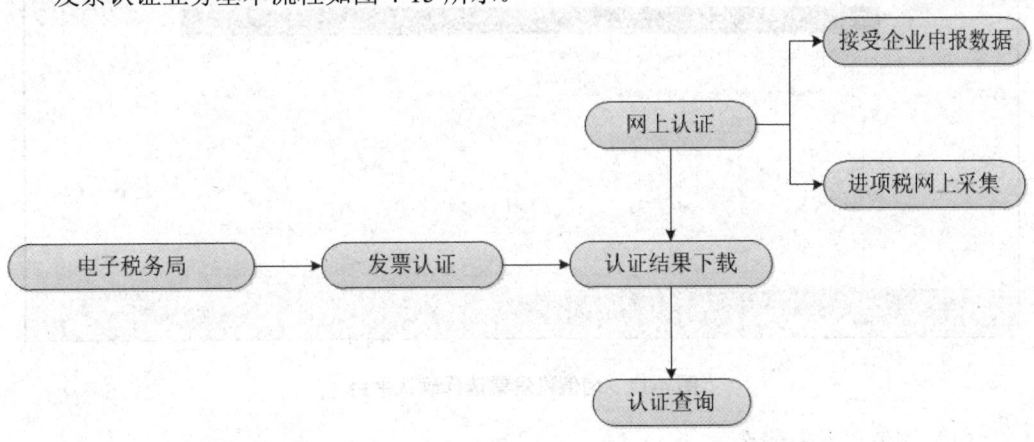

图 4-15 电子报税认证流程

5. 增值税发票认证操作

登录增值税专用发票认证平台。企业办事员在企业系统界面点击"电子申报管理系统",选择"增值税发票选择确认平台",如图 4-16 所示。

图 4-16 增值税发票选择确认平台登录

输入证书密码(默认为 admin)后,点击"登录",页面跳转到"增值税发票选择确认平台"，如图 4-17 所示，选择认证发票的年度和月份。

图 4-17　增值税发票选择确认平台

（1）增值税发票勾选

在"增值税发票选择确认平台"中点击"发票勾选"，进入"发票勾选"页面，如图 4-18 所示。

图 4-18　增值税发票勾选

"发票勾选"模块中包含查询条件区域、发票查询结果勾选操作区域、帮助、业务查看四个功能。

在查询条件区域输入相关条件，然后点击"查询"，用户将得到查询结果。

系统自动返回相关的查询结果信息，用户可以根据需要选择发票进行勾选操作，确认本次需要勾选的发票全部勾选完成后，可以点击"保存"按钮，即可将本次勾选的操作进行保存处理（未执行确认勾选操作前，可以对已勾选且未确认的发票进行取消勾选的回退处理）。

在已选择开票日期的前提下，若点选"已勾选"，并点击"查询"，会显示如图4-19所示的结果；若点选"未勾选"，并点击"查询"，则会出现如图4-20所示的结果。

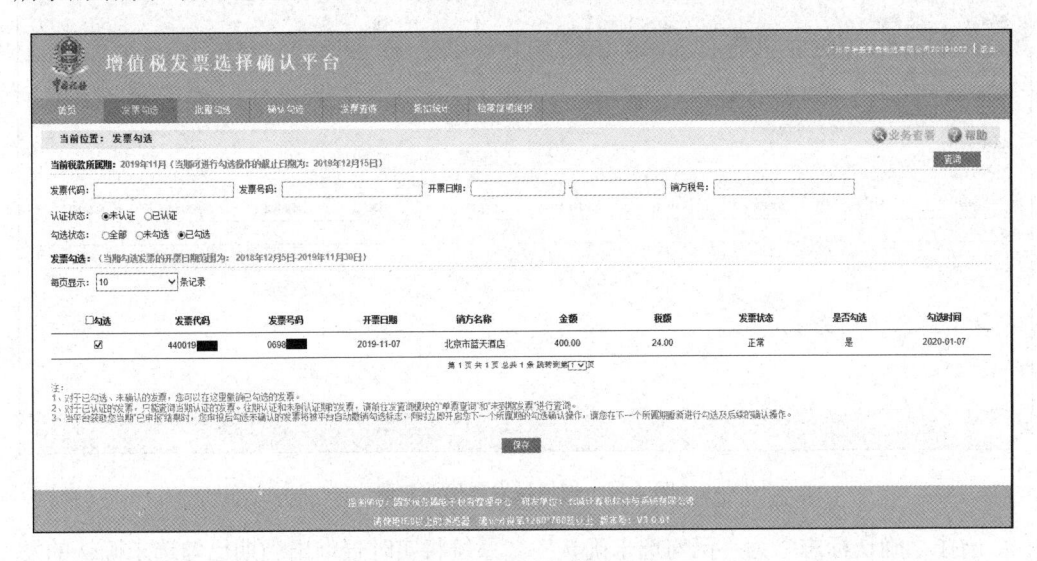

图 4-19　增值税发票已勾选

图 4-20　增值税发票未勾选

选中一张勾选标志为"未勾选"的发票，选中第一列的勾选状态，即可实现对该份发票的勾选处理，接着点击"上一页"或"下一页"，重复上述的勾选或撤销操作，依次对需操作的发票进行勾选和撤销处理，每一个查询结果分页中需要分别点击保存操作,完成当前页发票的勾选或撤销操作后,需点击"保存"按钮,再进行下一步的操作。

(2)增值税发票确认勾选

在"增值税发票选择确认平台"中点击"确认勾选",进入"确认勾选"页面,如图 4-21 所示。

图 4-21 增值税发票确认勾选

选择"确认标志"为"已勾选未确认",系统将实时查询出当期已勾选未确认的发票明细情况,如 4-22 所示。

图 4-22 增值税发票查询结果

如果确认以上发票均需要进行申报抵扣(或退税)时,则点击"确认"按钮。系统会出现如图 4-23 所示页面。

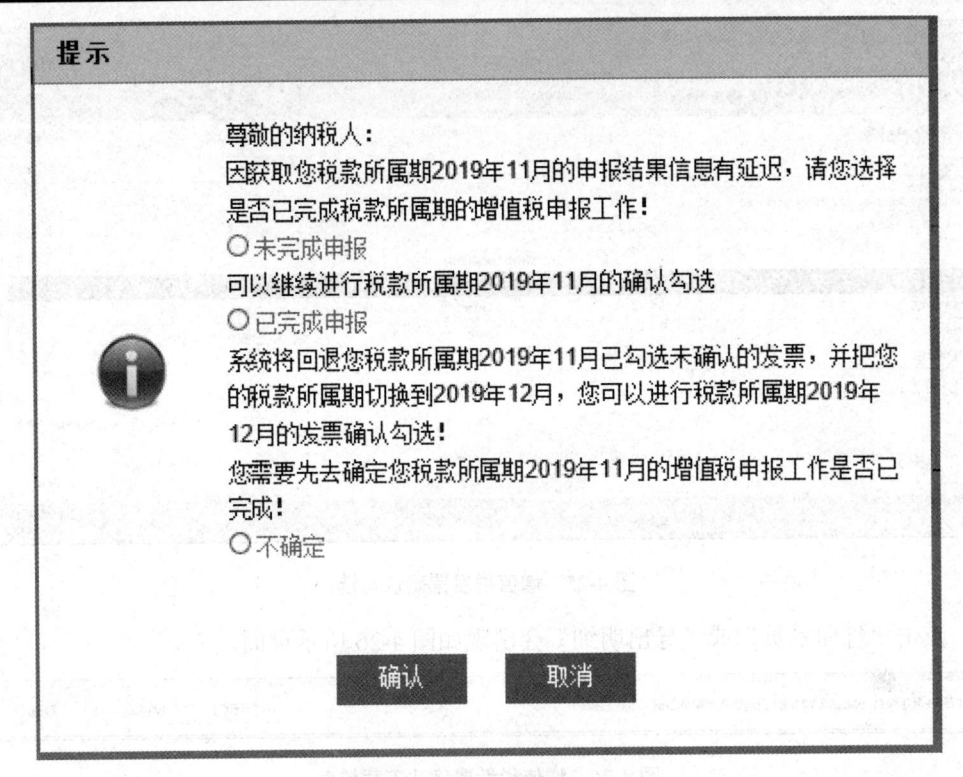

图 4-23 增值税发票确认提示

若点击图 4-23 中的"未完成申报"，可以继续进行当前税款所属期的勾选确认操作。点击"确定"后，在弹出的页面下方点击"提交"按钮会出现如图 4-24 所示页面。

图 4-24 增值税发票确认提示

将页面下拉至底部，如图 4-25 所示。

图 4-25　增值税发票确认勾选

点击"打印本页"或"导出明细"会出现如图 4-26 所示页面。

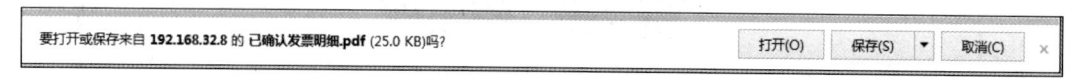

图 4-26　增值税发票确认下载信息

相应地，主页面中对应月份的卡片将显示当期已认证的发票数量及税额累计数（月份卡上显示的发票数量及税额包含了当期勾选认证数据，其中勾选认证数据为当天实时的统计更新）。如图 4-27 所示。

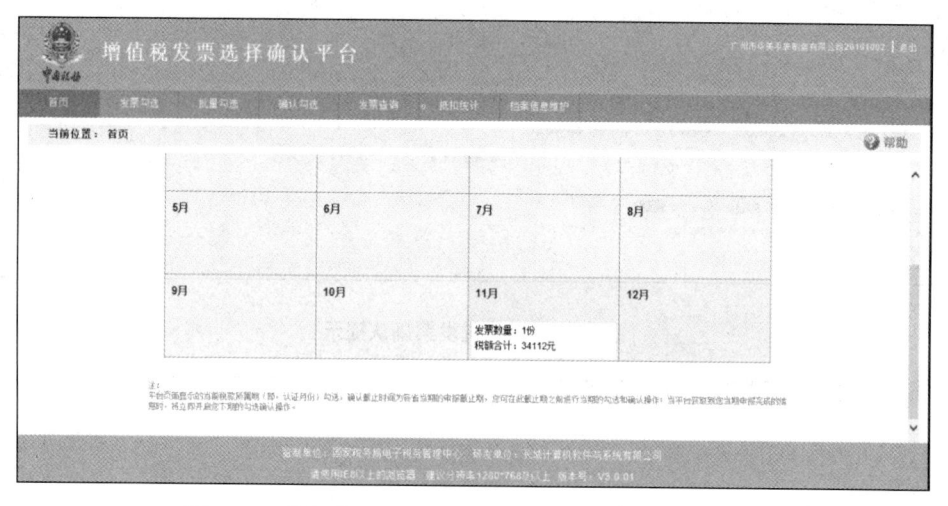

图 4-27　增值税发票当期已认证的发票数量及税额累计数

若点击图 4-23 中的"已完成申报"，则本次确认的数据无效且被平台自动回退至"未勾选"状态，到"发票勾选"模块查看税款所属期是否已成功变更为下期，成功变更为下期后，可以重新进行后续的勾选和确认操作。平台会出现如图 4-28 所示页面。

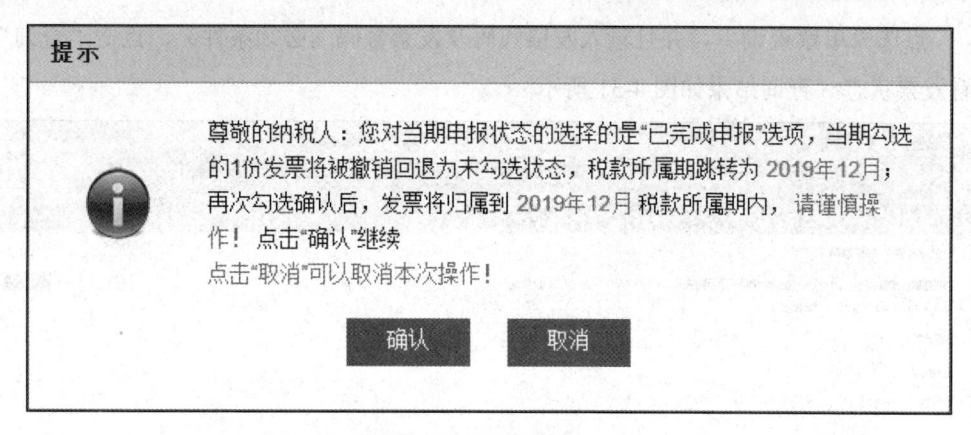

图 4-28　增值税发票已完成申报

为避免当期发票的误确认，需要先确定当前税款所属期的申报工作，再进行当次发票的确认。若点击图 4-23 所示的"不确定"，平台将弹出如图 4-29 所示的提示。

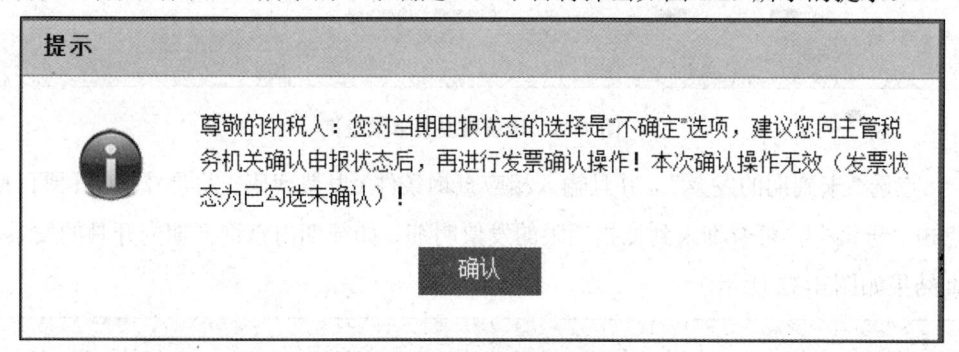

图 4-29　增值税发票勾选认证系统提示

（3）增值税发票查询

在"增值税发票选择确认平台"中点击"发票查询"，进入"发票查询"页面，如图 4-30 所示。

图 4-30　增值税发票查询

点选"单票查询",并且输入发票代码及发票号码(必须条件),点击"查询"查看发票状态。查询结果如图 4-31 所示。

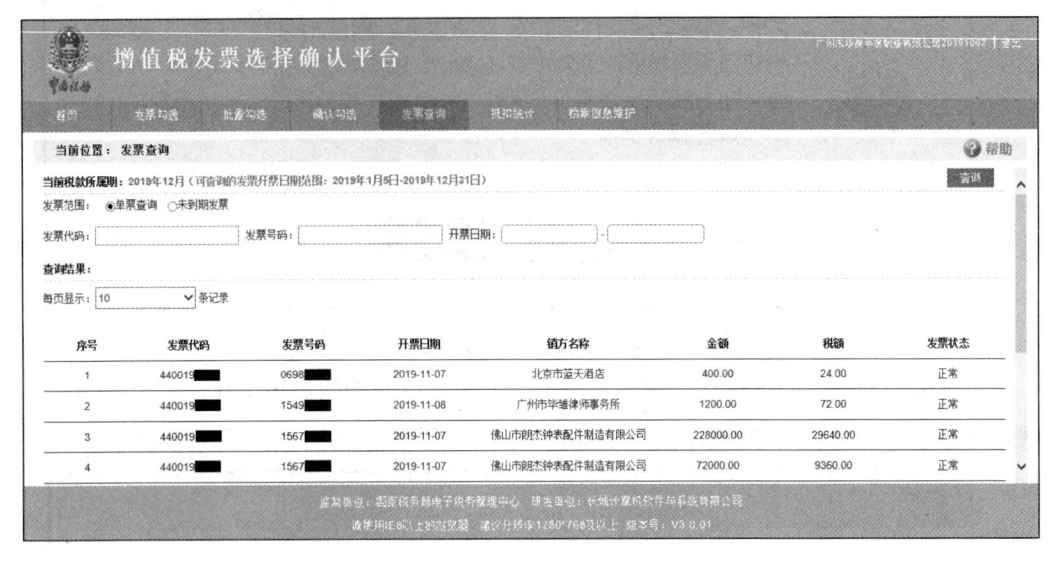

图 4-31 增值税发票单票查询

点选"未到期的发票",并且输入相应查询条件(发票代码、发票号码、开票日期),点击"查询",可查询未到抵扣期限的发票明细。如征期内查询征期内开具的发票,查询结果如图 4-32 所示。

图 4-32 增值税未到期发票查询

(4) 增值税发票抵扣统计

在"增值税发票选择确认平台"中点击"抵扣统计",进入"抵扣统计"页面,如图 4-33 所示。

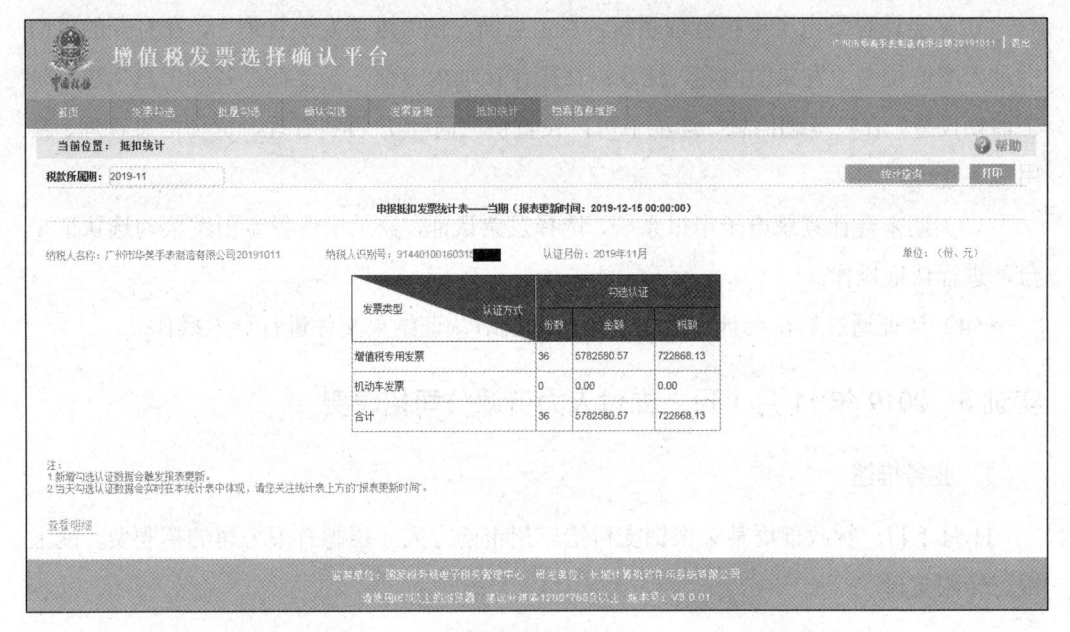

图 4-33 增值税发票抵扣统计

选择税款所属期后，点击"统计查询"按钮，左下方就会出现查询统计结果及其明细，点击"文件名称"平台，将直接弹出 Excel 页面（如图 4-34 所示），可将导出的 Excel 文件保存至本地后再打开进行使用。

图 4-34 增值税发票抵扣统计

6. 增值税发票勾选认证平台认证说明

（1）会计在原始凭证页面，将增值税专用发票审核无误后，传递至电子申报管理系统。

（2）会计登录电子申报管理系统，点击页面左侧"进项发票管理"，在打开的页面中录入增值税专用发票的内容。注意：在操作该项内容前，需要在"基础信息"进行一个前期设置，在"基础信息"选项中可以设置供应商/客户资料管理、货物信息管理、常用税务管理。

（3）期末会计登录电子申报系统，选择发票认证，登录增值税专用发票勾选认证平台，进行认证操作。

（4）认证通过后，会计登录电子申报系统对认证结果文件进行导入操作。

实训6 2019年11月1日，支付人力资源公司招聘费

1．业务描述

11月1日，行政部周某某报销支付给广州市南方人才招聘有限公司的招聘费，网上银行转账支付。

2．实训目标

掌握支付相关费用的账务处理。

3．实训过程

报销人才招聘费过程如表4-6所示。

表4-6 报销人才招聘费

实训任务	实训岗位	完成情况	实训节点
1．审核汇款申请单	出纳	完成□ 未完成□ 出错□	保存退出、传递
2．审核汇款申请单	会计主管	完成□ 未完成□ 出错□	审核、传递、确定
3．传递网上银行付款	出纳	完成□ 未完成□ 出错□	传递
4．网银支付操作	网银操作员	完成□ 未完成□ 出错□	登录企业网银（账号是account，操作员密码是888888）、付款业务、资料查看（手工录入收款人信息）、确定
5．审核、批准（驳回）	网银管理员	完成□ 未完成□ 出错□	管理员登录企业网上银行（账号是开户银行账号，密码是123456）、指令查询与处理、输入日期、查询、审核、批准
6．审核支付证明单、增值税普通发票	会计	完成□ 未完成□ 出错□	原始凭证审核、退出、传递

（续表）

实训任务	实训岗位	完成情况	实训节点
7. 填制记账凭证	会计	完成□ 未完成□ 出错□	填制、保存、退出、传递
8. 审核记账凭证	会计主管	完成□ 未完成□ 出错□	审核、传递
9. 登记日记账	出纳	完成□ 未完成□ 出错□	登记银行存款日记账发生额、结出余额、保存
10. 登记相关明细账	会计	完成□ 未完成□ 出错□	登记明细账发生额、结出余额、保存

4．注意事项

网上银行转账的业务都需要通过网上银行系统进行汇款处理，这样业务回单才会传递至会计填制记账凭证页面作为资料。

实训 7　2019 年 11 月 1 日，购买支票

1．业务描述

11 月 1 日，购买 1 份支票，60 元 1 份。

2．实训目标

掌握在银行购买支票的业务流程及账务处理。

3．实训过程

购买支票过程如表 4-7 所示。

表 4-7　购买支票

实训任务	实训岗位	完成情况	实训节点
1. 填写收费凭条	出纳	完成□ 未完成□ 出错□	填写收费凭条、盖财务专用章、保存退出、传递
2. 审核收费凭条	会计主管	完成□ 未完成□ 出错□	盖法人章、审核、退出、传递
3. 传递银行付款	出纳	完成□ 未完成□ 出错□	传递、选择"出售支票"、确定
4. 银行柜员出售操作	银行柜员	完成□ 未完成□ 出错□	登录银行系统（密码是 888888）、选择出售支票、输入学号找到企业、资料审阅、录入信息、出售、出售支票、确定
5. 审核原始凭证	会计	完成□ 未完成□ 出错□	审核原始凭证、退出、传递
6. 填制记账凭证	会计	完成□ 未完成□ 出错□	填制、保存、退出、传递
7. 审核记账凭证	会计主管	完成□ 未完成□ 出错□	审核、传递

（续表）

实训任务	实训岗位	完成情况	实训节点
8．登记日记账	出纳	完成□ 未完成□ 出错□	登记银行存款日记账发生额、结出余额、保存
9．登记相关明细账	会计	完成□ 未完成□ 出错□	登记明细账发生额、结出余额、保存

4．注意事项

（1）在办理出售支票或者业务委托书的时候，需要先在银行的后台设置出售支票及业务委托书的价格（系统已经默认设置，如需修改业务内容可以对应调整）。

（2）购买支票及业务委托书的操作相似。

实训 8　2019 年 11 月 1 日，购买业务委托书

1．业务描述

11 月 1 日，购买业务委托书，共 25 张业务委托书，1 元一张。

2．实训目标

掌握购买业务委托书的业务流程及账务处理。

3．实训过程

购买业务委托书过程如表 4-8 所示。

表 4-8　购买业务委托书

实训任务	实训岗位	完成情况	实训节点
1．填写收费凭条	出纳	完成□ 未完成□ 出错□	填写收费凭条、盖财务专用章、保存退出、传递
2．审核收费凭条	会计主管	完成□ 未完成□ 出错□	盖法人章、审核、退出、传递
3．传递银行付款	出纳	完成□ 未完成□ 出错□	传递、选择"出售凭证"、确定
4．银行柜员出售操作	银行柜员	完成□ 未完成□ 出错□	登录银行系统（密码是 888888）、选择"出售凭证"、输入学号找到企业、资料审阅、录入信息、出售、出售业务委托书、确定
5．审核原始凭证	会计	完成□ 未完成□ 出错□	审核原始凭证、退出、传递
6．填制记账凭证	会计	完成□ 未完成□ 出错□	填制、保存、退出、传递
7．审核记账凭证	会计主管	完成□ 未完成□ 出错□	审核、传递

（续表）

实训任务	实训岗位	完成情况	实训节点
8．登记日记账	出纳	完成□ 未完成□ 出错□	登记银行存款日记账发生额、结出余额、保存
9．登记相关明细账	会计	完成□ 未完成□ 出错□	登记明细账发生额、结出余额、保存

实训9 2019年11月1日，企业定制工作服

1．业务描述

11月1日，向广州红棉服装有限公司定制工作服110套，通过网上银行转账支付订金。

2．实训目标

掌握预付账款的账务处理。

3．实训过程

网上银行转账支付订金过程如表4-9所示。

表4-9 网上银行转账支付订金

实训任务	实训岗位	完成情况	实训节点
1．审核汇款申请单	出纳	完成□ 未完成□ 出错□	保存退出、传递
2．审核汇款申请单	会计主管	完成□ 未完成□ 出错□	审核、退出、传递
3．传递网上银行付款	出纳	完成□ 未完成□ 出错□	传递
4．网银支付操作	网银操作员	完成□ 未完成□ 出错□	登录企业网银（账号是account，操作员密码是888888）、付款业务、点击"手工录入收款人信息"并根据资料录入支付信息、确定、输入PIN码验证（888888）确定、退出登录
5．审核、批准（驳回）	网银管理员	完成□ 未完成□ 出错□	管理员登录企业网上银行（账号是开户银行账号，密码是123456）、指令查询与处理、输入付款业务日期查询、点击流水号再点击审核、批准、输入PIN码验证（123456）确定

（续表）

实训任务	实训岗位	完成情况	实训节点
6．审核支付证明单、增值税普通发票	会计	完成☐ 未完成☐ 出错☐	原始凭证审核、退出、传递
7．填制记账凭证	会计	完成☐ 未完成☐ 出错☐	填制、保存、退出、传递
8．审核记账凭证	会计主管	完成☐ 未完成☐ 出错☐	审核、传递
9．登记日记账	出纳	完成☐ 未完成☐ 出错☐	登记银行存款日记账发生额、结出余额、保存
10．登记相关明细账	会计	完成☐ 未完成☐ 出错☐	登记明细账发生额、结出余额、保存

4．注意事项

网上银行转账的业务都需要通过网上银行系统进行汇款处理，这样业务回单才会传递至会计填制记账凭证页面作为资料。

实训10　2019年11月1日，提取现金备用

1．业务描述

11月1日，提取现金备用，开具现金支票。

2．实训目标

掌握现金支票填写的方法、提现备用的业务流程及账务处理。总流程如图4-35所示。

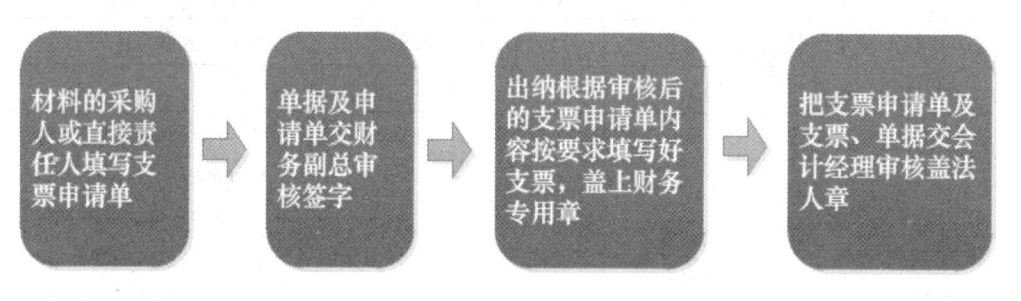

图4-35　开具现金支票提现备用的流程图

3．实训过程

提取现金备用过程如表4-10所示。

表 4-10 提取现金备用

实训任务	实训岗位	完成情况	实训节点
1．填写现金支票	出纳	完成□ 未完成□ 出错□	填写支票（日期要大写，需要在支票正面和背面盖银行预留章的财务专用章，支票背面附加信息填出纳姓名和身份证号）、保存退出、传递
2．审核现金支票（支票申请单不需要审核）	会计主管	完成□ 未完成□ 出错□	在支票上盖银行预留章的企业法人章、审核、退出、传递、确定
3．传递至银行提现	出纳	完成□ 未完成□ 出错□	传递
4．银行柜员	银行柜员	完成□ 未完成□ 出错□	登录银行系统（账号是 account，柜员密码是 888888）、选择"现金取款"、录入取款信息、确定、输入密码（123456）确定
5．填制记账凭证	会计	完成□ 未完成□ 出错□	填制、保存、退出、传递
6．审核记账凭证	会计主管	完成□ 未完成□ 出错□	审核、传递
7．登记日记账	出纳	完成□ 未完成□ 出错□	银行存款日记账登记发生额、结出余额
8．登记三栏明细账	会计	完成□ 未完成□ 出错□	登记发生额额额、结出余额

此业务由 A 同学扮演出纳和银行柜员，B 同学扮演会计，C 同学扮演会计主管。

4．企业到银行提取现金的具体步骤

第一步：填写现金支票。

（1）出纳拿着采购人员的支票申请书及相关资料请财务副总审核签字。财务副总接过申请书及资料进行审核，审核无误在支票申请书上签字确认。

（2）出纳根据支票申请单填写现金支票，在支票存根和支票正面将收款人、日期、金额、用途等信息同时填上，并在支票正面和背面都盖上财务专用章，支票正面日期要大写。

（3）出纳将填写好的现金支票、支票申请单和相关资料传递至会计主管，会计主管先在现金支票正反面盖上法人章，然后审核传递至出纳（支票申请单不用审核）。

（4）出纳沿虚线将支票存根剪下留记账用并将支票传递至银行系统。

第二步：银行柜员登录系统。

银行柜员登录系统后，在工作台中选择"现金取款"，进入办理页面审阅资料并录入取款信息（如资料有误则退还资料，不予办理），输入密码后，提示"取款成功"，将资料传递至会计处理。

第三步：会计根据资料填制记账凭证。

会计填制记账凭证，然后传递至会计主管，会计主管审核无误后传递。出纳根据会计主管审核后的记账凭证登记库存现金日记账及银行存款日记账。

5．注意事项

（1）提现时，支票背面的附加信息栏内须填写出纳的姓名及身份证号码。

（2）支票背面被背书人处要盖企业财务专用章和法人章，并填写出票日期。

（3）在填制支票的时候，盖银行预留章的财务专用章；在审核支票的时候，需要先盖银行预留章的企业法人章，再进行审核。

实训 11　2019 年 11 月 1 日，报销业务招待费

1．业务描述

11 月 1 日，行政部周某某报销业务招待费。

2．实训目的

掌握报销 11 万元以下金额的业务的基本流程。

3．实训过程

报销业务招待费过程如表 4-11 所示。

表 4-11　报销业务招待费

实训任务	实训岗位	完成情况	实训节点
1．审核支付证明单、国家通用机打发票	会计	完成□　未完成□　出错□	审核、退出、传递
2．填制记账凭证	会计	完成□　未完成□　出错□	保存、退出、传递
3．审核记账凭证	会计主管	完成□　未完成□　出错□	审核、传递
4．登记日记账	出纳	完成□　未完成□　出错□	现金日记账登记发生额、结出余额
5．登记相关明细账	会计	完成□　未完成□　出错□	登记发生额、结出余额

4．注意事项

该笔业务以现金报销，支付证明单上需加盖现金付讫章。

实训12 2019年11月1日，报销购买办公用家具费

1．业务描述

11月1日，王某某报销购买办公用家具费。

2．实训目的

掌握报销业务的基本流程和发票认证业务及账务处理。

3．实训过程

报销购买办公家具费过程如表4-12所示。

表4-12 报销购买办公家具费

实训任务	实训岗位	完成情况	实训节点
1．审核汇款申请单	出纳	完成□ 未完成□ 出错□	保存退出、传递
2．审核汇款申请单	会计主管	完成□ 未完成□ 出错□	审核、退出、传递
3．传递网上银行付款	出纳	完成□ 未完成□ 出错□	传递
4．网银支付操作	网银操作员	完成□ 未完成□ 出错□	登录企业网银（账号是account，操作员密码是888888）、付款业务、点击"手工录入收款人信息"并根据资料录入支付信息、确定、输入PIN码验证（888888）确定、退出登录
5．审核、批准（驳回）	网银管理员	完成□ 未完成□ 出错☑	管理员登录企业网上银行（账号是开户银行账号，密码是123456）、指令查询与处理、输入付款业务日期查询、点击流水号再点击审核、批准、输入PIN码验证（123456）确定
6．审核支付证明单、增值税普通发票	会计	完成□ 未完成□ 出错□	原始凭证审核、退出、传递
7．填制记账凭证	会计	完成□ 未完成□ 出错□	填制、保存、退出、传递
8．审核记账凭证	会计主管	完成□ 未完成□ 出错□	审核、传递
9．登记日记账	出纳	完成□ 未完成□ 出错□	登记银行存款日记账发生额、结出余额、保存
10．登记相关明细账	会计	完成□ 未完成□ 出错□	登记明细账发生额、结出余额、保存

4. 注意事项

（1）会计取得增值税专用发票后，要先去电子报税系统完成认证，再根据增值税专用发票等原始凭证填制记账凭证。

（2）网上银行转账的业务都需要通过网上银行系统进行汇款处理，这样业务回单才会传递至会计填制记账凭证页面作为资料。

实训 13　2019 年 11 月 1 日，报销购买生产设备费用

1. 业务描述

11 月 1 日，王某某报销购买生产设备费用。

2. 实训目的

掌握报销业务的基本流程和发票认证业务及账务处理。

3. 实训过程

报销购买生产设备费用过程如表 4-13 所示。

表 4-13　报销购买生产设备费用

实训任务	实训岗位	完成情况	实训节点
1．审核汇款申请单	出纳	完成□　未完成□　出错□	保存退出、传递
2．审核汇款申请单	会计主管	完成□　未完成□　出错□	审核、退出、传递
3．传递网上银行付款	出纳	完成□　未完成□　出错□	传递
4．网银支付操作	网银操作员	完成□　未完成□　出错□	登录企业网银（账号是 account，操作员密码是 888888）、付款业务、点击"手工录入收款人信息"并根据资料录入支付信息、确定、输入 PIN 码验证（888888）确定、退出登录
5．审核、批准（驳回）	网银管理员	完成□　未完成□　出错□	管理员登录企业网上银行（账号是开户银行账号，密码是 123456）、指令查询与处理、输入付款业务日期查询、点击流水号再点击审核、批准、输入 PIN 码验证（123456）确定
6．审核支付证明单、增值税普通发票	会计	完成□　未完成□　出错□	原始凭证审核、退出、传递

（续表）

实训任务	实训岗位	完成情况	实训节点
7. 填制记账凭证	会计	完成□ 未完成□ 出错□	填制、保存、退出、传递
8. 审核记账凭证	会计主管	完成□ 未完成□ 出错□	审核、传递
9. 登记日记账	出纳	完成□ 未完成□ 出错□	登记银行存款日记账发生额、结出余额、保存
10. 登记相关明细账	会计	完成□ 未完成□ 出错□	登记明细账发生额、结出余额、保存

4．注意事项

会计拿到增值税专用发票后，要先去电子报税系统完成认证，再根据增值税专用发票、支付证明单等原始凭证填制记账凭证。

实训 14　2019 年 11 月 2 日，预付采购机芯订金

1．业务描述

11 月 2 日，在国外采购机芯一批，支付订金总金额的 5%，货未收，编制记账凭证。

2．实训目标

了解国外采购货物的原始单据，掌握预付货款的账务处理。

3．实训过程

预付采购机芯订金过程如表 4-14 所示。

表 4-14　预付采购机芯订金

实训任务	实训岗位	完成情况	实训节点
1. 审核银行业务回单、购销合同、发票、境外汇款单	会计	完成□ 未完成□ 出错□	审核、退出、确定、传递
2. 填制记账凭证	会计	完成□ 未完成□ 出错□	填制、保存、退出、传递
3. 审核记账凭证	会计主管	完成□ 未完成□ 出错□	审核、传递
4. 登记日记账	出纳	完成□ 未完成□ 出错□	银行存款日记账登记发生额、结出余额
5. 登记相关明细账	会计	完成□ 未完成□ 出错□	登记发生额额额、结出余额

实训 15 2019 年 11 月 2 日，支付采购表带订金

1．业务描述

11 月 2 日，支付广州市花城表带制造有限公司采购表带订金总额的 5%，货未收，开具转账支票。

2．实训目标

掌握开具转账支票的流程及预付账款的账务处理。

3．实训过程

预付采购表带订金过程如表 4-15 所示。

表 4-15 预付采购表带订金

实训任务	实训岗位	完成情况	实训节点
1．填写转账支票	出纳	完成□ 未完成□ 出错□	填写支票存根和正面（日期要大写，盖银行预留章的财务专用章，左上角划双斜线），保存退出、传递
2．审核转账支票、购销合同、支票申请单（支票申请单不需要审核）	会计主管	完成□ 未完成□ 出错□	在支票上盖银行预留章的企业法人章、审核、退出、传递、确定
3．传递至银行转账	出纳	完成□ 未完成□ 出错□	传递
4．银行柜员	银行柜员	完成□ 未完成□ 出错□	登录银行系统（账号是 account，柜员密码是 888888）、选择"银行转账"、输入学号找到企业点击办理、资料审阅、录入转账信息、确定、输入密码（123456）确定、转账成功
5．会计审核增值税专用发票、材料验通知单	会计	完成□ 未完成□ 出错□	会计审核原始凭证
6．填制记账凭证	会计	完成□ 未完成□ 出错□	填制、保存、退出、传递
7．审核记账凭证	会计主管	完成□ 未完成□ 出错□	审核、传递
8．登记日记账	出纳	完成□ 未完成□ 出错□	登记银行存款日记账发生额、结出余额、保存
9．登记相关明细账	会计	完成□ 未完成□ 出错□	登记发生额、结出余额、保存

4．注意事项

（1）转账支票要在左上角划双斜线，支票背面不用填写和盖章。

（2）出纳在填写转账支票前，把卖方企业的名称、开户银行及账号从购销合同或者支票申请单中记录下来，银行柜员在填写转账信息的时候要用这些信息。

实训 16　2019 年 11 月 2 日，支付采购表壳、表盖订金

1．业务描述

11 月 2 日，支付佛山市朗杰钟表配件制造有限公司采购表壳、表盖订金总金额的 5%，开具转账支票。

2．实训目标

掌握支付采购表壳、表盖订金的流程。

3．实训过程

支付采购表壳、表盖订金过程如表 4-16 所示。

表 4-16　支付采购表壳、表盖订金订金

实训任务	实训岗位	完成情况	实训节点
1．填写转账支票	出纳	完成□ 未完成□ 出错□	填写支票存根和正面（日期要大写，盖银行预留章的财务专用章，左上角划双斜线），保存退出、传递
2．审核转账支票、购销合同、支票申请单（支票申请单不需要审核）	会计主管	完成□ 未完成□ 出错□	在支票上盖银行预留章的企业法人章、审核、退出、传递、确定
3．传递至银行转账	出纳	完成□ 未完成□ 出错□	传递
4．银行柜员	银行柜员	完成□ 未完成□ 出错□	登录银行系统（账号是 account，柜员密码是 888888）、选择"银行转账"、输入学号找到企业点击办理、资料审阅、录入转账信息、确定、输入密码（123456）确定、转账成功
5．会计审核增值税专用发票、材料验通知单	会计	完成□ 未完成□ 出错□	会计审核原始凭证
6．填制记账凭证	会计	完成□ 未完成□ 出错□	填制、保存、退出、传递

（续表）

实训任务	实训岗位	完成情况	实训节点
7．审核记账凭证	会计主管	完成□ 未完成□ 出错□	审核、传递
8．登记日记账	出纳	完成□ 未完成□ 出错□	银行存款日记账登记发生额、结出余额
9．登记相关明细账	会计	完成□ 未完成□ 出错□	登记发生额、结出余额

实训 17　2019 年 11 月 2 日，支付钛合板运输费

1．业务描述

11 月 2 日，销售采购部陈某某报销支付给广州市友邦物流有限公司钛合板的运输费。

2．实训目标

掌握支付运输费用的账务处理以及电子申报增值税专用发票录入的流程。

3．实训过程

支付钛合板运费过程如表 4-17 所示。

表 4-17　支付钛合板运费

实训任务	实训岗位	完成情况	实训节点
1．审核支票证明单、增值税专用发票	会计	完成□ 未完成□ 出错□	审核、退出、确定、传递
2．电子申报管理系统	会计	完成□ 未完成□ 出错□	发票认证
3．填制记账凭证	会计	完成□ 未完成□ 出错□	填制、保存、退出
4．审核记账凭证	会计主管	完成□ 未完成□ 出错□	审核
5．登记日记账	出纳	完成□ 未完成□ 出错□	银行存款日记账登记发生额、结出余额
6．登记相关明细账	会计	完成□ 未完成□ 出错□	登记发生额、结出余额

4．注意事项

运输费涉及材料未入库，用"在途物资"账户核算。

实训 18　2019 年 11 月 2 日，采购钛合板

1．业务描述

11 月 2 日，向佛山市龙腾金属有限公司采购钛合板，材料入库，通过网上银行转账支付。

2．实训目标

掌握购买材料入库后材料价格计算表、材料验收通知单的填写方法以及账务处理。

3．实训过程

采购钛合板过程如表 4-18 所示。

表 4-18 采购钛合板

实训任务	实训岗位	完成情况	实训节点
1．审核汇款申请单	出纳	完成□ 未完成□ 出错□	保存退出、传递
2．审核汇款申请单	会计主管	完成□ 未完成□ 出错□	审核、退出、传递
3．传递网上银行付款	出纳	完成□ 未完成□ 出错□	传递
4．网银支付操作	网银操作员	完成□ 未完成□ 出错□	登录企业网银（账号是公司银行账号，操作员密码是888888）、付款业务、点击"手工录入收款人信息"并根据资料录入支付信息、确定、输入 PIN 码验证（888888），确定、退出登录
5．审核、批准（驳回）	网银管理员	完成□ 未完成□ 出错□	管理员登录企业网上银行（账号是开户银行账号，密码是123456）、指令查询与处理、输入付款业务日期查询、点击流水号再点击审核、批准、输入 PIN 码验证（123456）确定
6．计算填写入库材料价格计算表、材料验收通知单	会计	完成□ 未完成□ 出错□	会计原始凭证填制、保持退出、传递
7．审核增值税专用发票、材料入库价格计算表、材料验收通知单	会计主管	完成□ 未完成□ 出错□	原始凭证审核、退出、传递
8．填制记账凭证	会计	完成□ 未完成□ 出错□	填制、保存、退出、传递
9．审核记账凭证	会计主管	完成□ 未完成□ 出错□	审核、传递
10．登记日记账	出纳	完成□ 未完成□ 出错□	登记银行存款日记账发生额、结出余额、保存
11．登记相关明细账	会计	完成□ 未完成□ 出错□	登记明细账发生额、结出余额、保存

4. 注意事项

（1）会计原始凭证填制有两张凭证需要计算填写："材料验收通知单"金额不需要合计，但金额前要用"￥"符号封口，财务处签"陈某"名字；"材料入库价格计算表"根据增值税专用发票采购价格和之前已支付运费 200 元（即实训 17）计算入库材料成本和单价，并且用"在途物资"科目来核算已缴纳的运费。

（2）会计取得增值税专用发票后，要先去电子报税系统完成认证，再根据增值税专用发票等原始凭证填制记账凭证。

（3）网上银行转账的业务都需要通过网上银行系统进行汇款处理，这样业务回单才会传递至会计填制记账凭证页面作为资料。

实训 19　2019 年 11 月 2 日，采购黄金

1. 业务描述

11 月 2 日，向广东省贵金属交易有限公司采购黄金，并以转账支票支付，材料已验收入库，开具转账支票。

2. 实训目标

了解采购业务单据，掌握购买货物并入库的账务处理。

3. 实训过程

采购黄金过程如表 4-19 所示。

表 4-19　采购黄金

实训任务	实训岗位	完成情况	实训节点
1. 填写转账支票	出纳	完成□　未完成□　出错□	填写支票存根和正面（日期要大写，盖银行预留章的财务专用章，左上角划双斜线），保存退出、传递
2. 审核转账支票、购销合同、支票申请单（支票申请单不需要审核）	会计主管	完成□　未完成□　出错□	在支票上盖银行预留章的企业法人章、审核、退出、传递、确定
3. 传递至银行转账	出纳	完成□　未完成□　出错□	传递
4. 银行柜员录入转账操作	银行柜员	完成□　未完成□　出错□	登录银行系统（账号是 account，柜员密码是 888888）、选择"银行转账"、输入学号找到企业点击办理、资料审阅、录入转账信息、确定、输入密码（123456）确定、转账成功

(续表)

实训任务	实训岗位	完成情况	实训节点
5．会计审核增值税专用发票、材料验通知单	会计	完成□ 未完成□ 出错□	会计审核原始凭证
6．填制记账凭证	会计	完成□ 未完成□ 出错□	填制、保存、退出、传递
7．审核记账凭证	会计主管	完成□ 未完成□ 出错□	审核、传递
8．登记日记账	出纳	完成□ 未完成□ 出错□	银行存款日记账登记发生额、结出余额
9．登记相关明细账	会计	完成□ 未完成□ 出错□	登记发生额、结出余额

实训20 2019年11月2日，采购钻石

业务描述

11月2日，向广州市宝丽珠宝有限公司采购钻石，以转账支票支付，并已验收入库，开具转账支票。

2．实训目标

了解采购业务单据，掌握购买货物并入库的账务处理。

3．实训过程

采购钻石过程如表4-20所示。

表4-20 采购钻石

实训任务	实训岗位	完成情况	实训节点
1．填写转账支票	出纳	完成□ 未完成□ 出错□	填写支票存根和正面（日期要大写，盖银行预留章的财务专用章，左上角划双斜线），保存退出、传递
2．审核转账支票、购销合同、支票申请单（支票申请单不需要审核）	会计主管	完成□ 未完成□ 出错□	在支票上盖银行预留章的企业法人章、审核、退出、传递、确定
3．传递至银行转账	出纳	完成□ 未完成□ 出错□	传递
4．银行柜员	银行柜员	完成□ 未完成□ 出错□	登录银行系统（账号是account，柜员密码是888888）、选择"银行转账"、输入学号找到企业点击办理、资料审阅、录入转账信息、确定、输入密码（123456）确定、转账成功

（续表）

实训任务	实训岗位	完成情况	实训节点
5．会计审核增值税专用发票、材料验通知单	会计	完成□ 未完成□ 出错□	会计审核原始凭证
6．填制记账凭证	会计	完成□ 未完成□ 出错□	填制、保存、退出、传递
7．审核记账凭证	会计主管	完成□ 未完成□ 出错□	审核、传递
8．登记日记账	出纳	完成□ 未完成□ 出错□	银行存款日记账登记发生额、结出余额
9．登记相关明细账	会计	完成□ 未完成□ 出错□	登记发生额、结出余额

实训 21　2019 年 11 月 2 日，报销采购茶具费用

1．业务描述

11 月 2 日，销售采购部陈某某报销购买总经理办公室用茶具费用，编制记账凭证。

2．实训目标

掌握报销 11 万元以下金额的业务的基本流程。

3．实训过程

报销招待费过程如表 4-21 所示。

表 4-21　报销招待费

实训任务	实训岗位	完成情况	实训节点
1．审核汇款申请单	出纳	完成□ 未完成□ 出错□	填制、保存、退出、传递
2．审核汇款申请单	会计主管	完成□ 未完成□ 出错□	审核、传递、确定
3．传递网上银行付款	出纳	完成□ 未完成□ 出错□	登录网银（账号是 account，核算员密码是 888888）
4．网银支付操作	网银操作员	完成□ 未完成□ 出错□	网上银行、付款业务、资料查看（手工录入收款人信息）、确定
5．审核	网银管理员	完成□ 未完成□ 出错□	管理员登录网上银行登录（密码是 123456）
6．审核支付证明单、国家通用机打发票	会计	完成□ 未完成□ 出错□	退出、传递
7．填制记账凭证	会计	完成□ 未完成□ 出错□	保存、退出、传递
8．审核记账凭证	会计主管	完成□ 未完成□ 出错□	审核

(续表)

实训任务	实训岗位	完成情况	实训节点
9.登记日记账	出纳	完成□ 未完成□ 出错□	银行存款日记账登记发生额、结出余额
10.选择登记三栏明细账	会计	完成□ 未完成□ 出错□	登记发生额、结出余额、保存

注意：该笔业务以现金报销，支付证明单上需加盖现金付讫章。

实训22 2019年11月2日，订购水

1．业务描述

11月2日，向广州市景甜饮料有限公司订购饮水，通过网上银行转账支付。

2．实训目标

掌握报销采购业务的基本流程。

3．实训过程

订购水的过程如表4-22所示。

表4-22 订购水

实训任务	实训岗位	完成情况	实训节点
1.审核汇款申请单	出纳	完成□ 未完成□ 出错□	保存退出、传递
2.审核汇款申请单	会计主管	完成□ 未完成□ 出错□	审核、退出、传递
3.传递网上银行付款	出纳	完成□ 未完成□ 出错□	传递
4.网银支付操作	网银操作员	完成□ 未完成□ 出错□	登录企业网银(账号是account，操作员密码是888888)、付款业务、点击"手工录入收款人信息"并根据资料录入支付信息、确定、输入PIN码验证（888888）确定、退出登录
5.审核、批准（驳回）	网银管理员	完成□ 未完成□ 出错□	管理员登录企业网上银行（账号是开户银行账号，密码是123456）、指令查询与处理、输入付款业务日期查询、点击流水号再点击审核、批准、输入PIN码验证（123456）确定
6.审核饮用水领用明细表、增值税专用发票	会计	完成□ 未完成□ 出错□	原始凭证审核、退出、传递

（续表）

实训任务	实训岗位	完成情况	实训节点
7．填制记账凭证	会计	完成□ 未完成□ 出错□	填制、保存、退出、传递
8．审核记账凭证	会计主管	完成□ 未完成□ 出错□	审核、传递
9．登记日记账	出纳	完成□ 未完成□ 出错□	登记银行存款日记账发生额、结出余额、保存
10．登记相关明细账	会计	完成□ 未完成□ 出错□	登记明细账发生额、结出余额、保存

4．注意事项

（1）该业务要根据饮用水领用明细表分配费用。

（2）会计取得增值税专用发票后，要先去电子报税系统完成认证，再根据增值税专用发票等原始凭证填制记账凭证。

（3）网上银行转账的业务都需要通过网上银行系统进行汇款处理，这样业务回单才会传递至会计填制记账凭证页面作为资料。

实训23　2019年11月2日，借支购买办公用品费用

1．业务描述

11月2日，销售采购部陈某某借支购买电子天平、打印纸、传真纸、笔记本、笔、茶叶等，编制记账凭证。

2．实训目标

掌握借支购买物品的基本流程及账务处理。

3．实训过程

借支购买办公用品费用过程如表4-23所示。

表4-23　借支购买办公用品费用

实训任务	实训岗位	完成情况	实训节点
1．审核借支单	会计	完成□ 未完成□ 出错□	审核、退出、传递、确定
2．填制记账凭证	会计	完成□ 未完成□ 出错□	填制、保存、退出
3．审核记账凭证	会计主管	完成□ 未完成□ 出错□	审核、传递
4．登记日记账	出纳	完成□ 未完成□ 出错□	登记现金日记账发生额、结出余额、保存
5．登记相关明细账	会计	完成□ 未完成□ 出错□	登记发生额、结出余额、保存

实训 24　2019 年 11 月 2 日，收到电信局安装电话、检测费单据

1．业务描述

11 月 2 日，收到电信局安装电话、检测费单据。

2．实训目标

掌握日常扣费业务的账务处理。

3．实训过程

收到电信局报装电话、检测费单据过程如表 4-24 所示。

表 4-24　收到电信局报装电话、检测费单据

实训任务	实训岗位	完成情况	实训节点
1．审核支付证明单、增值税普通发票	会计	完成□　未完成□　出错□	审核、退出、传递、确定
2．填制记账凭证	会计	完成□　未完成□　出错□	填制、保存退出、传递
3．审核记账凭证	会计主管	完成□　未完成□　出错□	审核、传递
4．登记日记账	出纳	完成□　未完成□　出错□	登记现金日记账发生额、结出余额、保存
5．登记相关明细账	会计	完成□　未完成□　出错□	登记发生额、结出余额、保存

实训 25　2019 年 11 月 2 日，采购氧化铝粉

1．业务描述

11 月 2 日，销售采购部郭某报销采购氧化铝粉费用，以现金支付，材料已验收入库，填写材料验收入库单。

2．实训目标

掌握现金报销业务的账务处理流程。

3．实训过程

报销采购氧化铝粉费用过程如表 4-25 所示。

表 4-25　报销采购氧化铝粉费用

实训任务	实训岗位	完成情况	实训节点
1．审核支付证明单、增值税专用发票、材料验收入库单	会计	完成□　未完成□　出错□	审核、退出、传递、确定

(续表)

实训任务	实训岗位	完成情况	实训节点
2．填制记账凭证	会计	完成□ 未完成□ 出错□	填制、保存退出、传递
3．审核记账凭证	会计主管	完成□ 未完成□ 出错□	审核、传递
4．登记日记账	出纳	完成□ 未完成□ 出错□	登记现金日记账发生额、结出余额、保存
5．登记相关明细账	会计	完成□ 未完成□ 出错□	登记发生额、结出余额、保存

实训26 2019年11月2日，报销购买办公用品费用

1．业务描述

11月2日，销售采购部陈某某报销购买办公用品费用，已借支，开具收据（关联业务23笔，该业务用其他应收款核算）。

2．实训目标

掌握借支人报销业务（收回节余款）的账务处理。

3．实训过程

报销购买办公用品费用过程如表4-26所示。

表4-26 报销购买办公用品费用

实训任务	实训岗位	完成情况	实训节点
1．填写退回多余现金收款收据收款收据	出纳	完成□ 未完成□ 出错□	盖现金收讫章、盖企业财务专用章、审核、退出、传递、确定
2．审核退回多余现金收款收据	会计主管	完成□ 未完成□ 出错□	审核、传递
3．登录电子申报管理系统进行发票认证	会计	完成□ 未完成□ 出错□	发票认证
4．审核办公用品领用明细表	会计	完成□ 未完成□ 出错□	审核、退出、传递
5．填制记账凭证	会计	完成□ 未完成□ 出错□	填制、保存、传递
6．审核记账凭证	会计主管	完成□ 未完成□ 出错□	审核、传递
7．登记日记账	出纳	完成□ 未完成□ 出错□	登记现金日记账发生额、结出余额、保存
8．登记相关明细账	会计	完成□ 未完成□ 出错□	登记发生额、结出余额、保存

4．注意事项

（1）该业务与实训23是关联业务。

(2) 该业务用其他应收款核算。

(3) 会计拿到增值税专用发票后,先去电子报税系统完成认证,再根据增值税专用发票等原始凭证填制记账凭证。

实训 27　2019 年 11 月 2 日,借支培训费

1．业务描述

11 月 2 日,财务部会计陈某借支支付税控机使用培训费,以现金支付。

2．实训目标

掌握借支培训费的基本流程及账务处理。

3．实训过程

借支培训费的过程同实训 23。

实训 28　2019 年 11 月 2 日,购买税控设备

1．业务描述

11 月 2 日,购买税控设备,以网上银行转账。

2．实训目标

掌握网银转账支付购买物品的账务处理。

3．实训过程

购买税控设备的过程同实训 5。

4．注意事项

网上银行转账的业务都需要通过网上银行系统进行汇款处理,这样业务回单才会传递至会计填制记账凭证页面作为资料。

实训 29　2019 年 11 月 3 日,报销培训费并拿税控盘去税务局录入企业资料

1．业务描述

11 月 3 日,财务部会计陈某报销税控设备使用培训费。

2．实训目标

掌握培训费报销业务流程、发放税控盘的流程。

3．实训过程

报销培训费并拿税控盘去税务局录入企业资料的过程同实训 25。

实训 30　2019 年 11 月 3 日，借支举办开业典礼

1．业务描述

11 月 3 日，行政部周某某借支举办开业典礼，网上银行转账。

2．实训目标

掌握通过网银支付借支的基本流程及账务处理。

3．实训过程

通过网银支付借支的过程同实训 23。

4．注意事项

网上银行转账的业务都需要通过网上银行系统进行汇款处理，这样业务回单才会传递至会计填制记账凭证页面作为资料。

实训 31　2019 年 11 月 3 日，提现备用

1．业务描述

11 月 3 日，提现备用，开具现金支票。

2．实训目标

掌握开具现金支票提现备用的流程及账务处理。

3．实训过程

提现备用的过程同实训 10。

实训 32　2019 年 11 月 3 日，报销制作形象牌费用

1．业务描述

11 月 3 日，行政部周某某报销制作形象牌费用。

2．实训目标

掌握报销业务的基本流程、网银汇款业务处理和账务处理。

3．实训过程

报销制作形象牌费用的过程同实训 2。

4. 注意事项

会计拿到增值税专用发票后,要先去电子报税系统完成认证,再根据增值税专用发票等原始凭证填制记账凭证。

实训33 2019年11月4日,报销开业庆典酒宴费

1. 业务描述

11月4日,行政部周某某报销开业庆典酒宴费用,部分已借支,超出借支部分用网上银行转账。

2. 实训目标

掌握报销业务(部分已借支,超出借支部分用网上银行转账)的账务处理。

3. 实训过程

报销开业庆典酒宴费的过程同实训26。

4. 注意事项

(1)该业务与实训30是关联业务。

(2)超出借支部分用银行存款核算。

(3)网上银行转账的业务需要通过网上银行系统进行汇款处理,这样业务回单才会传递至会计填制记账凭证页面作为资料;出纳需要填写银行存款日记账。

实训34 2019年11月4日,收到礼金

1. 业务描述

11月4日,开业庆典收到礼金。

2. 实训目标

掌握收到礼金的账务处理。

3. 实训过程

收到礼金处理的过程如表4-27所示。

表4-27 收到礼金

实训任务	实训岗位	完成情况	实训节点
1. 审核开业典礼收到礼金清单	会计	完成□ 未完成□ 出错□	审核、退出、传递、确定

(续表)

实训任务	实训岗位	完成情况	实训节点
2．填制记账凭证	会计	完成□ 未完成□ 出错□	填制、保存退出、传递
3．审核记账凭证	会计主管	完成□ 未完成□ 出错□	审核、传递
4．登记日记账	出纳	完成□ 未完成□ 出错□	登记现金日记账发生额、结出余额、保存
5．登记相关明细账	会计	完成□ 未完成□ 出错□	登记发生额、结出余额、保存

实训35 2019年11月4日，将收到礼金送存银行

1．业务描述

11月4日，将收到礼金送存银行，填制现金存款凭条。

2．实训目标

掌握将现金送存银行的流程及账务处理。

3．实训过程

将礼金送存银行的处理过程如表4-28所示。

表4-28 礼金送存银行

实训任务	实训岗位	完成情况	实训节点
1．填制现金存款凭条（传递第二联）	出纳	完成□ 未完成□ 出错□	填制、退出、传递、确定
2．审核礼金清点明细表、现金存款凭条	会计主管	完成□ 未完成□ 出错□	审核、传递
3．传递至银行存款	出纳	完成□ 未完成□ 出错□	传递
4．银行柜员现金存款操作	银行柜员	完成□ 未完成□ 出错□	登录银行系统（账号是account，柜员密码是888888）、选择"现金存款"、输入学号找到企业点击办理、资料审阅、录入存款信息、确定、存款成功
5．填制记账凭证	会计	完成□ 未完成□ 出错□	填制、保存退出、传递
6．审核记账凭证	会计主管	完成□ 未完成□ 出错□	审核、传递
7．登记日记账	出纳	完成□ 未完成□ 出错□	日记账登记发生额、结出余额、保存
8．登记相关明细账	会计	完成□ 未完成□ 出错□	登记发生额、结出余额、保存

实训 36 2019 年 11 月 4 日，工作服入库并支付剩余货款

1．业务描述

11 月 4 日，工作服入库，以转账支票向广州红棉服装有限公司支付余款及增值税，开具转账支票。

2．实训目标

掌握材料入库并支付余款的账务处理。

3．实训过程

工作服入库并支付余款的处理过程如表 4-29 所示。

表 4-29 工作服入库并支付余款

实训任务	实训岗位	完成情况	实训节点
1．填写转账支票	出纳	完成□ 未完成□ 出错□	填写支票存根和正面（日期要大写，盖银行预留章的财务专用章，左上角划双斜线），保存退出、传递
2．审核转账支票、支票申请单（支票申请单不需要审核）	会计主管	完成□ 未完成□ 出错□	在支票上盖银行预留章的企业法人章、审核、退出、传递、确定
3．传递至银行转账	出纳	完成□ 未完成□ 出错□	传递
4．银行柜员	银行柜员	完成□ 未完成□ 出错□	登录银行系统（账号是 account，柜员密码是 888888）、选择"银行转账"、输入学号找到企业点击办理、资料审阅、录入转账信息、确定、输入密码（123456）确定、转账成功
5．会计审核增值税专用发票、材料验通知单	会计	完成□ 未完成□ 出错□	会计审核原始凭证
6．填制记账凭证	会计	完成□ 未完成□ 出错□	填制、保存退出、传递
7．审核记账凭证	会计主管	完成□ 未完成□ 出错□	审核、传递
8．登记日记账	出纳	完成□ 未完成□ 出错□	银行存款日记账登记发生额、结出余额、保存
9．登记相关明细账	会计	完成□ 未完成□ 出错□	登记发生额、结出余额、保存

3．注意事项

（1）该企业定制的工作服用周转材料科目核算。

（2）会计拿到增值税专用发票后，要先去电子报税系统完成认证，再根据增值税专用发票等原始凭证填制记账凭证；出纳需要填写银行存款日记账。

实训 37　2019 年 11 月 4 日，电镀车间领用工作服

1．业务描述

11 月 4 日，电镀车间领用工作服。

2．实训目标

掌握车间领用周转材料的账务处理。

3．实训过程

领用工作服的处理过程如表 4-30 所示。

表 4-30　领用工作服

实训任务	实训岗位	完成情况	实训节点
1．审核材料领料单、周转材料在库（在用）明细表	会计	完成□　未完成□　出错□	审核、退出、传递、确定
2．填制记账凭证	会计	完成□　未完成□　出错□	填制、保存退出、传递
3．审核记账凭证	会计主管	完成□　未完成□　出错□	审核、传递
4．登记明细账	会计	完成□　未完成□　出错□	登记明细账发生额、结出余额、保存

实训 38　2019 年 11 月 4 日，电镀车间领用氧化铝合粉

业务描述

11 月 4 日，电镀车间领用氧化铝合粉（该业务暂不做账，期末一次核算）。

实训 39　2019 年 11 月 4 日，电镀车间领用钛合板

业务描述

11 月 4 日，电镀车间领用钛合板（该业务暂不做账，期末一次核算）。

实训 40 2019 年 11 月 4 日，借支差旅费

1．业务描述

11 月 4 日，经办人王某某借支差旅费去北京参加钟表论坛。

2．实训目标

掌握借支差旅费的基本流程和账务处理。

3．实训过程

借支差旅费的处理过程同实训 23。

实训 41 2019 年 11 月 5 日，生产部加工车间领用工作服

1．业务描述

11 月 5 日，生产部加工车间领用工作服。

2．实训目标

掌握车间领用周转材料的账务处理。

3．实训过程

生产部加工车间领用工作服的处理过程同实训 37。

实训 42 2019 年 11 月 5 日，借支购买组装工具费用

1．业务描述

11 月 5 日，销售采购部郭某借支购买组装工具费用。

2．实训目标

掌握通过网银支付借支购买物品的基本流程及账务处理。

3．实训过程

借支购买组装工具费用的处理过程同实训 23。

4．注意事项

网上银行转账的业务都需要通过网上银行系统进行汇款处理，这样业务回单才会传递至会计填制记账凭证页面作为资料。

实训 43 2019 年 11 月 5 日，订购包装盒

1．业务描述

11 月 5 日，向广州市新美包装盒批发有限公司订购包装盒并以转账支票支付订金。

2．实训目标

掌握开具转账支票的流程及预付账款的账务处理。

3．实训过程

订购包装盒的处理过程同实训 15。

实训 44 2019 年 11 月 5 日，报销购买考勤机费用

1．业务描述

11 月 5 日，销售采购部郭某报销购买考勤机费用。

2．实训目的

掌握报销 11 万元以下金额的业务的基本流程并以现金支付。

3．实训过程

报销购买考勤机费用的处理过程同实训 11。

实训 45 2019 年 11 月 6 日，机芯入库，支付剩余款项

1．业务描述

11 月 6 日，11 月 2 日购入机芯入库，办理境外汇款支付瑞士德隆集团剩余货款，计算入库价格并填制材料验收入库通知单。

2．实训目标

掌握周转材料入库并支付余款的账务处理。

3．实训过程

购入机芯入库，办理境外汇款支付剩余货款的处理过程如表 4-31 所示。

表 4-31 购入机芯入库，办理境外汇款支付剩余货款

实训任务	实训岗位	完成情况	实训节点
1．审核汇款申请单	出纳	完成□ 未完成□ 出错□	保存退出、传递

(续表)

实训任务	实训岗位	完成情况	实训节点
2. 审核汇款申请单	会计主管	完成□ 未完成□ 出错□	审核、退出、传递
3. 传递网上银行付款	出纳	完成□ 未完成□ 出错□	传递
4. 网银支付操作	网银操作员	完成□ 未完成□ 出错□	登录企业网银（账号是 account，操作员密码是 888888）、付款业务、点击"手工录入收款人信息"并根据资料录入支付信息、确定、输入 PIN 码验证（888888）确定、退出登录
5. 审核、批准（驳回）	网银管理员	完成□ 未完成□ 出错□	管理员登录企业网上银行（账号是开户银行账号，密码是 123456）、指令查询与处理、输入付款业务日期查询、点击流水号再点击审核、批准、输入 PIN 码验证（123456）确定
6.计算填写材料入库价格计算表、材料验收通知单（传递第二联）	会计	完成□ 未完成□ 出错□	会计原始凭证填制
7. 审核材料入库价格计算表、材料验收通知单、海关进口关税缴款书、海关进口增值税专用缴款书、银行业务回单、境外汇款申请书	会计主管	完成□ 未完成□ 出错□	原始凭证审核、退出、传递
8. 填制记账凭证	会计	完成□ 未完成□ 出错□	填制、保存、退出、传递
9. 审核记账凭证	会计主管	完成□ 未完成□ 出错□	审核、传递
10. 登记日记账	出纳	完成□ 未完成☑ 出错□	登记银行存款日记账发生额、结出余额、保存
11. 登记相关明细账	会计	完成□ 未完成□ 出错□	登记明细账发生额、结出余额、保存

4．注意事项

（1）出纳拿到汇款申请单需要先去网银系统进行汇款支付。

（2）该业务与实训 14 是关联业务，核算的是原材料。

（3）会计拿到《海关进口增值税专用缴款书》《海关关税专用缴款书》后，要先去电子报税系统进行录入（录入前需要设置一下口岸信息，口岸名称为：广州口岸，口岸编码：123），再根据《海关进口增值税专用缴款书》《海关关税专用缴款书》等原始凭证先填写库材料价格计算表、材料验收通知单。材料入库通知单金额前要用"¥"封口，要选择传递联次为"第二联"。

实训46 2019年11月6日，报销购买组装工具费用

1．业务描述

11月6日，销售采购部郭某报销11月5日借支购买组装工具费用，填写材料验收入库单。

2．实训目标

掌握借支人报销业务（支付超支款）的账务处理。

3．实训过程

报销借支购买组装工具费用的处理过程如表4-32所示。

表4-32 报销借支购买组装工具费用

实训任务	实训岗位	完成情况	实训节点
1．审核支付证明单、借支单复印件、增值税专用发票、周转材料验收通知单	会计	完成□ 未完成□ 出错□	审核、退出、传递、确定
2．填制记账凭证	会计	完成□ 未完成□ 出错□	填制、保存、退出
3．审核记账凭证	会计主管	完成□ 未完成□ 出错□	审核、传递
4．登记日记账	出纳	完成□ 未完成□ 出错□	登记现金日记账发生额、结出余额、保存
5．登记三栏明细账	会计	完成□ 未完成□ 出错□	登记发生额、结出余额、保存

4．注意事项

该业务与实训42是关联业务。

实训47 2019年11月7日，电镀车间移交半成品给加工车间

业务描述

11月7日，电镀车间移交半成品给加工车间（该业务暂不做账，期末一次核算）。

实训 48　2019 年 11 月 7 日，加工车间领用黄金

业务描述

11 月 7 日，加工车间领用黄金（该业务暂不做账，期末一次核算）。

实训 49　2019 年 11 月 7 日，加工车间领用钻石

业务描述

11 月 7 日，加工车间领用钻石（该业务暂不做账，期末一次核算）。

实训 50　2019 年 11 月 7 日，表壳、表盖入库，支付剩余款项

1．业务描述

11 月 7 日，11 月 2 日购买的表壳、表盖入库，开出转账支票支付剩余款。

2．实训目标

掌握周转材料入库并支付余款的账务处理。

3．实训过程

表壳、表盖入库，支付剩余款项的处理过程同实训 36。

4．注意事项

（1）该业务与实训 16 是关联业务，核算的是原材料，且用转账支票支付余款，转账支票要划线。

（2）会计拿到增值税专用发票后，要先去电子报税系统完成认证，再根据增值税专用发票等原始凭证填制记账凭证。

实训 51　2019 年 11 月 7 日，表带入库，货款未付

1．业务描述

11 月 7 日，11 月 2 日购买的表带入库，剩余货款尚未支付。

2．实训目标

掌握周转材料入库并支付余款的账务处理。

3．实训过程

购入表带入库，剩余货款尚未支付的处理过程如表 4-33 所示。

表 4-33　购入表带入库，剩余货款尚未支付

实训任务	实训岗位	完成情况	实训节点
1．审核材料验收通知单、增值税专用发票	会计	完成□　未完成□　出错□	审核、退出、传递、确定
2．填制记账凭证	会计	完成□　未完成□　出错□	填制、保存、退出
3．审核记账凭证	会计主管	完成□　未完成□　出错□	审核、传递
4．登记相关明细账	会计	完成□　未完成□　出错□	登记发生额、结出余额、保存

4．注意事项

该业务与实训 15 是关联业务，核算的是原材料，且余款未付。

实训 52　2019 年 11 月 7 日，报销购买咖啡费用

1．业务描述

11 月 7 日，行政部周某某报销因接待需要购买咖啡的费用。

2．实训目的

掌握报销 11 万元以下金额的业务的基本流程并以现金支付。

3．实训过程

报销购买咖啡费用的处理过程同实训 11。

实训 53　2019 年 11 月 7 日，报销差旅费

1．业务描述

11 月 7 日，经办人王某某北京参加钟表论坛归来报销差旅费。

2．实训目标

掌握报销差旅费的基本流程和账务处理。

3．实训过程

报销差旅费的处理过程同实训 2。

4．注意事项

该业务与实训 40 为关联业务。

实训 54 2019 年 11 月 8 日，生产部组装车间领用工作服

1. 业务描述

11 月 8 日，生产部组装车间领用工作服。

2. 实训目标

掌握车间领用周转材料的账务处理。

3. 实训过程

生产部组装车间领用工作服的处理过程同实训 37。

实训 55 2019 年 11 月 8 日，购买的包装盒入库

1. 业务描述

11 月 8 日，11 月 5 日购买的包装盒入库，并开出转账支票支付剩余货款。

2. 实训目标

掌握周转材料入库并支付余款的账务处理。

3. **实训过程**

购买的包装盒入库的处理过程同实训 36。

实训 56 2019 年 11 月 8 日，支付聘请律师顾问费用

1. 业务描述

11 月 8 日，通过网上银行转账支付聘请律师顾问费用。

2. 实训目标

掌握以网上银行付款支付费用的账务处理。

3. 实训过程

支付聘请律师顾问费用的处理过程同实训 5。

4. 注意事项

（1）会计拿到增值税专用发票后，要先去电子报税系统完成认证，再根据增值税专用发票等原始凭证填制记账凭证。

（2）网上银行转账的业务都需要通过网上银行系统进行汇款处理，这样业务回单才会传递至会计填制记账凭证页面作为资料。

实训 57 2019 年 11 月 8 日，借支差旅费

1．业务描述

11 月 8 日，销售采购部陈某某因产品销售业务需要出差上海借支差旅费。

2．实训目标

掌握差旅费借支的账务处理流程。

3．实训过程

借支差旅费的处理过程同实训 40。

实训 58 2019 年 11 月 9 日，电镀车间移交半成品给加工车间

业务描述

11 月 9 日，电镀车间移交 3.0 表盘半成品给加工车间（该业务暂不做账，期末一次核算）。

实训 59 2019 年 11 月 9 日，加工车间自制半成品入库

业务描述

11 月 9 日，加工车间自制半成品华美 2.5 表盘入库（该业务暂不做账，期末一次核算）。

实训 60 2019 年 11 月 9 日，加工车间领用黄金

业务描述

11 月 9 日，加工车间领用黄金（该业务暂不做账，期末一次核算）。

实训 61 2019 年 11 月 9 日，加工车间领用钻石

业务描述

11 月 9 日，加工车间领用钻石（该业务暂不做账，期末一次核算）。

实训 62 2019 年 11 月 9 日，生产部组装车间领用机芯

业务描述

11 月 9 日，生产部组装车间领用德龙 2.5 机芯（该业务暂不做账，期末一次核算）。

实训 63　2019 年 11 月 9 日，生产部组装车间领用表壳、表盖

业务描述

11 月 9 日，生产部组装车间领用华美 2.5 表壳、2.5 表盖（该业务暂不做账，期末一次核算）。

实训 64　2019 年 11 月 9 日，生产部组装车间领用组装工具

业务描述

11 月 9 日，生产部组装车间领用组装工具 15 套。

实训 65　2019 年 11 月 9 日，生产部组装车间领用表带

业务描述

11 月 9 日，生产部组装车间领用 1.8 真皮表带及 1.8 金属表带各 150 个（该业务暂不做账，期末一次核算）。

实训 66　2019 年 11 月 9 日，生产部组装车间领用华美 2.5 表盘

业务描述

11 月 9 日，生产部组装车间领用华美 2.5 表盘（该业务暂不做账，期末一次核算）。

实训 67　2019 年 11 月 11 日，生产部技术科预定下一年度杂志

1．业务描述

11 月 11 日，生产设计部曾某某预定下一年度钟表杂志。

2．实训目标

掌握相关部门支付费用的账务处理。

3．实训过程

生产部技术科预定杂志的处理过程如表 4-34 所示。

表 4-34　生产部技术科预定杂志

实训任务	实训岗位	完成情况	实训节点
1．审核支付证明单、增值税普通发票	会计	完成□　未完成□　出错□	审核、退出、传递、确定

(续表)

实训任务	实训岗位	完成情况	实训节点
2. 填制记账凭证	会计	完成□ 未完成□ 出错□	填制、保存退出、传递
3. 审核记账凭证	会计主管	完成□ 未完成□ 出错□	审核、传递
4. 登记日记账	出纳	完成□ 未完成□ 出错□	登记现金日记账发生额、结出余额、保存
5. 登记相关明细账	会计	完成□ 未完成□ 出错□	登记发生额、结出余额、保存

实训 68　2019 年 11 月 11 日，生产部组装车间领用包装盒

业务描述

11 月 11 日，生产部组装车间领用包装盒（该业务暂不做账，期末一次核算）。

实训 69　2019 年 11 月 11 日，财务部报销购买装订机费用

业务描述

11 月 11 日，销售采购部陈某某报销替财务部门购入的装订机费用。

2．实训目的

掌握报销业务的基本流程并以现金支付。

3．实训过程

财务部报销购买装订机费用的处理过程同实训 11。

实训 70　2019 年 11 月 11 日，电镀车间移交半成品给加工车间

业务描述

11 月 11 日，电镀车间移交 3.5 表盘半成品给加工车间（该业务暂不做账，期末一次核算）。

实训 71　2019 年 11 月 11 日，支付培训费

1．业务描述

11 月 11 日，请中山大学的老师来进行管理培训，支付培训费，网上银行转账。

2．实训目的

掌握通过网银支付相关费用的基本流程和账务处理。

3. 实训过程

支付培训费的处理过程同实训 22。

4. 注意事项

首先，出纳通过网上银行办理完转账业务，业务都需要通过网上银行系统进行汇款处理，这样业务回单才会传递至会计填制记账凭证页面作为资料。

其次，会计先进入"原始凭证填制"，计算填写《劳务报酬个税预缴计算表》，传递会计主管审核，然后进入"原始凭证审核"，审核支付证明单、增值税普通发票，最后再填写记账凭证。

实训 72 2019 年 11 月 11 日，报销招待培训老师餐费

1. 业务描述

11 月 11 日，行政部周某某报销招待培训老师餐费。

2. 实训目的

掌握报销业务的基本流程并以现金支付。

3. 实训过程

报销招待培训老师餐费处理过程同实训 11。

实训 73 2019 年 11 月 12 日，生产部组装车间产成品入库

业务描述

11 月 12 日，生产部组装车间华美 EP 女式手表入库（该业务暂不做账，期末一次核算）。

实训 74 2019 年 11 月 12 日，加工车间自制半成品入库

业务描述

11 月 12 日，加工车间自制半成品华美 3.0 表盘入库（该业务暂不做账，期末一次核算）。

实训 75 2019 年 11 月 12 日，盘点库存现金

1. 业务描述

11 月 12 日，盘点库存现金。

2．实训目标

掌握盘点库存现金的账务处理。

3．实训过程

盘点库存现金的处理过程如表 4-35 所示。

表 4-35 盘点库存现金

实训任务	实训岗位	完成情况	实训节点
1．审核库存现金盘点表	会计	完成□ 未完成□ 出错□	审核、退出、传递、确定
2．填制记账凭证	会计	完成□ 未完成□ 出错□	填制、保存退出、传递
3．审核记账凭证	主管	完成□ 未完成□ 出错□	审核、传递
4．登记日记账	出纳	完成□ 未完成□ 出错□	登记现金日记账发生额、结出余额
5．登记相关明细账	会计	完成□ 未完成□ 出错□	登记发生额、结出余额、保存

实训 76　2019 年 11 月 12 日，生产部组装车间领用表盘

业务描述

11 月 12 日，生产部组装车间领用华美 3.0 表盘（该业务暂不做账，期末一次核算）。

实训 77　2019 年 11 月 12 日，生产部组装车间领用表壳、表盖

业务描述

11 月 12 日，生产部组装车间领用华美 3.0 表壳、3.0 表盖（该业务暂不做账，期末一次核算）。

实训 78　2019 年 11 月 12 日，生产部组装车间领用机芯

业务描述

11 月 12 日，生产部组装车间领用德龙 3.0 机芯（该业务暂不做账，期末一次核算）。

实训 79　2019 年 11 月 12 日，生产部组装车间领用表带

业务描述

11 月 12 日，生产部组装车间领用 2.0 真皮表带及 2.0 金属表带（该业务暂不做账，期末一次核算）。

实训 80　2019 年 11 月 12 日，加工车间领用黄金

业务描述

11 月 12 日，加工车间领用黄金（该业务暂不做账，期末一次核算）。

实训 81　2019 年 11 月 12 日，加工车间领用钻石

业务描述

11 月 12 日，加工车间领用钻石（该业务暂不做账，期末一次核算）

实训 82　2019 年 11 月 12 日，报销差旅费

1．业务描述

11 月 12 日，销售采购部陈某某报销 11 月 8 日至 12 日的差旅费。

2．实训目的

掌握报销业务的基本流程并以现金支付。

3．实训过程

报销差旅费的处理过程同实训 11。

实训 83　2019 年 11 月 13 日，电镀车间移交半成品给加工车间

业务描述

11 月 13 日，电镀车间移交 4.0 表盘半成品给加工车间（该业务暂不做账，期末一次核算）。

实训 84　2019 年 11 月 13 日，预付广告费

1．业务描述

11 月 13 日，用转账支票预付广告费用。

2．实训目标

掌握开具转账支票的流程及预付账款的账务处理。

3．实训过程

预付广告费的处理过程同实训 15。

实训 85　2019 年 11 月 13 日，提取现金备用

1．业务描述

11 月 13 日，提取现金备用，开具现金支票。

2．实训目标

掌握开具现金支票的流程及提现备用的账务处理。

3．实训过程

提取现金备用的处理过程同实训 10。

实训 86　2019 年 11 月 14 日，报销接待客户餐饮费

1．业务描述

11 月 14 日，行政部周某某报销接待客户餐饮费。

2．实训目标

掌握报销 11 万元以下金额的业务的基本流程并以现金支付。

3．实训过程

报销接待客户餐饮费的处理过程同实训 11。

实训 87　2019 年 11 月 14 日，报销购买礼品费用

1．业务描述

11 月 14 日，行政部周某某报销购买送给客户的礼品费用。

2．实训目标

掌握开具转账支票的流程及预付账款的账务处理。

3．实训过程

报销购买礼品费用的处理过程同实训 15。

实训 88　2019 年 11 月 14 日，报销客户住宿费

1．业务描述

11 月 14 日，行政部周某某报销为客户支付的住宿费。

2．实训目标

掌握报销 11 万元以下金额的业务的基本流程并以现金支付。

3．实训过程

报销客户住宿费的处理过程同实训 11。

实训 89　2019 年 11 月 14 日，支付租车费

1．业务描述

11 月 14 日，行政部左某某因接待客户需要支付租用宝马汽车的费用。

2．实训目标

掌握支付押金的账务处理。

3．实训过程

支付租车费的处理过程同实训 11。

4．注意事项

会计拿到增值税专用发票后，要先去电子报税系统完成认证，再根据增值税专用发票等原始凭证填制记账凭证。

实训 90　2019 年 11 月 15 日，电镀车间移交半成品给加工车间

业务描述

11 月 15 日，电镀车间移交 4.5 表盘半成品给加工车间（该业务暂不做账，期末一次核算）。

实训 91　2019 年 11 月 15 日，支付专家顾问费

1．业务描述

11 月 15 日，支付聘请专家进行安全生产技术指导，网上银行转账支付顾问费用。

2．实训目标

掌握支付相关费用的账务处理。

3．实训过程

支付专家顾问费的处理过程同实训 6。

4. 注意事项

网上银行转账的业务都需要通过网上银行系统进行汇款处理，这样业务回单才会传递至会计填制记账凭证页面作为资料。

实训92　2019年11月15日，生产部组装车间产成品入库

业务描述

11月15日，生产部组装车间华美EP男式手表入库（该业务暂不做账，期末一次核算）。

实训93　2019年11月15日，加工车间自制半成品入库

业务描述

11月15日，加工车间自制半成品华美3.5表盘入库（该业务暂不做账，期末一次核算）。

实训94　2019年11月15日，生产部组装车间领用华美3.5表盘

业务描述

11月15日，生产部组装车间领用华美3.5表盘（该业务暂不做账，期末一次核算）。

实训95　2019年11月15日，生产部组装车间领用表壳、表盖

业务描述

11月15日，生产部组装车间领用华美3.5表壳、3.5表盖（该业务暂不做账，期末一次核算）。

实训96　2019年11月15日，生产部组装车间领用机芯

业务描述

11月15日，生产部组装车间领用德龙3.5机芯（该业务暂不做账，期末一次核算）。

实训97　2019年11月15日，加工车间领用黄金

业务描述

11月15日，加工车间领用黄金（该业务暂不做账，期末一次核算）。

实训 98　2019 年 11 月 15 日，加工车间领用钻石

业务描述

11 月 15 日，加工车间领用钻石（该业务暂不做账，期末一次核算）。

实训 99　2019 年 11 月 16 日，网上购买欧洲瑞士机票

1．业务描述

11 月 16 日，网上购买生产部设计人员邓某某到欧洲瑞士出差的往返机票。

2．实训目标

掌握因公出差而预先支付差旅费的账务处理。

3．实训过程

网上购买生产部设计人员的机票的处理过程如表 4-36 所示。

表 4-36　网上购买生产部设计人员的机票

实训任务	实训岗位	完成情况	实训节点
1．审核汇款申请单	出纳	完成□ 未完成□ 出错□	保存退出、传递
2．审核汇款申请单、因公出国审批书	会计主管	完成□ 未完成□ 出错□	审核、退出、传递
3．传递网上银行付款	出纳	完成□ 未完成□ 出错□	传递
4．网银支付操作	网银操作员	完成□ 未完成□ 出错□	登录企业网银（账号是 account，操作员密码是 888888）、付款业务、点击"手工录入收款人信息"并根据资料录入支付信息、确定、输入 PIN 码验证（888888）确定、退出登录
5．审核、批准（驳回）	网银管理员	完成□ 未完成□ 出错□	管理员登录企业网上银行（账号是开户银行账号，密码是 123456）、指令查询与处理、输入付款业务日期查询、点击流水号再点击审核、批准、输入 PIN 码验证（123456）确定
6．填制记账凭证	会计	完成□ 未完成□ 出错□	填制、保存、退出、传递
7．审核记账凭证	会计主管	完成□ 未完成□ 出错□	审核、传递

（续表）

实训任务	实训岗位	完成情况	实训节点
8．登记日记账	出纳	完成□ 未完成□ 出错□	登记银行存款日记账发生额、结出余额、保存
9．登记相关明细账	会计	完成□ 未完成□ 出错□	登记明细账发生额、结出余额、保存

4．注意事项

网上银行转账的业务都需要通过网上银行系统进行汇款处理，这样业务回单才会传递至会计填制记账凭证页面作为资料。

实训100　2019年11月16日，收到退回押金

1．业务描述

11月16日，收到广州市锐捷租赁有限公司退回租用车辆押金1 800.00元，以现金退回。

2．实训目标

掌握收到退回押金的账务处理。

3．实训过程

收到退回押金的处理过程如表4-37所示。

表4-37　收到退回押金

实训任务	实训岗位	完成情况	实训节点
1．填写收款收据	出纳	完成□ 未完成□ 出错□	加盖现金收讫章、传递第三联记账联、盖企业财务专用章、保存退出、传递、确定
2．审核收款收据	会计主管	完成□ 未完成□ 出错□	审核、审核成功、退出，传递、确定、传递成功
3．填制记账凭证	会计	完成□ 未完成□ 出错□	填制、保存退出、传递
4．审核记账凭证	会计主管	完成□ 未完成□ 出错□	审核、传递
5．登记日记账	出纳	完成□ 未完成□ 出错□	现金日记账登记发生额、结出余额、保存
6．登记相关明细账	会计	完成□ 未完成□ 出错□	登记发生额、结出余额、保存

实训101　2019年11月16日，借支差旅费

1. 业务描述

11月16日，生产部设计人员邓某某借支差旅费参加在瑞士举行的钟表展。

2. 实训目标

掌握借支差旅费的基本流程和账务处理。

3. 实训过程

借支差旅费的处理过程同实训23。

实训102　2019年11月16日，销售商品

1. 业务描述

11月16日，与香港时间廊（广州市）钟表有限公司签订销货合同，销售华美EP女式手表、华美EP男式手表并出货，付款采用折扣条件：2/11、1/20、n/30。

2. 实训目标

熟悉电子申报管理系统企业基础信息设置的方法及操作流程、设置开票系统的方法及流程、发票核定和发放的方法及流程；掌握增值税发票的开具方法及销售商品业务的账务处理。

3. 实训过程

采用现金折扣方式销售商品的处理过程如表4-38所示。

表4-38　采用现金折扣方式销售商品

实训任务	实训岗位	完成情况	实训节点
1. 原始凭证填制	会计	完成□　未完成□　出错□	选择原始凭证填制，选择销售业务，弹出"请直接传递到开票系统开票"对话框，点击确定、传递
2. 登录电子申报管理系统，进行基础信息设置操作	会计	完成□　未完成□　出错□	登录电子申报管理系统（账号密码都是admin）、基础信息设置
3. 开票系统进行系统设置操作	会计	完成□　未完成□　出错□	登录开票系统（账号密码都是admin）、系统设置
4. 登录税务局系统，进行发票的核定领用和发放操作	税务局柜员	完成□　未完成□　出错□	登录税务局、发票管理、核定领用发票、发放发票、发放成功

（续表）

实训任务	实训岗位	完成情况	实训节点
5．开票系统进行发票填开	会计	完成□ 未完成□ 出错□	登录开票系统（账号密码是admin）、发票管理、发票读入、发票填开、套打
6．审核商品出库单	会计	完成□ 未完成□ 出错□	审核、退出、传递、确定、传递
7．填制记账凭证	会计	完成□ 未完成□ 出错□	做填制、保存退出、传递
8．审核记账凭证	会计主管	完成□ 未完成□ 出错□	审核、传递
9．登记相关明细账	会计	完成□ 未完成□ 出错□	登记发生额、结出余额、保存

4．电子申报管理系统基础信息设置操作流程

登录电子申报管理系统，双击"企业名称"，在弹出的页面输入账号和密码（都是admin），点击"确定"，进入电子申报管理系统主界面，选择页面左侧"基础信息"，对企业的12项基础参数进行设置操作，其中"系统设置""期初信息设置"这两项内容打开后点击"保存"按钮即可，因为筹建期这些详细资料已经填写完成；"常用税目管理"选择"1603高档手表"，并将其"选为常用数目"；"供应商/客户资料管理"，点击"导入"，选择"华美手表制造有限公司供应商客户资料"导入；"货物信息"选择"华美手表制造有限公司供应商货物信息"导入；"开票系统税目初始化"，点击"更新"；"消费税税目设置"，点击"1001高档手表"，并将其"设为常用税目"；"海关口岸管理""常用税务机关管理""消费税类别设置"三项不再进行设置操作。

如果在"常用税目管理"再次修改常用税目，需在"开票系统税目初始化"进行税目更新操作，同时在开票系统的系统设置"税目更新"中，税目将会同步更新。

5．企业首次领购增值税专用发票的操作流程

第一步：登录税务局网站，并进行实名认证。

登录电子税务局网站，进行实名认证，如图4-36、图4-37所示，填写办税人员（陈某）的信息，在图4-37中点击"业务查看"可查看企业办税人员的信息。

模块 4　企业经营期实训项目

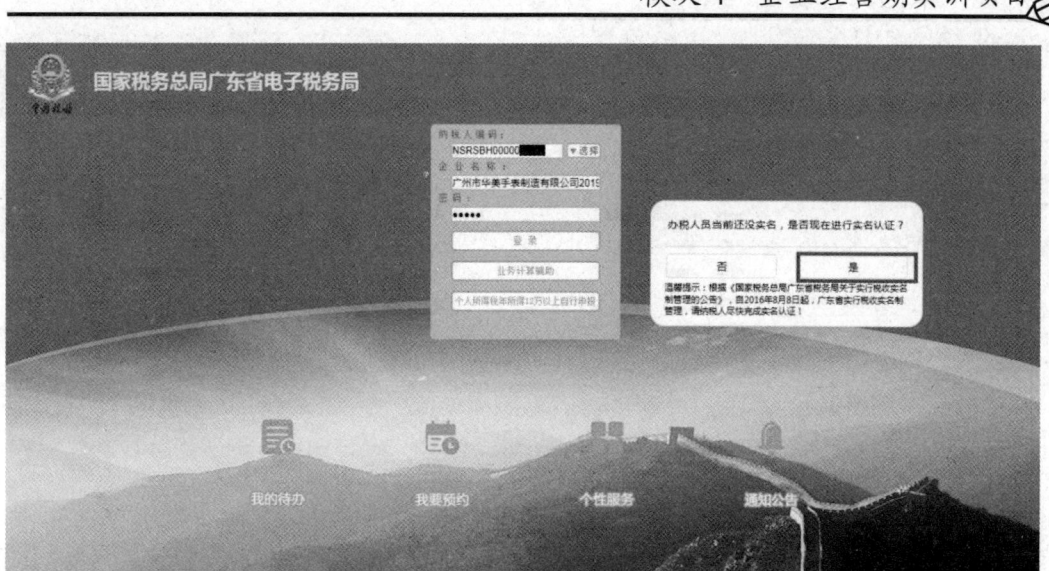

图 4-36　登录税务局网站

图 4-37　实名认证

第二步：领购发票。

税务会计登录电子税务局平台，申请领购发票，选择"发票管理"→"发票领购表"进行领购发票，点击"提交"即完成办理。如图 4-38 所示。

-163-

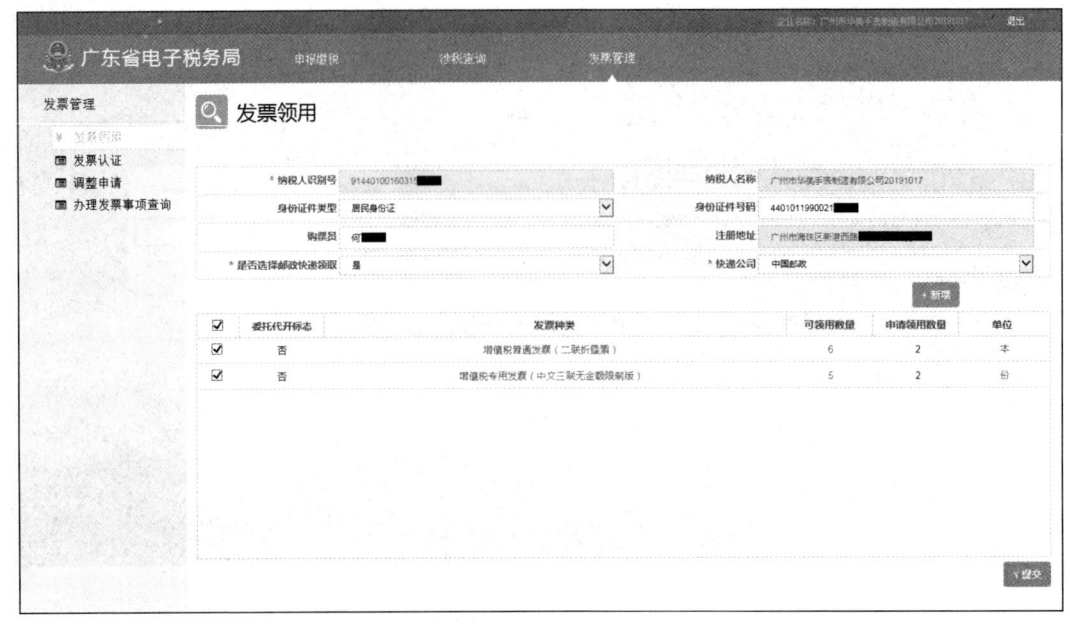

图 4-38 申请领购发票

第三步：税务柜员发放发票。

税务局柜员选择"税务管理"→"发放发票"，选择"发放发票"后会出来一个"插入税控盘"动画后进入一个"发放发票"页面。输入数量、发票代码及发票号码后点击"确定"即发放成功。如图 4-39 所示。

图 4-39 发放发票界面

6. 企业填开增值税专用发票的操作流程

第一步：登录财务处理系统。

税务会计点击原始凭证填制并选择该笔业务，点击右边的业务描述会提示"请直接传递到开票系统开票"。

第二步：登录开票系统。

首次进入专业发票填写需要在"系统设置"点击"初始化"，初始化成功后沿着箭头所指的方向依次进行"客户编码""商品编码"的添加（或者直接导入）操作，完成后选择"发票管理"→"专业发票填开"，进入"发票填开"界面，根据业务查看进行填写发票，填写完成后，点击"打印"即可。

注：第二步操作完成后有两种方式进行第三步操作。

第三步（方式1）：登录电子申报管理系统，税务会计选择"销项发票管理"，点击"添加"进行录入完成。

第三步（方式2）：登录开票系统，税务会计点击"打印"后，回到主页面选择"报税处理"点击"抄税"，抄税成功后点击"资料传出"传出文件后，再登录电子申报管理系统，导入文件完成办理。

注：一个月可进行抄本期税额次数限3次或7次。

7. 企业作废增值税专用发票的具体步骤

第一步：登录开票系统。

税务会计进入增值税防伪开票系统主页面，选择"发票管理"并点击"发票作废"进入"发票作废"界面（如图4-40所示），选择"已开发票作废"进入已开发票作废页面（如图4-41所示），点击"作废"处理即可。

图4-40 "发票作废"界面

已开发票作废				
发票种类	类别代码	发票号码	购方名称	操作
普通发票	04400191■■	9995■■	广州市华美手表制造有限公司001	作废 查看明细

图 4-41 "已开发票作废"界面

8. 录入开具的增值税发票

登录电子申报管理系统,选择"销项发票管理",点击"添加"进行录入完成。

9. 抄税

登录开票系统,点击"打印"后,回到主页面选择"报税处理",点击"抄税",抄税成功后点击"资料传出"传出文件后,再登录电子申报管理系统导入文件。

注：一个月可进行抄本期税额次数限 3 次或 7 次。

10. 增值税普通发票作废的操作流程

登录开票系统,进入增值税防伪开票系统主页面,选择"发票管理"并点击"发票作废"进入"发票作废"界面（如图 4-42 所示）,选择"已开发票作废",进入"已开发票作废"界面（如图 4-43所示）,点击"作废"处理即可。

图 4-42 "发票作废"界面

已开发票作废				
发票种类	类别代码	发票号码	购方名称	操作
普通发票	440015■■	9995■■	广州市华美手表制造有限公司001	作废 查看明细

图 4-43 "已开发票作废"界面

实训103 2019年11月16日，电镀车间移交半成品给加工车间

业务描述

11月16日，电镀车间移交5.0表盘半成品给加工车间（该业务暂不做账，期末一次核算）。

实训104 2019年11月17日，加工车间自制半成品入库

业务描述

11月17日，加工车间自制半成品华美4.0表盘入库（该业务暂不做账，期末一次核算）。

实训105 2019年11月17日，加工车间领用黄金

业务描述

11月17日，加工车间领用黄金（该业务暂不做账，期末一次核算）。

实训106 2019年11月17日，加工车间领用钻石

业务描述

11月17日，加工车间领用钻石（该业务暂不做账，期末一次核算）。

实训107 2019年11月17日，处置盘盈现金

1．业务描述

11月17日，处理11月12日的盘盈库存现金。

2．实训目标

掌握处置盘盈现金的账务处理。

3．实训过程

处置盘盈现金的处理过程同实训49。

实训108 2019年11月18日，生产部组装车间产成品入库

业务描述

11月18日，生产部组装车间产成品华美EV女式手表入库（该业务暂不做账，期末

一次核算）。

实训109　2019年11月18日，组装车间领用表盘

业务描述

11月18日，组装车间领用华美4.0表盘（该业务暂不做账，期末一次核算）。

实训110　2019年11月18日，生产部组装车间领用表壳、表盖

业务描述

11月18日，生产部组装车间领用华美4.0表壳、4.0表盖（该业务暂不做账，期末一次核算）。

实训111　2019年11月18日，生产部组装车间领用机芯

业务描述

11月18日，生产部组装车间领用德龙4.0机芯（该业务暂不做账，期末一次核算）。

实训112　2019年11月18日，销售商品

1. 业务描述

11月18日，与北京大华贸易有限公司签订销货合同，销售华美EP女式手表、华美EP男式手表，并出货，付款采用折扣条件：0.2%/11，0.1%/20。

2. 实训目标

掌握如何开具增值税专用发票以及销售商品的账务处理。

3. 实训过程

销售商品的处理过程同实训102。

实训113　2019年11月18日，报销购买档案袋、信封费用

1. 业务描述

11月18日，销售采购部陈某某报销行政管理部门买入档案袋、信封的费用。

2. 实训目的

掌握报销11万元以下金额的业务的基本流程并以现金支付。

3．实训过程

报销购买档案袋、信封费用的处理过程同实训 11。

实训 114　2019 年 11 月 19 日，销售采购部门陈某某报销车费

1．业务描述

11 月 19 日，销售采购部门陈某某报销外出办理紧急业务的出车费。用销售费用核算。

2．实训目的

掌握报销 11 万元以下金额的业务的基本流程并以现金支付。

3．实训过程

报销车费的处理过程同实训 11。

实训 115　2019 年 11 月 19 日，报销招待客户购入香烟、糖果费用

1．业务描述

11 月 19 日，行政部周某某报销因接待需要购买香烟、糖果的费用。

2．实训目的

掌握报销 11 万元以下金额的业务的基本流程并以现金支付。

3．实训过程

报销招待客户购入香烟、糖果费用的处理过程同实训 11。

实训 116　2019 年 11 月 19 日，借支差旅费

1．业务描述

11 月 19 日，销售采购部门陈某某由于业务需要出差杭州借支差旅费。

2．实训目标

掌握借支差旅费的基本流程和账务处理。

3．实训过程

借支差旅费的处理过程同实训 23。

实训117　2019年11月19日，收到货款

1. 业务描述

11月19日，收到香港时间廊（广州市）钟表有限公司11月16日的购货款并按合同规定给予现金折扣。

2. 实训目标

掌握通过转账支票收到货款及给予现金折扣的账务处理。

3. 实训过程表

收到货款的处理过程如4-39所示。

表4-39　收到货款

实训任务	实训岗位	完成情况	实训节点
1. 背书支票并填写进账单	出纳	完成□　未完成□　出错□	背书支票（在背书人处填写公司银行账号，在下面的空白处加盖财务专用章，填写业务日期，左侧填写"委托收款"四个字）、填写进账单（选择传递联次第三联），保存退出、传递、确定
2. 审核背书好的转账支票（在支票背面先盖法人章再审核）	会计主管	完成□　未完成□　出错□	盖法人章，审核、审核成功、退出、传递、确定、传递成功
3. 传递审核好的转账支票及进账单到银行系统	出纳	完成□　未完成□　出错□	传递
4. 审核支票，核对进账单	银行柜员	完成□　未完成□　出错□	登录银行系统、工作台（系统工作台）、结算中心、审阅资料、录入收款信息、确定、转账成功
5. 填制记账凭证	会计	完成□　未完成□　出错□	填制、保存退出、传递
6. 审核记账凭证	会计主管	完成□　未完成□　出错□	审核、传递
7. 登记日记账	出纳	完成□　未完成□　出错□	登记现金日记账发生额、结出余额、保持
8. 登记相关明细账	会计	完成□　未完成□　出错□	登记发生额、结出余额、保持

4. 注意事项

（1）银行柜员审核支票，核对进账单。审核无误后进行转账操作，银行柜员收好转账支票作为备底，然后在进账单第一、第三联次盖上银行转讫章（如果当场到账把第一、

第三联交还企业，若没有当场到账则将第一联退给企业，待到账后再将第三联寄给企业）。

（2）企业会计凭交还的第一联或第三联进账单入账；企业会计凭交还的第一联进账单做账，若最后没收到银行寄来的第三联进账单而是收到退票通知书，会计根据资料填写记账凭证。

（3）转账支票被背书人处要写上"委托收款"字样。

实训 118　2019 年 11 月 19 日，加工车间自制半成品入库

业务描述

11 月 19 日，加工车间自制半成品华美 4.5 表盘入库（该业务会计点击"原始凭证审核"，审核"半成品入库单"，退出、传递即可，暂不做账，期末一次核算）。

实训 119　2019 年 11 月 19 日，加工车间领用黄金

业务描述

11 月 19 日，加工车间领用黄金（该业务会计点击"原始凭证审核"，审核"领料单"，退出、传递即可，暂不做账，期末一次核算）。

实训 120　2019 年 11 月 19 日，加工车间领用钻石

业务描述

11 月 19 日，加工车间领用钻石（该业务会计点击"原始凭证审核"，审核"领料单"，退出、传递即可，暂不做账，期末一次核算）。

实训 121　2019 年 11 月 20 日，支付剩余广告费

1. 业务描述

11 月 20 日，支付剩余广告费及增值税。

2. 实训目标

掌握支付剩余劳务费的账务处理。

3. 实训过程

支付剩余广告费的处理过程同实训 36。

4．注意事项

会计拿到增值税专用发票后，要先去电子报税系统完成认证，再根据增值税专用发票等原始凭证填制记账凭证。

实训 122 2019 年 11 月 20 日，报销差旅费

1．业务描述

11 月 20 日，生产部设计人员邓某某从瑞士参加钟表展回来报销差旅费。

2．实训目标

掌握报销差旅费的基本流程和账务处理。

3．实训过程

报销差旅费的处理过程同实训 2。

实训 123 2019 年 11 月 20 日，支付本月物业管理费

1．业务描述

11 月 20 日，网银转账支付本月物业管理费。

2．实训目标

掌握网银支付费用的账务处理。

3．实训过程

通过网银支付本月物业管理费的处理过程如表 4-40 所示。

表 4-40 通过网银支付本月物业管理费

实训任务	实训岗位	完成情况	实训节点
1．审核汇款申请单	出纳	完成□ 未完成□ 出错□	保存退出、传递
2．审核汇款申请单	会计主管	完成□ 未完成□ 出错□	审核、退出、传递
3．网上银行付款	出纳	完成□ 未完成□ 出错□	传递
4．网银支付操作	网银操作员	完成□ 未完成□ 出错□	登录企业网银（账号是 account，操作员密码是 888888）、付款业务、点击"手工录入收款人信息"并根据资料录入支付信息、确定、输入 PIN 码验证（888888）确定、退出登录

（续表）

实训任务	实训岗位	完成情况	实训节点
5．审核、批准（驳回）	网银管理员	完成□ 未完成□ 出错□	管理员登录企业网上银行（账号是开户银行账号，密码是123456）、指令查询与处理、输入付款业务日期查询、点击流水号再点击审核、批准、输入 PIN 码验证（123456）确定
6．填制记账凭证	会计	完成□ 未完成□ 出错□	填制、保存、退出、传递
7．审核记账凭证	会计主管	完成□ 未完成□ 出错□	审核、传递
8．登记日记账	出纳	完成□ 未完成□ 出错□	登记银行存款日记账发生额、结出余额、保存
9．登记相关明细账	会计	完成□ 未完成□ 出错□	登记明细账发生额、结出余额、保存

实训 124　2019 年 11 月 20 日，预付展览费用

1．业务描述

11 月 20 日，以网银转账预付下月钟表展的展览费。

2．实训目标

掌握网银支付费用的账务处理。

3．实训过程

预付展览费用的处理过程同实训 123。

实训 125　2019 年 11 月 21 日，加工车间自制半成品入库

业务描述

11 月 21 日，加工车间自制半成品华美 5.0 表盘入库（该业务会计点击"原始凭证审核"，审核"半成品入库单"退出、传递即可，暂不做账，期末一次核算）。

实训 126　2019 年 11 月 21 日，生产部组装车间产成品入库

业务描述

11 月 21 日，华美 EV 男式手表入库（该业务会计点击"原始凭证审核"，审核"产品入库单"退出、传递即可，暂不做账，期末一次核算）。

实训127　2019年11月21日，生产部组装车间领用表盘

业务描述

11月21日，生产部组装车间领用华美4.5表盘（该业务会计点击"原始凭证审核"，审核"领料单"退出、传递即可，暂不做账，期末一次核算）。

实训128　2019年11月21日，生产部组装车间领用表壳、表盖

业务描述

11月21日，生产部组装车间领用华美4.5表壳、4.5表盖（该业务会计点击"原始凭证审核"，审核"领料单"退出、传递即可，暂不做账，期末一次核算）。

实训129　2019年11月21日，生产部组装车间领用机芯

业务描述

11月21日，生产部组装车间领用德龙4.5机芯（该业务会计点击"原始凭证审核"，审核"领料单"退出、传递即可，暂不做账，期末一次核算）。

实训130　2019年11月22日，报销差旅费

1. 业务描述

11月22日，销售采购部门陈某某出差杭州归来报销差旅费（11月20日至22日）。

2. 实训目标

掌握报销差旅费的基本流程和账务处理。

3. 实训过程

报销差旅费的处理过程同实训2。

实训131　2019年11月22日，预收货款

1. 业务描述

11月22日，预收香港时间廊（广州市）钟表有限公司货款。

2. 实训目标

掌握收到转账支票的处理方法和预收货款的账务处理。

3．实训过程

预收货款的处理过程同实训 117。

4．注意事项

该业务用预收账款核算且不存在现金折扣。

实训 132　2019 年 11 月 23 日，提取现金备用

1．业务描述

11 月 23 日，提取现金备用，开具现金支票。

2．实训目标

掌握开具现金支票提现备用的流程及账务处理。

3．实训过程

提取现金备用的处理过程同实训 10。

实训 133　2019 年 11 月 23 日，缴纳社保费用

1．业务描述

11 月 23 日，缴纳社保费用，银行代扣费。

2．实训目标

掌握银行代扣社保费用的账务处理。

3．实训过程

缴纳社保费用的处理过程如表 4-41 所示。

表 4-41　缴纳社保费用

实训任务	实训岗位	完成情况	实训节点
1．审核银行批扣回单	会计	完成□　未完成□　出错□	审核、退出、传递、确定
2．填制记账凭证	会计	完成□　未完成□　出错□	填制、保存退出、传递
3．审核记账凭证	会计主管	完成□　未完成□　出错□	审核、传递
4．登记日记账	出纳	完成□　未完成□　出错□	登记现金日记账发生额、结出余额、保存
5．登记相关明细账	会计	完成□　未完成□　出错□	登记发生额、结出余额、保存

实训 134　2019 年 11 月 23 日，购买住房公积金

1．业务描述

11 月 23 日，购买住房公积金，银行代扣费。

2．实训目标

掌握企业为员工购买住房公积金的账务处理。

3．实训过程

为员工购买住房公积金的处理过程如表 4-42 所示。

表 4-42　为员工购买住房公积金

实训任务	实训岗位	完成情况	实训节点
1．填写转账支票	出纳	完成□　未完成□　出错□	填写支票存根和正面（日期要大写，盖银行预留章的财务专用章，左上角划双斜线），保存退出、传递
2．审核转账支票、购销合同、支票申请单（支票申请单不需要审核）	会计主管	完成□　未完成□　出错□	在支票上盖银行预留章的企业法人章、审核、退出、传递、确定
3．传递至银行转账	出纳	完成□　未完成□　出错□	传递
4．银行柜员	银行柜员	完成□　未完成□　出错□	登录银行系统（账号是 account，柜员密码是 888888）、选择"银行转账"、输入学号找到企业点击办理、资料审阅、录入转账信息、确定、输入密码（123456）确定、转账成功
5．会计审核住房公积金汇缴书	会计	完成□　未完成□　出错□	会计审核原始凭证
6．填制记账凭证	会计	完成□　未完成□　出错□	填制、保存、退出、传递
7．审核记账凭证	会计主管	完成□　未完成□　出错□	审核、传递
8．登记日记账	出纳	完成□　未完成□　出错□	登记银行存款日记账发生额、结出余额、保存
9．登记相关明细账	会计	完成□　未完成□　出错□	登记发生额、结出余额、保存

实训 135　2019 年 11 月 23 日，报销接待客户的餐饮费

1．业务描述

11 月 23 日，行政部周某某报销接待客户的餐饮费。

2．实训目的

掌握报销业务的基本流程并以现金支付。

3．实训过程

报销接待客户的餐饮费的处理过程同实训 11。

实训 136　2019 年 11 月 23 日，销售商品

1．业务描述

11 月 23 日，与上海市美云贸易有限公司签订销货合同，销售华美 EV 女式手表、华美 EV 男式手表，并出货，付款采用折扣条件：0.2%/11，0.1%/20。

2．实训目标

掌握如何开具增值税专用发票以及销售商品的账务处理。

3．实训过程

销售商品的处理过程同实训 102。

实训 137　2019 年 11 月 23 日，报销货物运输费

1．业务描述

11 月 23 日，销售采购部陈某某报销因销售产品而发生的贵重货物空运费用。
该业务用销售费用核算。

2．实训目标

掌握支付运输费用的账务处理以及电子申报增值税专用发票录入的流程。

3．实训过程

报销货物运输费的处理过程同实训 17。

实训138　2019年11月24日，生产部组装车间产成品入库

业务描述

11月24日，生产部组装车间产成品华美EX女式手表入库（该业务会计点击"原始凭证审核"，审核"产成品入库单"退出、传递即可，暂不做账，期末一次核算）。

实训139　2019年11月24日，生产部组装车间领用表盘

业务描述

11月24日，生产部组装车间领用华美5.0表盘（该业务会计点击"原始凭证审核"，审核"领料单"退出、传递即可，暂不做账，期末一次核算）。

实训140　2019年11月24日，生产部组装车间领用表壳、表盖

业务描述

11月24日，生产部组装车间领用华美5.0表壳、5.0表盖（该业务会计点击"原始凭证审核"，审核"领料单"退出、传递即可，暂不做账，期末一次核算）。

实训141　2019年11月24日，生产部组装车间领用机芯

业务描述

11月24日，生产部组装车间领用德龙5.0机芯（该业务会计点击"原始凭证审核"，审核"领料单"退出、传递即可，暂不做账，期末一次核算）。

实训142　2019年11月25日，报销招待费

1. 业务描述

11月25日，销售采购部匡某某报销外出招待客户的费用。

2. 实训目的

掌握报销业务的基本流程及账务处理。

3. 实训过程

报销招待费的处理过程同实训11。

实训143 2019年11月25日，支付名片设计及印发费用

1. 业务描述

11月25日，网银转账支付设计及印制经理名片的费用。

2. 实训目标

掌握以网上银行付款支付费用的账务处理。

3. 实训过程

支付名片设计及印发费用的处理过程同实训56。

实训144 2019年11月26日，支付宣传费

1. 业务描述

11月26日，网银转账支付产品宣传彩页的设计和制作费。

2. 实训目标

掌握以网上银行付款支付费用的账务处理。

3. 实训过程

支付宣传费的处理过程同实训56。

实训145 2019年11月27日，报销总经理办公室购买钢笔的费用

1. 业务描述

11月27日，销售采购部陈某某报销总经理办公室购买钢笔的费用。

2. 实训目的

掌握报销业务的基本流程及账务处理。

3. 实训过程

报销总经理办公室购买钢笔费用的处理过程同实训56。

实训146 2019年11月28日，报销购入文件夹的费用

1. 业务描述

11月28日，销售采购部陈某某报销替行政部、财务部购入文件夹的费用。

2．实训目的

掌握报销业务的基本流程及账务处理。

3．实训过程

报销购入文件夹的费用处理过程同实训 11。

实训 147　2019 年 11 月 29 日，生产部组装车间产成品入库

业务描述

11 月 29 日，生产部组装车间产成品华美 EX 男式手表入库（该业务会计点击"原始凭证审核"，审核"产成品入库单"退出、传递即可，暂不做账，期末一次核算）。

实训 148　2019 年 11 月 30 日，交纳水费

1．业务描述

11 月 30 日，支付水费，暂计入"应付账款"，期末再进行分配。

2．实训目标

掌握交纳水费的账务处理及操作流程。

3．实训过程

交纳水费的处理过程如表 4-43 所示。

表 4-43　交纳水费

实训任务	实训岗位	完成情况	实训节点
1．审核增值税专用发票	会计	完成□ 未完成□ 出错□	审核、退出、传递、确定
2．电子申报管理系统进行增值税发票认证	会计	完成□ 未完成□ 出错□	发票认证
3．登录其他实体的自来水公司进行代扣水费的操作	其他柜员	完成□ 未完成□ 出错□	切换角色至其他，登陆其他实体、选择"自来水公司"、点击"缴费内容设置"、新增（录入缴费内容、用水数量、单价、税率）、保存、返回、扣款、确定（银行业务代扣成功）

(续表)

实训任务	实训岗位	完成情况	实训节点
4．登录银行系统进行代扣水费的操作	银行柜员	完成□ 未完成□ 出错□	登录用户系统、选择业务处理→委托代扣业务→批扣回单发放、输入企业名称和交易日期后，点击"查询"，选择该条数据点击"发放"，回单发放成功
5．审核增值税专用发票	会计	完成□ 未完成□ 出错□	会计审核原始凭证、退出、传递
6．填制记账凭证	会计	完成□ 未完成□ 出错□	填制、保存退出、传递
7．审核记账凭证	会计主管	完成□ 未完成□ 出错□	审核、传递
8．登记日记账	出纳	完成□ 未完成□ 出错□	登记银行存款日记账发生额、结出余额、保存
9．登记相关明细账	会计	完成□ 未完成□ 出错□	登记发生额、结出余额、保存

4．注意事项

（1）自来水公司往客户开户银行发扣费税。

（2）银行扣费向客户发放批扣回单。

（3）会计根据银行批扣回单及增值税专用发票等资料填制记账凭证。

5．交纳水费操作流程

第一步：登录财务处理系统。

（1）会计在原始凭证审核的时候，看到增值税进项票时需要传递至电子申报管理系统进行录入并认证。

（2）出纳在案例首页切换角色至其他，选择其他实体的自来水公司进入，点击"业务设置"搜索该笔业务，点击"选择"将该业务设置为扣款业务，然后选择缴费内容的设置，点击"新增"录入缴费内容（水费）、数量（2000）、单价（1.20），选择税率为9%，金额、税费、缴费金额合计的数据会自动生成，点击"保存"后"返回"选择该企业的操作"扣款"即扣款成功。

第二步：登录银行系统。

银行柜员选择"业务处理"→"委托收款业务"→"批扣回单发放"，输入企业名称、交易日期后，点击"查询"，选择该条数据点击"发放"即可发放至企业。

第三：登录财务处理系统。

会计根据银行批扣回单及增值税专用发票填写记账凭证；出纳需要登记银行存款日记账。

实训 149　2019 年 11 月 30 日，交纳电费

1．业务描述

11 月 30 日，支付电费，暂计入"应付账款"，期末再进行分配。

2．实训目标

掌握交纳电费的账务处理。注意缴费内容为"电费"，数量为"6 125"，单价为"1.60"，选择税率为"13%"。

3．实训过程

交纳电费的处理过程同实训 148。

实训 150　2019 年 11 月 30 日，支付电话费

1．业务描述

11 月 30 日，支付电话费。

2．实训目标

掌握支付电话费的账务处理。

3．实训过程

支付电话费的处理过程同实训 148。

4．注意事项

缴费内容为电话费，数量为 4000，单价为 0.19，选择税率为 9%。

实训 151　2019 年 11 月 30 日，按合约销售商品

1．业务描述

11 月 30 日，按照 11 月 22 日与香港时间廊（广州市）钟表有限公司签订的销货合同，销售华美 EX 女式手表、华美 EX 男式手表，并出货，已预付部分货款，给予 0.2% 的商业折扣，尚未收到剩余款项。

2．实训目标

掌握销售商品尚未收到剩余款项的账务处理。

3．实训过程

按合约销售商品的处理过程同实训 117。

4．注意事项

（1）该业务与实训 131 是关联业务，用预收账款核算。

（2）税务会计开具增值税专用发票后，要去电子报税系统录入。

实训 152　2019 年 11 月 30 日，摊销开办费

1．业务描述

11 月 30 日，根据财务制度规定摊销开办费。

2．实训目标

掌握摊销开办费的账务处理。

3．实训过程

摊销开办费的处理过程如表 4-44 所示。

表 4-44　摊销开办费

实训任务	实训岗位	完成情况	实训节点
1．填制开办费用摊销表	会计	完成□　未完成□　出错□	原始凭证填制、保存退出、传递、确定
2．审核开办费用摊销表	会计主管	完成□　未完成□　出错□	审核、确定、审核成功、退出、传递
3．填制记账凭证	会计	完成□　未完成□　出错□	填制、保存退出、传递
4．审核记账凭证	会计主管	完成□　未完成□　出错□	审核、传递
5．登记各相关明细账	会计	完成□　未完成□　出错□	登记发生额、结出余额、保存

4．注意事项

根据企业财务制度，筹建期发生的开办费用按照 5 年的期限分期摊销计入管理费用。根据实训 3、实训 4 业务，算出长期待摊费用——开办费总额进行摊销。

实训 153　2019 年 11 月 30 日，摊销本月厂房租金

1．业务描述

11 月 30 日，摊销本月厂房租金。

2．实训目标

掌握摊销本月厂房租金的账务处理。

3．实训过程

摊销本月厂房租金的处理过程如表 4-45 所示。

表 4-45　摊销本月厂房租金

实训任务	实训岗位	完成情况	实训节点
1．填制厂房租金摊销表表	会计	完成□　未完成□　出错□	原始凭证填制、保存退出、传递、确定
2．审核厂房租金摊销表	会计主管	完成□　未完成□　出错□	审核、确定、审核成功、退出、传递
3．填制记账凭证	会计	完成□　未完成□　出错□	填制、保存退出、传递
4．审核记账凭证	会计主管	完成□　未完成□　出错□	审核、传递
5．登记各相关明细账	会计	完成□　未完成□　出错□	登记发生额、结出余额、保存

4．注意事项

根据企业财务制度，租赁合同限期为 3 年，10 月为筹建期，厂房总建筑面积为 1500 平方米，其中办公用面积为 300 平方米，厂部用面积为 1200 平方米。

实训 154　2019 年 11 月 30 日，计提本月工资

1．业务描述

11 月 30 日，计提本月工资。

2．实训目标

掌握计提工资的账务处理。

3．实训过程

计提本月工资的处理过程如表 4-46 所示。

表 4-46　计提本月工资

实训任务	实训岗位	完成情况	实训节点
1．填写工资结算汇总表、电镀车间、组装车间、加工车间工人工资分配表	会计	完成□　未完成□　出错□	原始凭证填制、保存退出、传递、确定
2．审核工资明细清单、工资结算汇总表、电镀车间、加工车间、组装车间的工人工资分配表	会计主管	完成□　未完成□　出错□	审核、确定、审核成功、退出、传递
3．填制记账凭证	会计	完成□　未完成□　出错□	填制、保存退出、传递

(续表)

实训任务	实训岗位	完成情况	实训节点
4．审核记账凭证	会计主管	完成□ 未完成□ 出错□	审核、传递
5．登记各相关明细账	会计	完成□ 未完成□ 出错□	登记发生额、结出余额、保存

实训 155　2019 年 11 月 30 日，计提社保

1．业务描述

11 月 30 日，计提社保。

2．实训目标

掌握计提社保的账务处理。

3．实训过程

计提社保处理过程同实训 154。

实训 156　2019 年 11 月 30 日，计提本月公积金

1．业务描述

11 月 30 日，计提本月公积金。

2．实训目标

掌握计提公积金的账务处理。

3．实训过程

计提本月公积金的处理过程同实训 154。

实训 157　2019 年 11 月 30 日，分配本月电费

1．业务描述

11 月 30 日，分配本月电费。

2．实训目标

掌握分配电费的账务处理。

3．实训过程

分配本月电费的处理过程如表 4-47 所示。

表 4-47 分配本月电费

实训任务	实训岗位	完成情况	实训节点
1．计算填写电费分配表	会计	完成□ 未完成□ 出错□	原始凭证填制、保存退出、传递、确定
2．审核电费分配表	会计主管	完成□ 未完成□ 出错□	审核、确定、退出、传递
3．填制记账凭证	会计	完成□ 未完成□ 出错□	填制、保存退出、传递
4．审核记账凭证	主管	完成□ 未完成□ 出错□	审核、传递
5．登记各相关明细账	会计	完成□ 未完成□ 出错□	登记发生额、结出余额、保存

实训 158　2019 年 11 月 30 日，分配本月水费

1．业务描述

11 月 30 日，分配本月水费。

2．实训目标

掌握分配水费的账务处理。

3．实训过程

分配本月水费的处理过程同实训 158。

实训 159　2019 年 11 月 30 日，计提坏账准备

1．业务描述

11 月 30 日，计提坏账准备。

2．实训目标

掌握计提坏账准备的账务处理。

3．实训过程

计提坏账准备的处理过程如表 4-48 所示。

表 4-48 计提坏账准备

实训任务	实训岗位	完成情况	实训节点
1．计算填写坏账准备计算表	会计	完成□ 未完成□ 出错□	原始凭证填制、保存退出、传递、确定
2．审核坏账准备计算表	会计主管	完成□ 未完成□ 出错□	审核、确定、退出、传递
3．填制记账凭证	会计	完成□ 未完成□ 出错□	填制、保存退出、传递

（续表）

实训任务	实训岗位	完成情况	实训节点
4. 审核记账凭证	会计主管	完成□ 未完成□ 出错□	审核、传递
5. 登记各相关多栏明细账	会计	完成□ 未完成□ 出错□	登记发生额、结出余额、保存

4．注意事项

计提坏账准备，主要根据"应收账款、长期应收款"进行核算，提取比例为0.3%，应收款项需要考虑预收账款借方余额。

实训160　2019年11月30日，计算个人代扣代缴费用

1．业务描述

11月30日，计算个人代扣代缴费用。

2．实训目标

（1）掌握计算个人代扣代缴费用的账务处理。

（2）掌握自然人税收管理系统扣缴客户端的操作流程。

3．实训过程

计算个人代扣代缴费用的处理过程如表4-49所示。

表4-49　计算个人代扣代缴费用

实训任务	实训岗位	完成情况	实训节点
1. 录入人员信息（导入）	会计	完成□ 未完成□ 出错□	人员信息添加、导入、报送、获取反馈
2. 审核人员信息采集	税务局柜员	完成□ 未完成□ 出错□	审核、发送验证结果、退出
3. 录入专项附加扣除信息（导入）	会计	完成□ 未完成□ 出错□	专项附加扣除信息添加、导入、报送、获取反馈
4. 审核专项附加扣除信息采集	税务局柜员	完成□ 未完成□ 出错□	审核、退出
5. 综合所得申报	会计	完成□ 未完成□ 出错□	综合所得申报添加、导入、报送、获取反馈
6. 审核综合所得申报	税务局柜员	完成□ 未完成□ 出错□	审核、退出
7. 审核原始凭证	会计	完成□ 未完成□ 出错□	原始凭证审核、退出、传递
8. 填制记账凭证	会计	完成□ 未完成□ 出错□	原始凭证填制、保存退出、传递
9. 审核记账凭证	会计主管	完成□ 未完成□ 出错□	审核、传递
10. 登记各相关明细账	会计	完成□ 未完成□ 出错□	登记发生额、结出余额、保存

4. 自然人税收管理系统扣缴客户端的操作流程

第一部分：人员信息采集。

第一步：登录自然人税收管理系统扣缴客户端。如图 4-44 所示。

图 4-44　自然人税收管理系统扣缴客户端首页

第二步：录入人员信息。

方式一：新增人员信息。

点击代扣代缴功能列表中"人员信息采集"或常用功能列表中"人员信息采集"，进入人员信息采集页面，如图 4-45 所示。人员信息采集分为两部分：境内人员、境外人员。

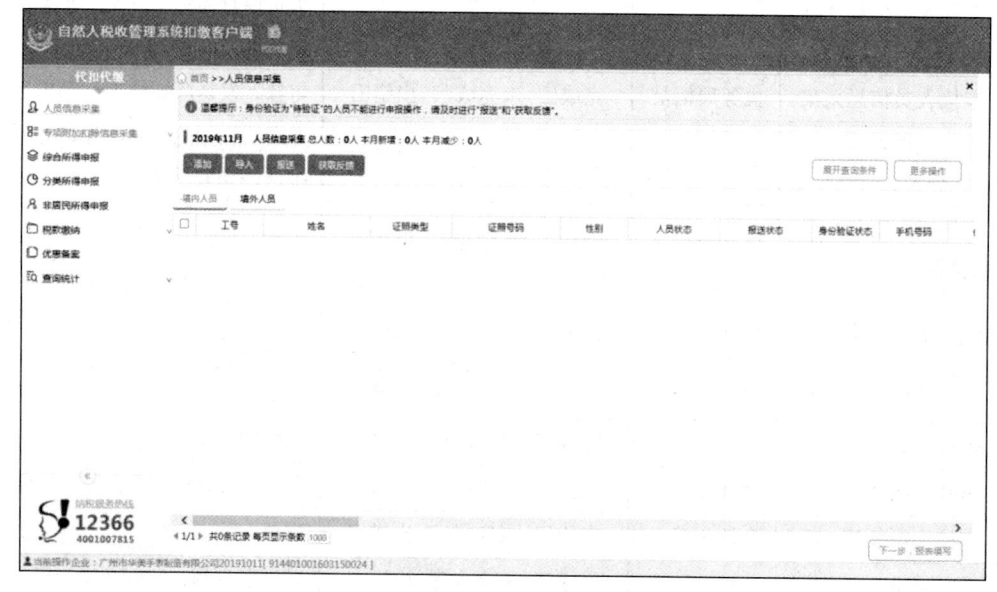

图 4-45　人员信息采集页面

点击境内人员页面"添加"，进入图 4-46 所示的添加境内人员信息页面；点击境外人员页面"添加"按钮，进入图 4-47 所示的添加境外人员信息页面。

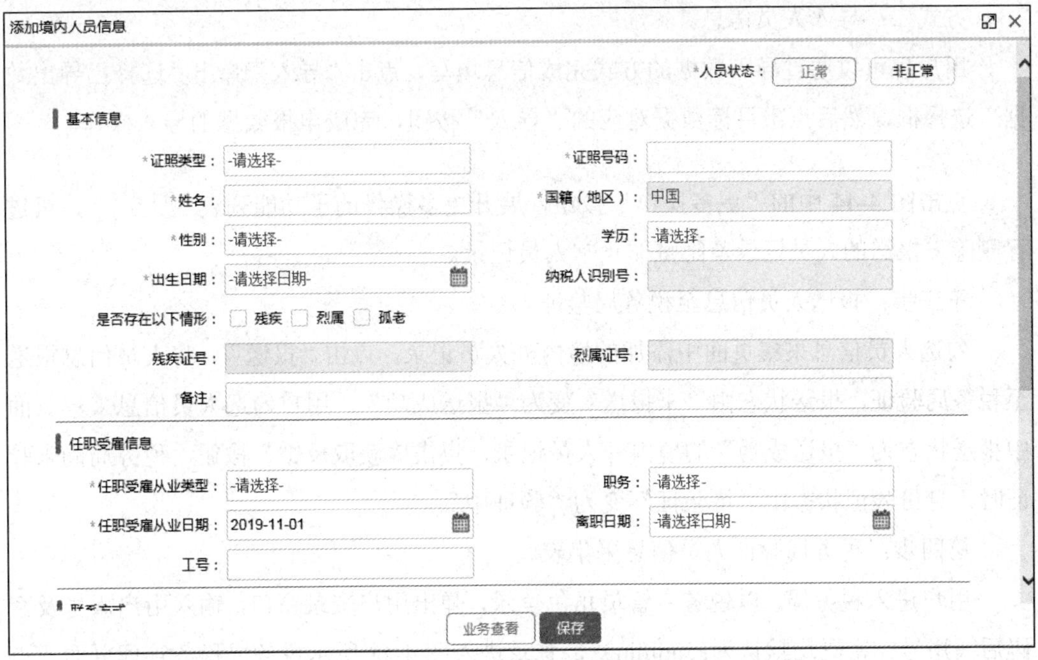

图 4-46 添加境内人员信息页面

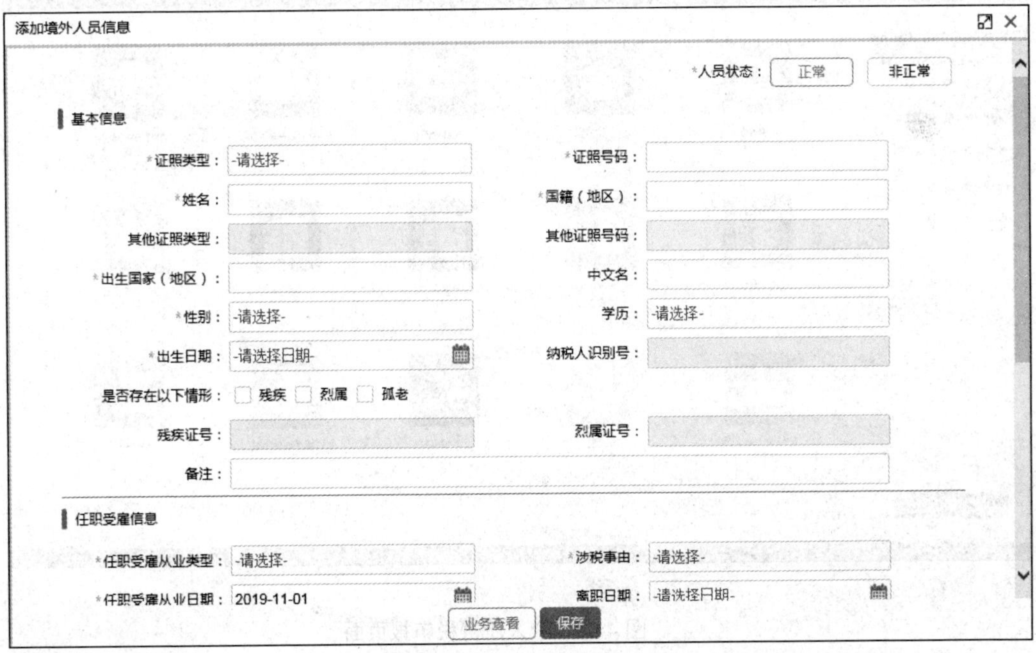

图 4-47 添加境外人员信息页面

注：点击图4-47中的"业务查看"按钮可查看案例录入信息内容，以下操作相同，不再一一赘述。

方式二：导入人员信息。

用户也可以通过导入数据的方式完成信息填写，点击"导入"弹出"选择已导出数据"选择框，然后点击目标数据对应的"导入"按钮，完成申报数据的导入操作。

点击图4-44中的"更多操作"按钮，展开更多操作的子功能列表 ，可进行删除未报送的人员记录及隐藏非正常人员记录。

第三步：报送人员信息至税务局验证。

勾选人员信息采集页面中添加的境内外人员记录，点击"报送"，将人员信息报送至税务局验证，报送状态由"未报送"变为"报送成功"。用户勾选人员信息采集页面中报送状态为"报送成功"的境内外人员记录，点击"获取反馈"按钮，税务局尚未验证时，身份验证状态由"待验证"变为"验证中"。

第四步：税务局验证人员信息采集表。

用户进入税务局，以税务专管员角色登录，弹出用户登录窗口，输入用户账号及密码后（账号、密码均默认为：admin），登录进入图4-48所示税务局税务管理页面，点击"个人所得税"进入个人所得税申报报表页面。

图4-48 个人所得税申报页面

点击"个人所得税人员信息采集表"按钮进入选择企业页面。在对应的申报企业点

-190-

击"进入"按钮进入图 4-49 所示页面,用户在自然人税收管理系统扣缴客户端选择报送的人员信息自动汇总在个人所得税基础信息表(A 表)中,点击上方"发送验证结果"功能按钮,在弹出的提示框中点击"确认",验证结果同时反馈至自然人税收管理系统扣缴客户端,人员信息采集表的验证操作完成。

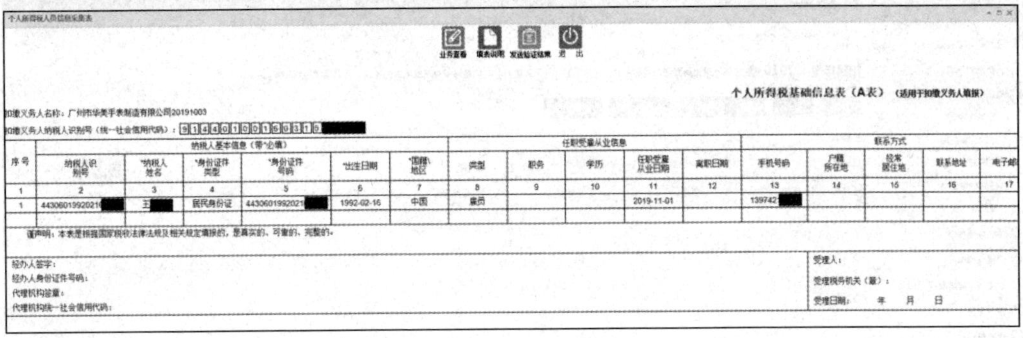

图 4-49　人员信息采集表审核页面

第五步:获取税务局验证结果。

点击"自然人税收管理系统扣缴客户端",返回人员信息采集页面,勾选已报送成功的人员,点击"获取反馈",身份验证状态由"验证中"变为"验证通过",完成人员信息采集表的填写与报送操作。

第六步:查询人员信息。

点击图 4-45 中的"展开查询条件"展开具体的查询条件,如图 4-50 所示,输入或选择任一查询框信息,点击"查询"按钮可模糊查找到相应的人员信息;点击"重置"按钮,可清空所有已填的筛选数据。

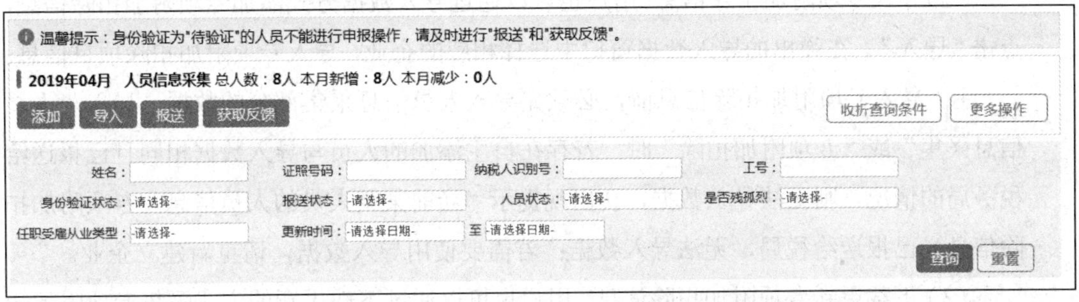

图 4-50　人员信息查询页面

第二部分:专项附加扣除信息采集。

第一步:录入专项附加扣除信息。

点击图 4-44 所示首页页面左侧代扣代缴列表中的"专项附加扣除信息采集"或常用

功能列表中的"专项附加扣除信息采集",下拉框会显示可采集的专项附加扣除项目,如图 4-51 所示,分别为:子女教育支出、继续教育支出、住房贷款利息支出、住房租金支出、赡养老人支出。

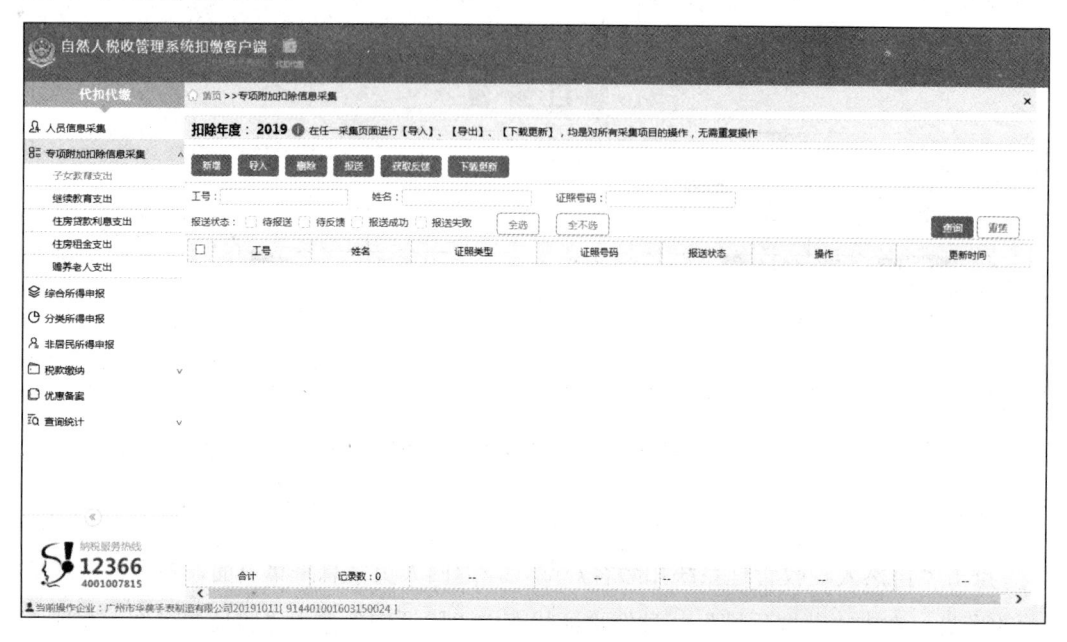

图 4-51 专项附加扣除信息采集

(1)新增专项附加扣除信息。点击图 4-51 中的"子女教育支出"进入子女教育支出页面,在子女教育支出页面点击"新增"按钮,在弹出的新增页面中,填写子女教育支出信息。

(2)导入专项附加扣除信息。用户也可以通过导入数据方式添加专项附加扣除信息,点击"导入",在弹出的导入数据窗口中选择相应的企业,导入专项附加扣除项目信息。

注:导入专项附加扣除信息前,必须先导入人员信息采集部分的数据。导入"人员信息采集"或"专项附加扣除"时,若存在自主添加的人员与导入数据相同且已报送给税务局的情况,则无法导入数据,会出现提示"当前某某人员的人员信息(专项附加扣除信息)已报送给税局,无法导入数据;若需要使用导入数据,请重新建立企业。"

(3)下载更新专项附加扣除信息。用户也可以通过下载更新的方式采集专项附加扣除信息,点击"下载更新",在弹出的"下载更新-指定人员"窗口中选择人员。下载更新该人员在个人所得税 Web 端、个人所得税 App 端所填报的各项专项附加扣除项目信息。

注:在任一采集页面进行"导入""下载更新"操作,均是对所有专项附加扣除项目信息的数据导入,无需重复操作。

第二步：报送专项附加扣除信息。

成功添加人员子女教育信息记录后，勾选记录，点击"报送"按钮，将专项附加扣除信息报送至税务局，具体操作与第一部分人员信息采集的报送操作一致，不再赘述。

第三步：税务局审核专项附加扣除信息采集表。

用户的"税务局"，以税务专管员角色登录，弹出用户登录窗口，输入用户账号和点击密码后（账号、密码均默认为：admin），登录进入税务局税务管理页面，点击"个人所得税"进入个人所得税申报表页面。

点击"个人所得税专项附加扣除信息采集表"按钮进入选择企业页面。在对应的申报企业点击"进入"按钮（见图4-52）进入月份及人员选择页面，选择审核状态为"待审核"的人员，点击"进入"按钮，用户在自然人税收管理系统扣缴客户端选择报送的该人员所有的专项附加扣除项目信息自动汇总在个人所得税专项附加扣除信息采集表中，如图4-53所示，点击上方"审核"功能按钮，在弹出的提示框中点击"通过"，审核结果同时反馈至自然人税收管理系统扣缴客户端，专项附加扣除信息采集表的审核操作完成。

图4-52　月份及人员选择页面

图4-53　人员信息采集表审核页面

第四步：获取税务局审核结果。

点击"自然人税收管理系统扣缴客户端"，返回专项附加扣除信息采集页面，勾选各专项附加扣除项目中已报送成功的人员，点击"获取反馈"按钮，报送状态变为"报送成功"，完成专项附加扣除信息采集表的填写与报送操作。

继续教育支出、住房贷款利息支出、住房租金支出、赡养老人支出扣除项目信息的录入、报送、验证、获取反馈与子女教育支出操作一致，不再多加赘述。

第五步：查询专项附加扣除信息。

在图 4-51 所示页面的查询框中输入工号、姓名、证件号码，或在报送状态对应的勾选框中进行勾选，如图 4-54 所示，点击"查询"，可查询到对应的信息；点击"重置"则将所选的信息清除。各专项附加扣除项目页面该部分的功能与此相同，不再赘述。

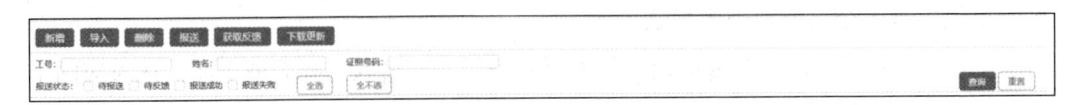

图 4-54　专项附加扣除信息查询页面

第三部分：综合所得项目的填写。

第一步：收入及减除填写。

（1）新增综合所得记录。点击代扣代缴功能列表中的"综合所得申报"或常用功能列表中的"综合所得申报"，进入综合所得申报页面，如图 4-55 所示。根据案例填写需求，点击所得项目名称"正常工资薪金所得"或其名称对应的"填写"按钮，进入图 4-56 所示的正常工资薪金所得的收入及减除填写页面，点击"添加"，在弹出图 4-57 所示的新增页面中，填写数据，保存记录。

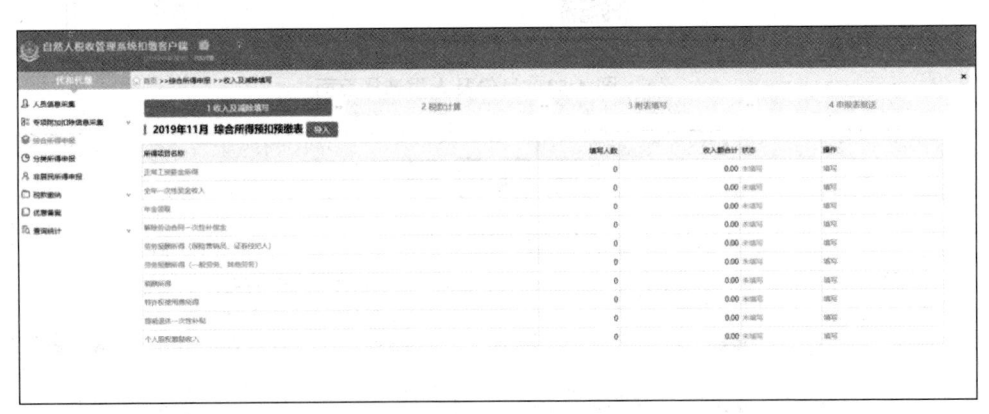

图 4-55　综合所得申报页面

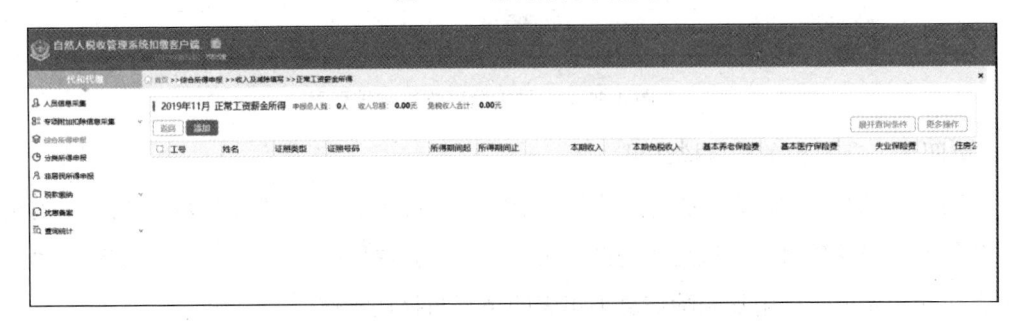

图 4-56　正常工资薪金所得页面

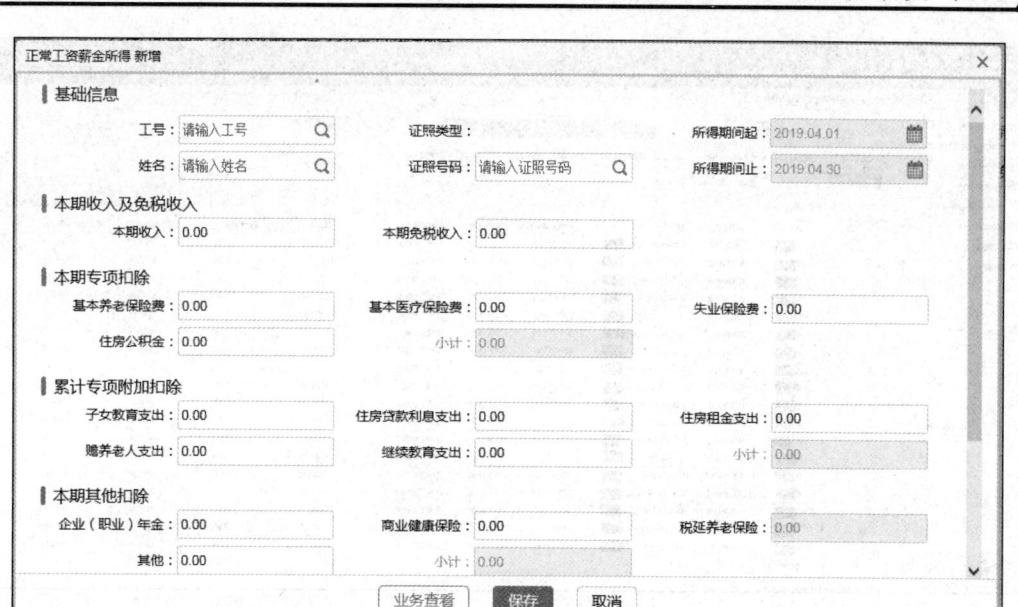

图 4-57　正常工资薪金所得新增页面

注：该人员的专项附加扣除信息已报送且经过税务局审核，才可填写累计专项附加扣除信息部分。

（2）导入综合所得记录。用户也可以通过导入数据方式完成综合所得项目的填写，点击图 4-57 中的"导入"进入"选择已导出数据"选择框，然后点击目标数据对应的"导入"，可对该案例所有综合所得项目的填写数据进行导入。

注：导入综合所得数据前需先依次导入人员信息、专项附加扣除信息。

第二步：税款计算。

在完成综合所得项目的收入及减除填写后，点击"税款计算"进入税款计算页面，如图 4-58 所示。选择所得项目为"正常工资薪金所得"，勾选其人员工资薪金填写记录，点击"重新计算"对填写记录计算税款，用户双击记录，可查看该人员的所得明细。

第三步：附表填写。

所选案例暂无附表填写业务，该步骤不描述。

第四步：申报表报送。

在完成收入及减除填写、税款计算、附表填写三个步骤后，点击"申报表报送"进入第四步申报表报送操作页面，如图 4-59 所示。人员信息采集部分的人员状态为"正常"的人员都已报送且验证通过时，"是否可申报"一列显示为"是"，用户将综合所得填写完整后，点击"发送申报"，发送综合所得申报表至税务局审核。

图 4-58 税款计算页面

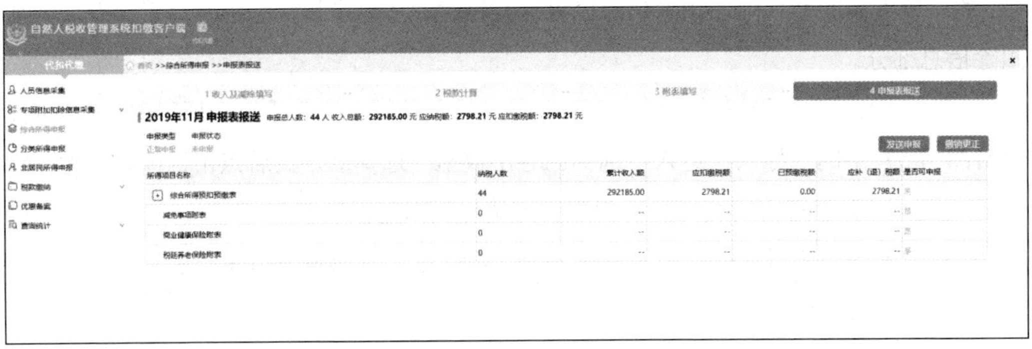

图 4-59 申报表报送页面

第五步：税务局审核综合所得申报表。

用户以税务局税务专管员角色，点击"综合所得个人所得税预扣预缴报告表"进入选择企业页面。在申报记录中选择对应（审核状态为"待审核"）的企业，点击"进入"，用户在自然人税收管理系统扣缴客户端报送的综合所得申报信息自动汇总在个人所得税扣缴申报表中，如图 4-60 所示，点击上方"审核"功能按钮，在弹出的提示框中点击"通过"，审核结果同时反馈至自然人税收管理系统扣缴客户端，完成综合所得申报表的审核操作。

注：申报企业有附表填写记录时，用户还应审核综合所得减免事项附表、商业健康保险税前扣除情况明细表、个人税收递延型商业养老保险税前扣除情况明细表，具体审核操作与综合所得个人所得税预扣预缴报告表的审核操作相似，不再赘述。

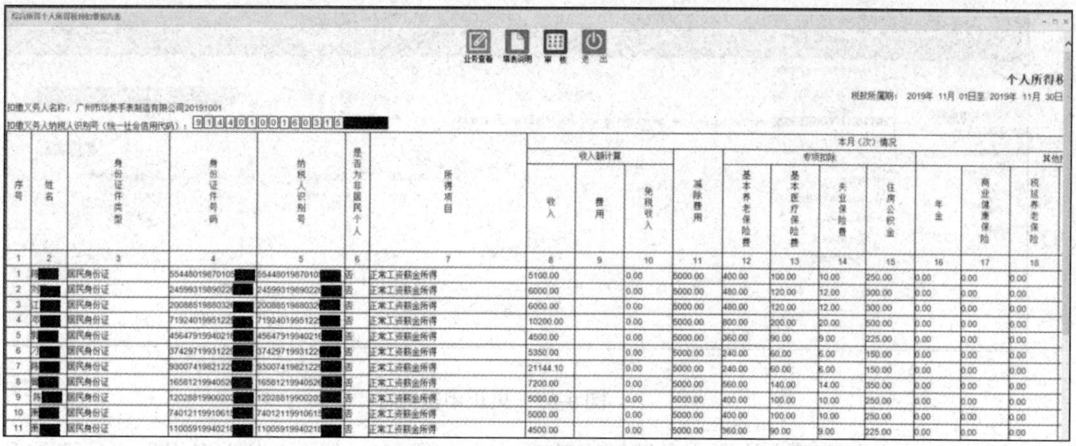

图 4-60　个人所得税扣缴申报表

第六步：获取审核结果。

完成综合所得申报表的审核操作后，返回申报表报送页面，点击"获取反馈"按钮，申报状态显示为"申报成功、未扣款"，如图 4-61 所示，完成获取审核结果操作。

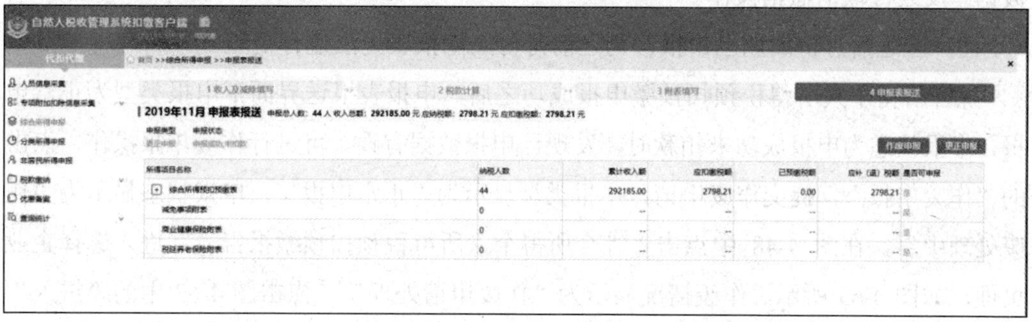

图 4-61　获取反馈页面

综合所得个人所得税预扣预缴申报成功之后，发现有错报、漏报的情况，可使用预扣预缴申报更正功能，修改已申报的数据重新申报。已缴款或未缴款的情况下均可使用此功能进行更正申报。当申报表报送界面下申报类型为"正常申报"、申报状态为"申报成功"的情况下，可以点击图 4-61 中的"更正申报"按钮。系统弹出"已启动更正申报，可在申报表填写中修改申报数据后重新申报"确认操作提示框，点击"确认"后申报类型显示为"更正申报"，申报状态显示为"未申报"，并在列表右上角显示"发送申报"和"撤销更正"，如图 4-62 所示。

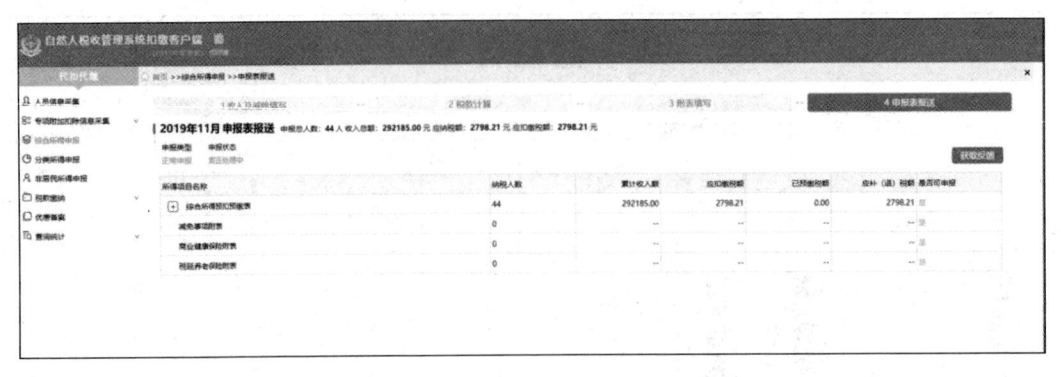

图 4-62　更正申报页面

在申报信息已更改并且信息填写完整后，点击图 4-59 中的"发送申报"，对已更正数据重新发送申报，申报状态显示为"更正处理中"，修改申报数据后可重新申报，申报流程与正常申报流程一致。若在图 4-59 中点击"撤销更正"，系统会弹出"撤销更正后，修改后的申报数据将无法还原，是否继续？"确认提示框，点击"确定"，则进行撤销更正操作，系统自动将已修改但未进行重新申报的数据还原为启动更正申报前的数据；反之，取消撤销操作。

注：若之后月份属期已申报，则之前月份属期报表无法进行更正。

综合所得个人所得税预扣预缴申报成功之后，申报表报送界面下申报类型为正常申报，申报状态为申报成功未扣款时，发现已申报数据有误，可进行作废申报操作，点击的"作废申报"，提交作废申请，申报类型显示为"正常申报"，申报状态显示为"作废处理中"，在图 4-48 中点击"综合所得个人所得税预扣预缴报告表"进入选择企业页面，如图 4-63 所示，作废情况显示为"作废申请处理"。点击图 4-63 中的"进入"按钮，进入图 4-64 所示页面。在进行作废申请处理时，图 4-64 中的"审核"按钮显示为"作废申报"，点击"作废申报"系统弹出"是否同意作废当月已申报数据？"选择提示框，下方显示"作废""不作废"按钮。点击"作废"时，图 4-63 中的作废情况显示为"作废成功"，点击"不作废"时，图 4-63 中的作废情况显示为"作废失败"。在税务局端进行作废申报操作后，在自然人税收管理系统扣缴客户端点击"获取反馈"查看作废结果。

纳税人编码	企业名称	纳税期间	详细信息	审核情况	作废情况
914402001603000	广州市顺好商贸有限公司20191001	2019-10-01至2019-10-31	查看	审核通过	未有作废信息
914401001603l	广州市华美手表制造有限公司20191001	2019-11-01至2019-11-30	进入	待审核	作废申请处理

图 4-63　作废申请处理

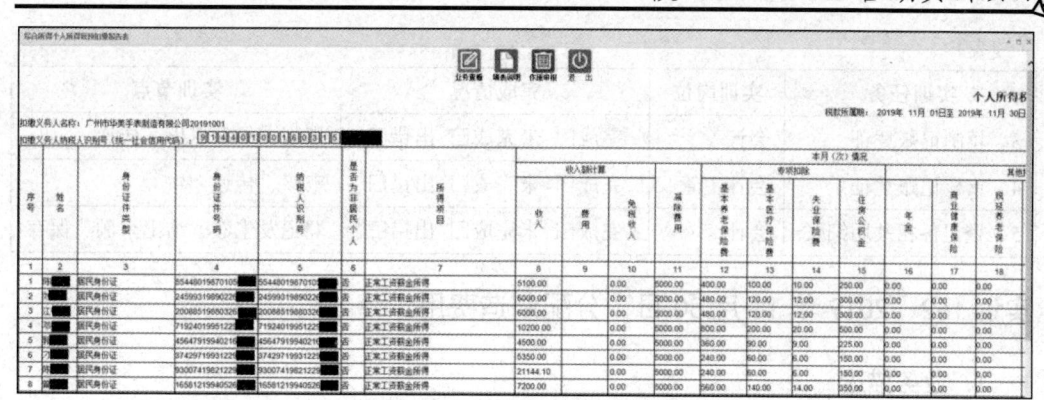

图 4-64　作废申请审核页面

获取反馈的结果为"作废成功",则说明已对当月申报信息作废成功,同时申报状态显示为"未申报",按正常流程重新填写申报即可;获取反馈的结果为"作废失败",则申报状态变更为作废前的状态,即申报状态显示为"申报成功"。

注:此案例未涉及税款缴纳,税款缴纳的流程为:点击代扣代缴功能列表中的"税款缴纳"或常用功能列表中的"税款缴纳",进入"税款缴纳-三方协议缴税"页面,勾选未缴款的申报记录,点击"立即缴款",在弹出的金额确认提示中点击"确认扣款",完成税款缴纳操作。

若当前税款所属期已完成缴税,则无法进行作废操作;若之后月份属期已申报,则之前月份属期报表无法进行作废。

实训161　2019年11月30日,摊销本月领用周转材料成本

1.业务描述

11月30日,摊销本月领用周转材料(低值易耗品)成本。

2.实训目标

掌握摊销领用周转材料成本的账务处理。

3.实训过程

摊销本月领用周转材料成本处理过程如表4-50所示。

表4-50　摊销本月领用周转材料(低值易耗品)成本

实训任务	实训岗位	完成情况	实训节点
1.计算填写周转材料领用成本摊销表	会计	完成□　未完成□　出错□	原始凭证填制、保存退出、传递、确定
2.审核周转材料领用成本摊销表	会计主管	完成□　未完成□　出错□	审核、确定、退出、传递

（续表）

实训任务	实训岗位	完成情况	实训节点
3．填制记账凭证	会计	完成□ 未完成□ 出错□	填制、保存退出、传递
4．审核记账凭证	会计主管	完成□ 未完成□ 出错□	审核、传递
5．登记各相关明细账	会计	完成□ 未完成□ 出错□	登记发生额、结出余额、保存

实训162 2019年11月30日，分配制造费用

1．业务描述

11月30日，分配本月制造费用。

2．实训目标

掌握分配制造费用的账务处理。

3．实训过程

分配制造费用的处理过程如表4-51所示。

表4-51 分配制造费用

实训任务	实训岗位	完成情况	实训节点
1．计算填写制造费用统计表	会计	完成□ 未完成□ 出错□	原始凭证填制、保存退出、传递、确定
2．审核制造费用统计表	会计主管	完成□ 未完成□ 出错□	审核、确定、退出、传递
3．填制记账凭证	会计	完成□ 未完成□ 出错□	填制、保存退出、传递
4．审核记账凭证	会计主管	完成□ 未完成□ 出错□	审核、传递
5．登记各相关明细账	会计	完成□ 未完成□ 出错□	登记发生额、结出余额、保存

实训163 2019年11月30日，计算电镀车间领用原材料成本

1．业务描述

11月30日，计算本月电镀车间领用原材料成本。

2．实训目标

掌握计算原材料成本的账务处理。

3．实训过程

计算本月电镀车间领用原材料成本的处理过程如表4-52所示。

表 4-52　计算本月电镀车间领用原材料成本

实训任务	实训岗位	完成情况	实训节点
1．计算填写发出原材料成本计算表	会计	完成□　未完成□　出错□	原始凭证填制、保存退出、传递、确定
2．审核发出原材料成本计算表	会计主管	完成□　未完成□　出错□	审核、确定、审核成功、退出、传递
3．据填制记账凭证	会计	完成□　未完成□　出错□	填制、保存、退出
4．审核记账凭证	会计主管	完成□　未完成□　出错□	审核、传递
5．登记多栏明细账	会计	完成□　未完成□　出错□	登记发生额、结出余额

实训164　2019年11月30日，计算电镀车间产品成本并转入加工车间

1．业务描述

11月30日，计算电镀车间产品成本并转入加工车间。

2．实训目标

掌握如何计算电镀车间产品成本并转入加工车间及其账务处理。

3．实训过程

计算电镀车间产品成本并转入加工车间的处理过程如表4-53所示。

表 4-53　计算电镀车间产品成本并转入加工车间

实训任务	实训岗位	完成情况	实训节点
1．计算填写电镀车间产品成本计算表	会计	完成□　未完成□　出错□	原始凭证填制、保存退出、传递、确定
2．审核电镀车间产品成本计算表	会计主管	完成□　未完成□　出错□	审核、确定、审核成功、退出、传递
3．据填制记账凭证	会计	完成□　未完成□　出错□	填制、保存退出、传递
4．审核记账凭证	会计主管	完成□　未完成□　出错□	审核、传递
5．登记多栏明细账	会计	完成□　未完成□　出错□	登记发生额、结出余额、保存

实训165　2019年11月30日，计算加工车间领用材料成本

1．业务描述

11月30日，计算本月加工车间领用材料成本。

2．实训目标

掌握如何计算加工车间领用材料成本及账务处理。

3．实训过程

计算加工车间领用材料成本的处理过程如表 4-54 所示。

表 4-54　计算加工车间领用材料成本

实训任务	实训岗位	完成情况	实训节点
1．计算填写发出原材料成本计算表（黄金、钻石）、产品耗用材料成本计算表	会计	完成□　未完成□　出错□	原始凭证填制、保存退出、传递、确定
2．审核发出原材料成本计算表（黄金）、（钻石），产品耗用材料成本计算表	会计主管	完成□　未完成□　出错□	审核、确定、退出、传递
3．根据审核后正确的相关的原始单据填制记账凭证	会计	完成□　未完成□　出错□	填制、保存退出、穿丝
4．审核记账凭证	会计主管	完成□　未完成□　出错□	审核、传递
5．登记各相关明细账	会计	完成□　未完成□　出错□	登记发生额、结出余额、保存

实训 166　2019 年 11 月 30 日，计算加工车间产品成本

1．业务描述

11 月 30 日，计算本月加工车间产品成本。

2．实训目标

掌握如何计算加工车间产品成本及账务处理。

3．实训过程

计算加工车间产品成本的处理过程如表 4-55 所示。

表 4-55　计算加工车间产品成本

实训任务	实训岗位	完成情况	实训节点
1．计算填写自制半成品计算表	会计	完成□　未完成□　出错□	原始凭证填制、保存退出、传递、确定
2．审核自制半成品表盘计算表	会计主管	完成□　未完成□　出错□	审核、确定、退出、传递
3．填制记账凭证	会计	完成□　未完成□　出错□	填制、保存退出、传递
4．审核记账凭证	会计主管	完成□　未完成□　出错□	审核、传递
5．登记各相关明细账	会计	完成□　未完成□　出错□	登记发生额、结出余额、保存

实训167 2019年11月30日，计算组装车间领用自制表盘成本

1．业务描述

11月30日，计算本月组装车间领用自制表盘成本。

2．实训目标

掌握如何计算组装车间领用自制表盘成本及账务处理。

3．实训过程

计算本月组装车间领用自制表盘成本的处理过程如表4-56所示。

表4-56 计算本月组装车间领用自制表盘成本

实训任务	实训岗位	完成情况	实训节点
1．计算填写发出自制表盘成本计算表、产品耗用半成品成本计算表	会计	完成□ 未完成□ 出错□	原始凭证填制、保存退出、传递、确定
2．审核发出自制表盘成本计算表、产品耗用半成品成本计算表	会计主管	完成□ 未完成□ 出错□	审核、确定、退出、传递
3．填制记账凭证	会计	完成□ 未完成□ 出错□	填制、保存退出、传递
4．审核记账凭证	会计主管	完成□ 未完成□ 出错□	审核、传递
5．登记各相关明细账	会计	完成□ 未完成□ 出错□	登记发生额、结出余额、保存

实训168 2019年11月30日，计算组装车间领用周转材料成本

1．业务描述

11月30日，计算组装车间领用周转材料（包装物）成本。

2．实训目标

掌握如何计算组装车间领用周转材料成本及账务处理。

3．实训过程

计算组装车间领用周转材料（包装物）成本的处理过程如表4-57所示。

表 4-57 计算组装车间领用周转材料（包装物）成本

实训任务	实训岗位	完成情况	实训节点
1．填制发出自制表盘成本计算表、产品耗用半成品成本计算表	会计	完成□ 未完成□ 出错□	原始凭证填制、保存退出、传递、确定
2．审核发出周转材料成本计算表、领用周转材料成本计算表	会计主管	完成□ 未完成□ 出错□	审核、确定、退出、传递
3．填制记账凭证	会计	完成□ 未完成□ 出错□	填制、保存退出、传递
4．审核记账凭证	会计主管	完成□ 未完成□ 出错□	审核、传递
5．登记各相关明细账	会计	完成□ 未完成□ 出错□	登记发生额、结出余额、保存

实训 169　2019 年 11 月 30 日，计算组装车间领用原材料成本

1．业务描述

11 月 30 日，计算本月组装车间领用原材料成本。

2．实训目标

掌握如何计算组装车间领用原材料成本及账务处理。

3．实训过程

计算本月组装车间领用原材料成本的处理过程如表 4-58 所示。

表 4-58 计算本月组装车间领用原材料成本

实训任务	实训岗位	完成情况	实训节点
1．计算填写发出原材料成本计算表、产品耗用材料成本计算表	会计	完成□ 未完成□ 出错□	原始凭证填制、保存退出、传递、确定
2．审核发出原材料成本计算表、产品耗用材料成本计算表	会计主管	完成□ 未完成□ 出错□	审核、确定、退出、传递
3．填制记账凭证	会计	完成□ 未完成□ 出错□	填制、保存退出、传递
4．审核记账凭证	会计主管	完成□ 未完成□ 出错□	审核、传递
5．登记各相关明细账	会计	完成□ 未完成□ 出错□	登记发生额、结出余额、保存

实训 170　2019 年 11 月 30 日，计算组装车间产品成本

1．业务描述

11 月 30 日，计算本月组装车间产品成本。

2．实训目标

掌握如何计算组装车间产品成本及账务处理。

3．实训过程

计算本月组装车间产品成本的处理过程如表 4-59 所示。

表 4-59　计算本月组装车间产品成本

实训任务	实训岗位	完成情况	实训节点
1．计算填写 EP、EV、EX 男女式手表产品成品计算表	会计	完成□　未完成□　出错□	原始凭证填制、保存退出、传递、确定
2．审核 EP、EV、EX 男女式手表产品成品计算表	会计主管	完成□　未完成□　出错□	审核、确定、退出、传递
3．填制记账凭证	会计	完成□　未完成□　出错□	填制、保存退出、传递
4．审核记账凭证	会计主管	完成□　未完成□　出错□	审核、传递
5．登记各相关明细账	会计	完成□　未完成□　出错□	登记发生额、结出余额、保存

实训 171　2019 年 11 月 30 日，结转销售成本

1．业务描述

11 月 30 日，结转本月销售成本。

2．实训目标

掌握如何结转销售成本及账务处理。

3．实训过程

计算结转销售成本的处理过程如表 4-60 所示。

表 4-60　计算结转销售成本

实训任务	实训岗位	完成情况	实训节点
1．计算填写销售成本计算表	会计	完成□　未完成□　出错□	原始凭证填制、保存退出、传递、确定
2．审核销售成本计算表	会计主管	完成□　未完成□　出错□	审核、确定、审核成功、退出、传递

(续表)

实训任务	实训岗位	完成情况	实训节点
3. 填制记账凭证	会计	完成□ 未完成□ 出错□	填制、保存退出、传递、保存
4. 审核记账凭证	会计主管	完成□ 未完成□ 出错□	审核、传递
5. 登记各相关明细账	会计	完成□ 未完成□ 出错□	登记发生额、结出余额

实训172 2019年11月30日，计算本月应交增值税

1. 业务描述

11月30日，计算本月应交增值税。

2. 实训目标

掌握计算本月应交增值税的账务处理。

3. 实训过程

计算本月应交增值税的处理过程如表4-61所示。

表4-61 计算本月应交增值税

实训任务	实训岗位	完成情况	实训节点
1. 计算填写增值税计算表	会计	完成□ 未完成□ 出错□	原始凭证填制、保存退出、传递、确定
2. 登录电子报税系统报税	会计	完成□ 未完成□ 出错□	纳税申报、打印纳税申报表
3. 审核增值税计算表	会计主管	完成□ 未完成□ 出错□	审核、确定、退出、传递
4. 填制记账凭证	会计	完成□ 未完成□ 出错□	填制、保存退出、传递
5. 审核记账凭证	会计主管	完成□ 未完成□ 出错□	审核、传递
6. 登记各相关明细账	会计	完成□ 未完成□ 出错□	登记发生额、结出余额、保存

实训173 2019年11月30日，计算本月应交消费税

1. 业务描述

11月30日，计算本月应交消费税。

2. 实训目标

掌握计算本月应交消费税的账务处理。

3. 实训过程

计算本月应交消费税的处理过程如表4-62所示。

表 4-62　计算本月应交消费税

实训任务	实训岗位	完成情况	实训节点
1. 计算填写消费税计算表	会计	完成□ 未完成□ 出错□	原始凭证填制、保存退出、传递、确定
2. 登录电子报税系统报税	会计	完成□ 未完成□ 出错□	纳税申报，打印纳税申报表
3. 审核消费税计算表	会计主管	完成□ 未完成□ 出错□	审核、确定、退出、传递
4. 填制记账凭证	会计	完成□ 未完成□ 出错□	填制、保存退出、传递
5. 审核记账凭证	会计主管	完成□ 未完成□ 出错□	审核、传递
6. 登记各相关明细账	会计	完成□ 未完成□ 出错□	登记发生额、结出余额、保存

实训 174　2019 年 11 月 30 日，计算本月应城市维护建设税、教育费附加

1. 业务描述

11 月 30 日，计算本月应交城市维护建设税、教育费附加。

2. 实训目标

掌握计算本月应交城市维护建设税、教育费附加的账务处理。

3. 实训过程

计算本月应交城市维护建设税、教育费附加的处理过程如表 4-63 所示。

表 4-62　计算本月应交城市维护建设税、教育费附加

实训任务	实训岗位	完成情况	实训节点
1. 计算填写城市维护建设税、教育费附加税计算表	会计	完成□ 未完成□ 出错□	原始凭证填制、保存退出、传递、确定
2. 审核城市维护建设税、教育费附加税计算表	会计主管	完成□ 未完成□ 出错□	审核、确定、退出、传递
3. 登录电子报税系统报税	会计主管	完成□ 未完成□ 出错□	纳税申报，打印纳税申报表
4. 填制记账凭证	会计	完成□ 未完成□ 出错□	填制、保存退出、传递
5. 审核记账凭证	会计主管	完成□ 未完成□ 出错□	审核、传递
6. 登记各相关明细账	会计	完成□ 未完成□ 出错□	登记发生额、结出余额、保存

实训 175　2019 年 11 月 30 日，提取现金备用

1．业务描述

11 月 30 日，提取现金备用。

2．实训目标

掌握开具现金支票提现备用的流程及账务处理。

3．实训过程

提取现金备用的处理过程同实训 10。

实训 176　2019 年 11 月 30 日，计算本月应交印花税。

1．业务描述

11 月 30 日，计算本月应交印花税。

2．实训目标

掌握计算本月应交印花税的账务处理。

3．实训过程

计算本月应交印花税的处理过程如表 4-64 所示。

表 4-64　计算本月应交印花税

实训任务	实训岗位	完成情况	实训节点
1．计算填写印花税计算表	会计	完成□　未完成□　出错□	原始凭证填制、保存退出、传递、确定
2．审核印花税计算表	会计主管	完成□　未完成□　出错□	审核、确定、退出、传递
3．登录网上税务局平台报税	会计	完成□　未完成□　出错□	申报印花税
4．填制记账凭证	会计	完成□　未完成□　出错□	填制、保存退出、传递
5．审核记账凭证	会计主管	完成□　未完成□　出错□	审核、传递
6．登记各相关明细账	会计	完成□　未完成□　出错□	登记发生额、结出余额、保存

实训 177　2019 年 11 月 30 日，结转损益

1．业务描述

结转损益。

2．实训目标

掌握月末结转损益的账务处理。

3．实训过程

结转损益的处理过程如表 4-65 所示。

表 4-65　结转损益

实训任务	实训岗位	完成情况	实训节点
1．填制记账凭证	会计	完成□　未完成□　出错□	填制、保存退出、传递
2．审核记账凭证	会计主管	完成□　未完成□　出错□	审核、传递
3．登记各相关明细账	会计	完成□　未完成□　出错□	登记发生额、结出余额、保存

实训 178　2019 年 11 月 30 日，计提所得税费用

1．业务描述

计提本月所得税费用。

2．实训目标

掌握所得税的计算及计提所得税费用的账务处理。

3．实训过程

计提所得税费用的处理过程如表 4-66 所示。

表 4-66　计提所得税费用

实训任务	实训岗位	完成情况	实训节点
1．计算本月所得税费用	会计	完成□　未完成□　出错□	原始凭证填制、保存退出、传递
2．填制记账凭证	会计	完成□　未完成□　出错□	填制、保存退出、传递
3．审核记账凭证	会计主管	完成□　未完成□　出错□	审核、传递
4．登记各相关明细账	会计	完成□　未完成□　出错□	登记发生额、结出余额、保存

学生根据本月的利润总额计算本月所得税费用并编制计提所得税费用的分录。

实训 179　2019 年 11 月 30 日，结转所得税费用

1．业务描述

结转所得税费用。

2．实训目标

掌握结转所得税费用的账务处理。

3．实训过程

结转所得税费用的处理过程如表 4-67 所示。

表 4-67 结转所得税费用

实训任务	实训岗位	完成情况	实训节点
1．填制记账凭证	会计	完成□ 未完成□ 出错□	填制、保存退出、传递
2．审核记账凭证	会计主管	完成□ 未完成□ 出错□	审核、传递
3．登记各相关明细账	会计	完成□ 未完成□ 出错□	登记发生额、结出余额、保存

实训 180　会计主管编制科目汇总表、登记总账

1．实训内容

(1) 编制科目汇总表。

(2) 登记总账。

2．实训目标

(1) 一般掌握：了解会计主管岗位的账簿权限。

(2) 重点掌握：掌握编制科目汇总表的操作流程和方法；掌握总账的登记流程和方法。

3．实训过程

(1) 编制科目汇总表。点击"科目汇总表"，如图 4-65 所示。

图 4-65　科目汇总表

科目汇总表中显示的科目为总账需要登记的会计科目，具体功能按钮描述如下。

点击"请选择资料",可以打开查看与填写该科目汇总表的相关资料,点击资料上方的关闭按钮,关闭资料查看。具体操作流程为:点击将要填写科目对应的填写框,然后点击"请选择资料"框,显示的资料为涉及该科目的所有相关岗位完成传递审核的记账凭证。

根据单据资料编制完科目汇总表后,点击"存数据",完成"科目汇总表"的编制操作。

(2)登记总账。完成科目汇总表后才可以进行总账的登记,以"总账—库存现金"为例,打开总账界面依据科目汇总表资料登记总账,登记完成后"存数据",然后"退出",如图4-66所示。

图 4-66 登记总账

①点击"请选择资料",可以打开查看与填写该账簿的相关资料,点击资料上方的关闭按钮,关闭资料查看(资料主要为期初余额和科目汇总表)。

②点击"划线",出现"线型选择框",根据账簿需要,点击相应线类型,在账簿需要划线的地方自动划线,再点清除划线,清除已划的线。

③点击"黑笔",录入金额时字体为黑色,表示是正数的金额。

④点击"红笔",录入金额时字体为红色,表示是负数的金额。

⑤其他按钮的功能上述章节已经进行相关描述,在此不再赘述。

注意:

①看账簿时,必须由相应的岗位先建账,其他岗位才可查看。

②登账时,不是所有的账目都必须登账,但是蓝字账目必须登账。

根据期初余额和科目汇总表登完账簿后,点击"存数据",完成总账的登记操作,按照同样方法完成其他科目的总账登记。

实训 181　会计主管编制报表

1．实训内容

（1）编制资产负债表。

（2）编制利润表。

2．实训目标

重点掌握：掌握编制资产负债表的操作流程；掌握编制利润表的操作流程。

3．实训过程

（1）编制报表，会计主管点击"报表"按钮，如图 4-67 所示，在报表列表中选中资产负债表和利润表进行编制。

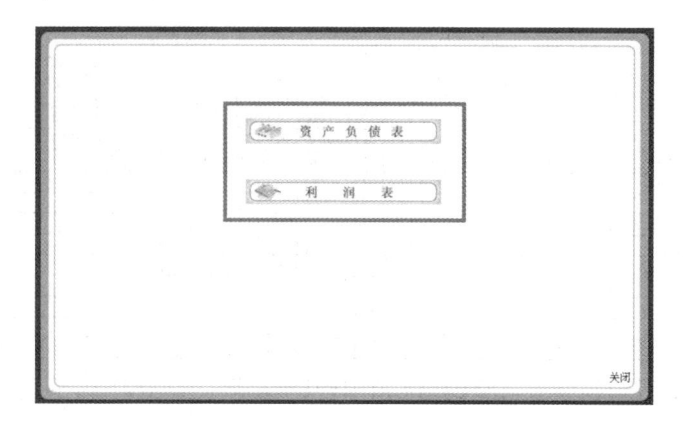

图 4-67　报表列表

（2）编制资产负债表，点击"资产负债表"，如图 4-68 所示。

图 4-68　资产负债表

①单击"请选择资料",可以打开查看与"资料类型"相关的数据信息,进行报表编制。

②单击"财务制度",显示财务制度说明,点击右上角的关闭按钮,关闭财务制度窗口。

③单击"计算器",弹出计算器,用户可以根据需要用计算器来计算要填写的数据,点击计算器右上角的关闭按钮关闭计算器。

④单击"存数据",保存数据。

⑤单击"退出",退出页面。

根据上述方法,完成利润表的编制操作。

实训 182　税务会计进行纳税申报

1. 实训目标

掌握导出申报盘和网上申报两种方式。

2. 实训过程

税务会计需要登录电子申报系统进行纳税申报。具体流程如图 4-69 所示。

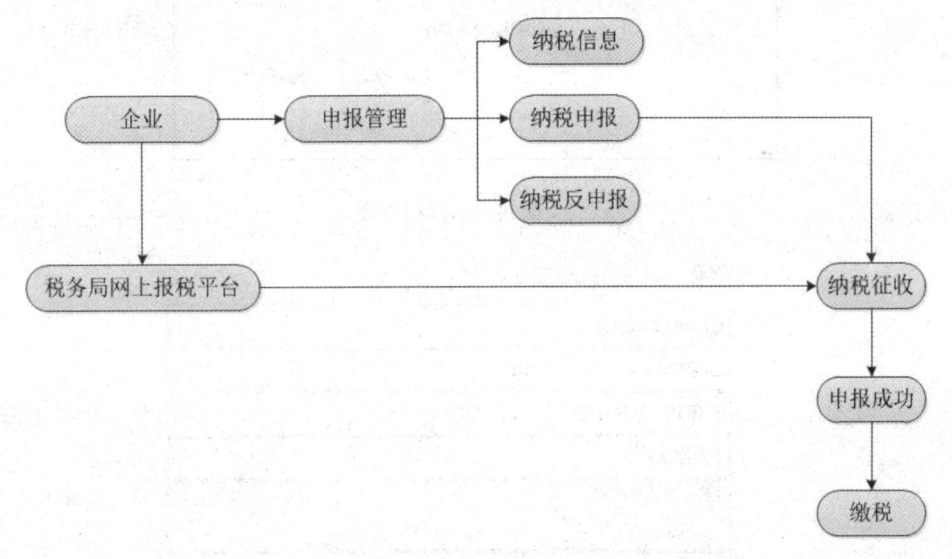

图 4-69　纳税申报流程

(1) 增值税一般纳税人申报。在"财税一体化综合实训实验室教学系统"首页,点击"开票系统",登录后,选择"报税处理",如图 4-70 所示。

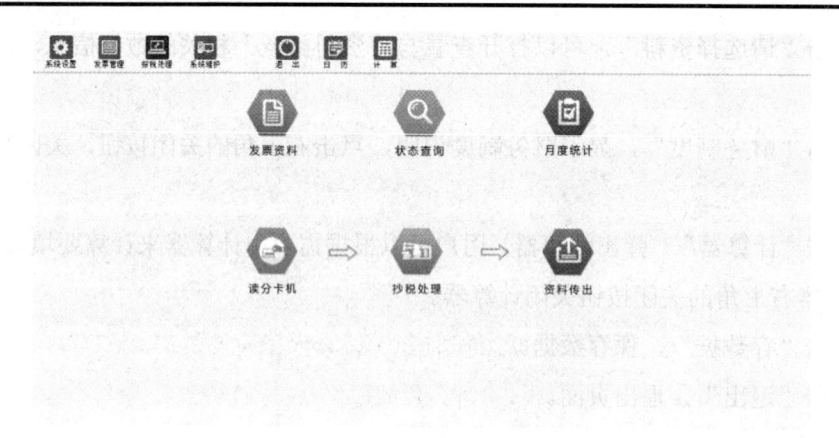

图 4-70　报税处理

点击"抄税处理"弹出的窗口如图 4-71 所示，点击"确定"后弹出如图 4-72 所示页面，即抄税成功。

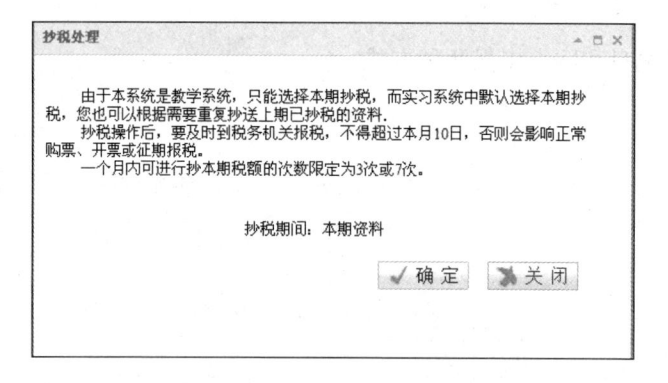

图 4-71　抄税处理

图 4-72　抄税成功

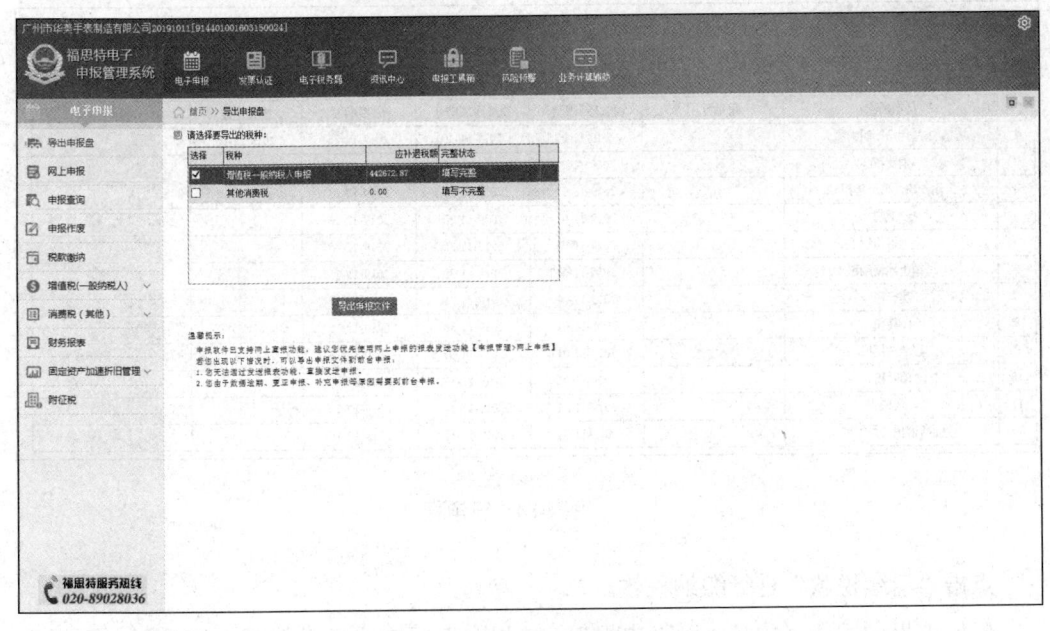

图 4-82　生成申报盘

在"财税一体化综合实训实验室教学系统"首页，点击"税务局网站"（或直接在企业电子申报管理系统选择"电子税务局"），登录后进入如图 4-83 所示界面。

图 4-83　申报征收

点击"进入申报"弹出接收企业申报数据窗口，浏览上传刚才导出的数据，点击"接收企业申报数据"，显示已申报，如图 4-84 所示。

-219-

申报月份:	2019-12					

税费申报

序号	征收项目	征收品目	税款所属期起	税款所属期止	申报期限	申报日期	操作
1	增值税(适用于一般纳税人)		2019-11-01	2019-11-30	2019-12-15	2019-12-10	已申报
2	消费税	其它	2019-11-01	2019-11-30	2019-12-15		进入申报
3	附加税(费)申报		2019-11-01	2019-11-30	2019-12-15		进入申报
4	资源税		2019-11-01	2019-11-30	2019-12-10		进入申报
5	土地增值税		2019-11-01	2019-11-30	2019-12-15		进入申报
6	城镇土地使用税		2019-11-01	2019-11-30	2019-12-15		进入申报
7	房产税		2019-11-01	2019-11-30	2019-12-15		进入申报
8	印花税		2019-11-01	2019-11-30	2019-12-15		进入申报
9	耕地占用税		2019-11-01	2019-11-30	2019-12-15		进入申报
10	烟叶税		2019-11-01	2019-11-30	2019-12-15		进入申报
11	契税		2019-11-01	2019-11-30	2019-12-10		进入申报
12	企业所得税(月季度)		2019-11-01	2019-11-30	2019-12-15		进入申报

图 4-84 已申报

点击"清缴税款"进行缴纳税款。

假如申报方式选择的是"网上申报",申报表填写完成之后如图 4-85 所示,申报之后可直接进入电子税务局的"清缴税款"进行扣款操作。

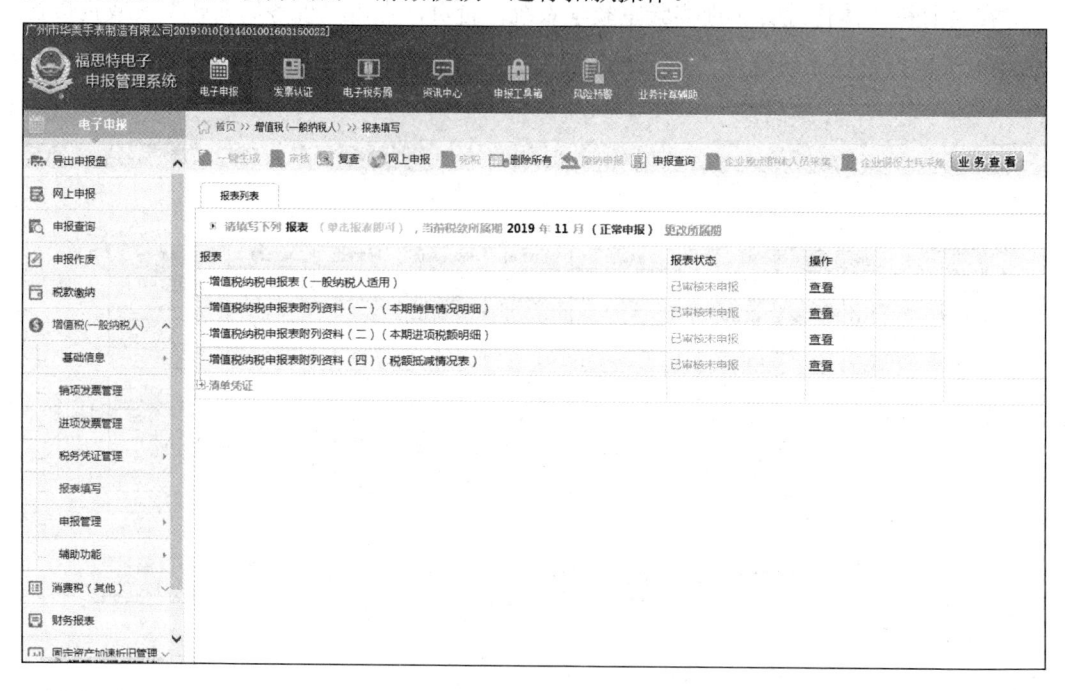

图 4-85 网络直接报送

(2)综合申报。在"财税一体化综合实训实验室教学系统"首页点击"税务局网站",登录后如图 4-86 所示。

图 4-86 电子税务局

点击"附加税(费)申报"后进入申报界面,如图 4-87 所示。

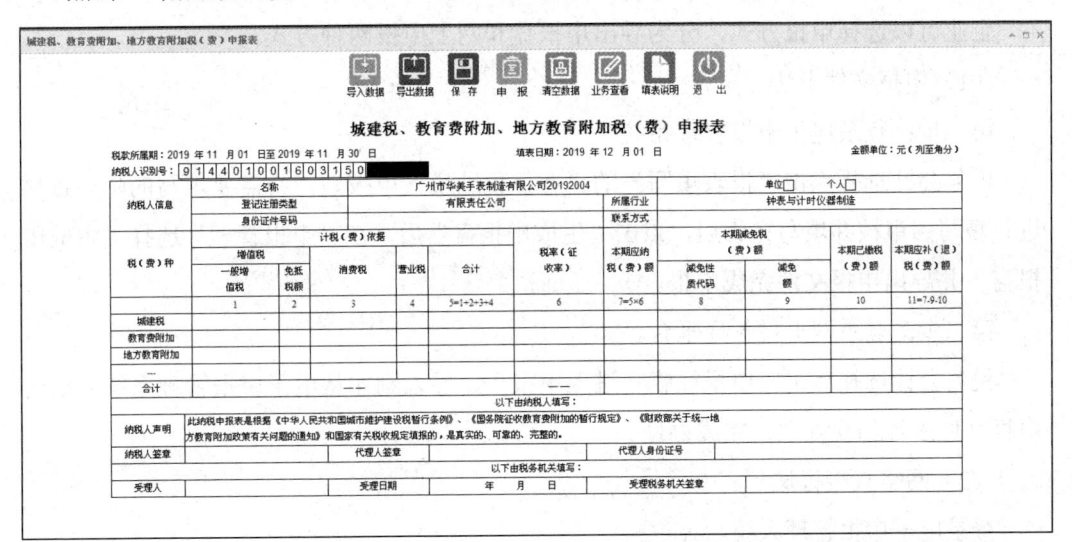

图 4-87 附加税(费)申报表

点击"业务查看"看到企业刚才传递过来的数据,如图 4-88 所示。

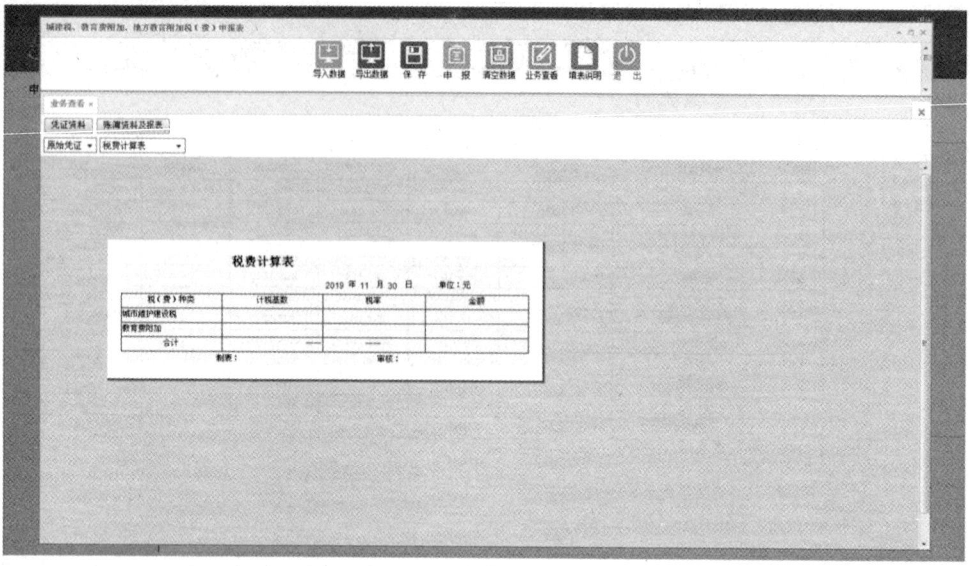

图 4-88　业务查看

根据资料将数据填写完毕后,点击"保存",再点击"申报",便可以申报税费。企业可以选择申报方式,分为导出申报盘和网上申报两种方式。

(1) 申报文件上传

第一步:登录电子申报管理系统。

税务会计选择点击"报表填写"的"增值税纳税人申报",将需要填写的附列资料进行填写,审核并填写完成后,点击"生成申报盘"后,在"申报管理"选择"生成申报盘"并导出申报文件完成申报。

第二步:登录网上税务局平台。

税务会计选择点击"申报征收—进入申报",导入刚才从电子申报管理系统导出的申报文件进行扣税处理,完成办理。

(2) 网络直接报送

登录电子申报管理系统。

税务会计选择点击"报表填写"→"增值税一般纳税人申报",进行填写并审核,填写完成后,点击"申报管理"→"网络报送",选择"数据发送报表"。点击"选择申报管理"→"税款缴纳",进入电子税务局的清缴税款。点击"清缴税款"则完成扣税,完成办理。

注:其他税种网上报税处理与附加税(费)申报的步骤一致,在此不再赘述。

经营期业务实训评价表如表 4-88 所示。

表4-88　经营期业务实训评价表

会计岗位	自评	小组评价	教师评价
1．会正确填写记账凭证			
2．能正确计算并填写周转材料领用成本摊销表、制造费用统计表、发出原材料成本计算表、产品耗用材料成本计算表、自制半成品计算表、发出自制表盘成本计算表、产品耗用半成品成本计算表、产品成品计算表、销售成本计算表			
3．能正确计算并填写计提工资、社会保险、工会经费、公积金计算表			
4．能正确计算并填写增值税、消费税、城市维护建设税、教育费附加计算表			
5．能正确计算并填写开办费用摊销表			
6．能正确计算并填写水电费分配表、坏账准备计算表			
7．能正确开具增值税专用发票、增值税普通发票			
8．会到电子申报管理系统进行发票认证操作			
9．会正确登记三栏式、数量金额式、多栏式明细账			
出纳岗位、银行柜员	自评	小组评价	教师评价
1．会填开现金支票、转账支票			
2．能正确开具收据			
3．能熟练进行网银付款业务操作			
4．能正确登记库存现金日记账、银行存款日记账			
5．能熟练在银行系统购买支票、业务委托书的操作			
6．能及时准确传递有关原始凭证			
会计主管岗位	自评	小组评价	教师评价
1．能准确无误审核自制原始凭证			
2．能准确无误审批网上银行汇款审批			
3．能准确无误审核记账凭证			
4．能正确编制科目汇总表			
5．能正确登记总账			
6．会编制资产负债表			
7．会编制利润表			

参考文献

[1] 高凯丽. 用友财税一体化实验实训教程[M]. 南京：东南大学出版社，2014.

[2] 葛长银. 企业财税会计[M]. 北京：高等教育出版社，2019.

[3] 高红梅. 税法实务[M]. 北京：经济科学出版社，2018.

[4] 翟继光. 税务律师办案实用技巧与典型案例分析[M]. 上海：立信出版社，2018.

[5] 石鑫岩，杨春艳，狄方馨. 从零开始学会计[M]. 北京：人民邮电出版社，2019.

[6] 黄东坡. 基础会计学[M]. 2版. 北京：中国电力出版社2019.

[7] 徐泓. 基础会计学[M]. 北京：中国人民大学出版社，2019.

[8] 财政部会计资格评价中心. 财务管理[M]. 北京：经济科学出版社，2019.

[9] 荆新，王化成，刘俊彦. 财务管理学 [M]. 第 8 版. 北京：中国人民大学出版社，2018.